德育校本课程构建与实践

DEYU XIAOBEN KECHENG GOUJIAN YU SHIJIAN

谭舒予　范卿泽　著

重庆出版社

图书在版编目(CIP)数据

德育校本课程构建与实践 / 谭舒予, 范卿泽著. --
重庆 : 重庆出版社, 2023.11
ISBN 978-7-229-18134-5

Ⅰ. ①德… Ⅱ. ①谭… ②范… Ⅲ. ①德育—教学研
究—中小学 Ⅳ. ①G631

中国国家版本馆 CIP 数据核字(2023)第 215977 号

德育校本课程构建与实践

DEYU XIAOBEN KECHENG GOUJIAN YU SHIJIAN

谭舒予　范卿泽　著

责任编辑:胡　苏
责任校对:廖应碧
装帧设计:秦钰林

▲ 重庆出版社 出版

重庆出版社职教分社出品
重庆市南岸区南滨路 162 号 1 幢　邮政编码:400061　http://www.cqph.com
重庆开源印务有限公司印制
重庆出版社有限责任公司至行传媒分公司发行
E-MAIL:cqphzjfs@163.com　联系电话:023-61520630
全国新华书店经销

开本:787mm×1092mm　1/16　印张:16.25　字数 340 千
2025 年 6 月第 1 版　2025 年 6 月第 1 次印刷
ISBN 978-7-229-18134-5
定价:69.00 元

如有印装制量问题,请向本社至行传媒分公司调换:023-61520629

前　言

　　基础教育课程改革以来,校本课程开发已经成为基础教育改革的重要着力点。随着学校课程开发自主空间增大,学校纷纷立足本校实际,充分挖掘和利用当地特色资源,开发校本课程,积淀学校文化,打造办学特色。随着新课改的深入推进,2023 年 6 月教育部办公厅印发《基础教育课程教学改革深化行动方案》,再次明确校本课程的关键地位。《方案》强调,学校以促进学生全面而有个性地发展、健康成长为目标,高质量落实国家课程、建设校本课程,将课程理念、原则、要求转化为具体的育人实践活动,构建体现学校办学特色的课程育人体系,注重持续优化。同月,教育部印发《关于加强中小学地方课程和校本课程建设与管理的意见》。《意见》明确要求,加强中小学地方课程和校本课程建设与管理,激发地方和学校课程建设活力,构建以国家课程为主体、地方课程和校本课程为重要拓展和有益补充的基础教育课程体系,增强课程适应性,实现课程全面育人、高质量育人。

　　德育课程体系是学校落实立德树人根本任务的重要载体,是一项重要的系统性工程。德育校本课程是基于学校办学特色和培养目标,在国家预留课程空间内,从地区、学校的实际出发,为促进学生品德形成与发展所进行的德育课程自主开发。相较于国家课程,德育校本课程因更能体现学校德育的基础性、特色性、系统性、实效性、针对性和创新性,成为学校德育课程体系的重要环节,也越来越受到学校的重视。

　　近年来,不少学校积极构建具有学校特色、适应学生身心发展的德育校本课程,不断提升德育效果,促进学校德育可持续发展。但由于当前学校德育校本课程的开发多是基于校本课程开发的经验转型或课程目标、内容的简单替换,缺少从课程论视角对德育校本课程的系统构建的理论指导,学校德育教师、教育研究者、高校相关专业师生等对德育校本课程的内涵理解、德育校本课程的开发与管理、实施与评价等方面有着迫切的学习需求。我们在前人的研究基础上,结合对当前学校德育工作的理解和思考,编著了本书。全书分为五个章节,涵盖德育校本课程目标体系构建、内容开发、课程管理、实施与评价五大课程板块,较为完整地呈现了德育校本课程的全貌。第一章德育校本课程目标体系构建,阐述了德育校本课程目标概念、构建理论与模型,结合案例详细说明了德育校本课程确定教育目标的基本来源、确定课程目标制定的基本取向、确定目标的具体内容等环节如何一步步构建与设计。第二章校本德育课程内容的开发,是在分析德育内容的基础上,进一步厘清了"价值取向—选择依据—选择原则—选择环节"的逻辑思路,阐述了如何进行德育校本课程内容的选择与组织,并提供了一系列实用的德育校本课程内容的开发模式与策略供读者学习借鉴。第三章校本德育课程的管理,从物质、精神、人性三个价值维度论述了德育课程管理的理论基础和历史沿革,全面介绍了德育课程管理主体的基本要求,详细说明了德育校本课程管理实施总体设计和进行监督反馈的关键要点。第四章德育校本课程实施,介绍了德育校本课程实施的典型理论,阐释了德育校本课程实施原则,结合富有时代气息的德育校本课程,介绍了十种德育校本课程实施路径。第五章德育校本课程评价,介绍了德育校本课程评价的发展脉络和价值,构建了多元化的德育校本课程评价体系,阐述了校本课程评价的功能与原则,提出了新时代背景下德育校本课程评价展望。

本书的价值主要体现在:一是通过对德育校本课程的系统呈现与解读,回应了学校德育改革与创新需求,为一线教师和教育研究者提供了一本系统地解决学校德育校本课程发展所需的书籍;二是通过对已有德育课程与校本课程理论的整合与重构,对德育校本课程进行了深入研究,为该领域的发展提供了一些研究方向和思路;三是为落实促进学生全面而有个性地发展和健康成长,高质量地建设校本课程,持续优化构建体现学校办学特色的课程育人体系提供了方法参考。

最后,感谢刘忠奎、宋雪敏、杨英、段庆生、郎捷、郭智仙、孙雅萍、薛本莲、尹昶等老师为本书的出版做出的努力和贡献的智慧。由于编者水平有限,对一些问题的思考可能尚不成熟，希望得到相关研究领域的专家、教师的批评指正，也欢迎热心的读者提出宝贵的意见和建议。后续，我们的团队将进一步搜集德育校本课程的实践案例，与理论研究进行互证和完善，也期望我们的研究成果能够为学校的德育工作起到精准的助推作用，提高学校德育的实效性。

目　录

第一章

德育校本课程目标体系构建

第一节　德育校本课程目标相关概念

校本课程目标要体现出国家教育目的和学校对人才培养质量规格的基本要求，以及办学指导思想和办学特色。

一、课程目标相关概念

（一）课程

"课程"一词，据考证，在我国最早见于唐代孔颖达对《诗经·小雅》的注解："以教护课程，必君子监之，乃得依法制也。"宋代的朱熹提出"宽着期限，紧着课程""小立课程，大做功夫"的观点后，"课程"才有了词源的意义。朱熹虽然没有对课程做出明确的界定，但表达出，其意思是指功课及其进程。这里的"课程"仅仅指学习内容的安排次序和规定，没有涉及教学方面的要求。在英语中，课程一词为 curriculum，源自拉丁语"currere"（意为"跑道"）。现代意义上的课程公认最早出现在英国斯宾塞的《什么知识最有价值》一文中。很多人将课程等同于教科书或教材。事实上，课程不仅是一种结果，还是一种过程，更是一种意识。课程的本质是有计划地安排儿童学习机会的过程。从涉及的范围来说，上到国家颁发的《课程计划》，下到教师安排的课时或几分钟的活动都是课程；从具体的课程活动程序来说，目标的确定、内容的选择与组织、实施与评价的过程就是课程。

（二）目标

目标是人们的行动所期望达到的标准、规格和状态。目标含有"里程"的意义，表现为个别（特殊）的、部分的、阶段（具体）的价值。这里的"人们"可以是群体亦可以是个体，而"行动"则既包括某一行动亦包括某一时期的行动。目标是人们对客观规律主观认识的产物，只有当人们认为自己的行为符合客观规律时，才会制定相应的目标,从而期望得到预期的结果。目标能否实现,与对客观规律认识正确与否直接相关。目标制定是人们对客观规律理性思考的过程和结果,是指导、激励、制约人们行为的重要因素,使得人们的意志和行为都要服从和服务于目标的实现。

（三）课程目标

最早提出"课程目标"并将其作为课程开发的出发点和归属的学者是博比特与查特斯,其后泰勒对课程目标研究做出了突出贡献,课程目标是一定教育阶段的学校课程期望这一阶段学生的品德、智力、体质、审美等基本素质在参与课程活动的主动发展中所能达到的标准、规格和状态。课程目标是在课程设计与开发过程中,设计者对所设计的课程的总体理解,也是课程本身要实现的具体要求。这种理解和要求就是通过对课程目标的宏观描述来表达的。课程目标主要包括认知、技能、情感和应用四个方面:认知方面包括基本概念、原理和规律、理解和思维能力;技能方面包括行为、习惯、运动及交际能力;情感方面包括思想、观点和信念,如价值观和审美观等;应用类包括应用前三个方面来解决社会和个人生活问题的各种能力。

（四）课程目标与教育目的、培养目标、教学目标的关系

课程目标是教育目的和培养目标实现的途径,体现了课程开发与教学设计中的教育价值。从课程目标到教学目标是一个从概括到具体,从抽象到具象的不断转化、呈现和增加的过程。

1.课程目标与教育目的

教育目的是社会对教育所要培养的社会个体的质量规格的总的设想或规定,是对受教育者的总的要求。教育目的所体现的是普遍的、总体的、终极的教育价值,是宏观的教育价值。教育目的是含有方向性的总体目标和最高目标,是一个国家乃至一种社会人才培养的终极目标,也是一个国家教育的起点和终点。它体现在国家的宪法、教育法、教育方针之中,也体现在国家、地方、学校的教育理念和教育实践活动之中。教育目的的核心是规定培养什么样的人,它具有历史性、一般性、概括性和抽象性。教育目的决定了学校培养目标、课程目标和教学目标的性质和方向。课程目标是直接影响学校课程内容的选择与组织、课程实施及评价等工作的,而教育目的则不能直接提供具体指导,教育目的的实现,需要先将其转化为具体的培养目标,然后才能对课程目标的制定发挥指导作用。

2.课程目标与培养目标

课程目标与培养目标在方向上一致,在本质内容上相通,而在一些方面又有区别。分别包括:在概括性方面,培养目标高于课程目标;在可操作性和可检测性方面,课程目标比培养目标更具体,更具有可操作性和可检测性,可以说,课程目标是培养目标的具体化;在使用功能方面,培养目标要适应于特定学校所有的教育教学人员;课程目标既要求有关的课程或教学工作者明确其内涵,以利于课程编制,同时课程目标还要关注教师的教与学生的学,要充分顾及学生特点、学科内容及社会需求的关系。

3.课程目标与教学目标

课程目标与教学目标的联系非常紧密,课程目标与教学目标共同为达成培养目标发挥着各自的作用,是培养目标的具体化。在目标的确立方面,二者都要以教育目的为总目标,以培养目标为具体指导,在各自的范围内提出适应社会、适应学科、适应学生的具体的教育教学要求。目前课程理论中倾向于"大课程"和"活课程"的观念,倾向于课程统合教学的观念。从这个意义上说,课程目标统合了教学目标,既要认识到教学目标是课程目标的进一步具体化,同时又不主张将教学目标与课程目标做太严格的区分。有的就将课程目标和教学目标合称为"课程与教学目标",主张课程与教学目标的制定应模糊一点,以便为人创造性的发挥留有余地。

课程目标与教学目标的区别是明显且需要我们把握的,主要体现有:课程目标的制定主要由教育行政部门和课程工作者完成,具有较强的方向性和规定性,而教学目标主要由学校的教师制定,具有较强的实用性、灵活性和变通性。课程目标为课程编制提供依据和参考,为教师的教和学生的学提供依据和参考,是评价学校课程实施的基本标准,具有规范性和稳定性,事关某一科类或某一学科的全局,对该学科产生影响和制约作用。同时教学目标也为教师的教和学生的学提供依据,但只对局部的教与学产生导向、激励和制约作用。

另外,教学目标具有很强的实践性和实效性。教育目的、培养目标、课程目标的主要意图都要通过教学目标的落实才能实现。

从上述分析中可见,确定课程目标是从国家制定的教育目的到实际的课堂教学目标所经历的一系列转化,而这一系列转化过程中可依次区分出的四种不同的目标是:教育目的、培养目标、课程目标、教学目标。这四种目标是不同层次的教育目标。教育目的最宽泛,层次最高,指导范围最广,是一个长期的目标;培养目标次之,是针对一个学段或一种类型的学校,培养目标对教育目的的解释具有独特性、针对性,也可以体现一个学校的办学指导思想和办学特色;而课程目标与教学目标是最具体的,它的制定必须考虑教育目的和培养目标的要求。

二、德育校本课程目标相关概念

目前,校本课程的开发是我国课程改革的热点问题,它是指学校根据自己的教育思想自主进行适合学校具体特点和条件的课程开发策略。校本课程与国家课程、地方课程构成了互为补充的三级课程体系,它能更好地体现学校的办学特色,在育人功能方面呈现独特优势。

(一)校本课程开发

"校本课程开发"这一术语是近年从西方引进的新概念。校本课程开发是目前国内外学术界和操作领域中使用较多的学术名词或学术概念。不过,关于校本课程开发的定义也是众说纷纭。崔允漷教授认为,校本课程开发指的是"学校根据本校的教育哲学,通过与外部力量的合作,采用选择、改编、新编教学材料或设计学习活动的方式,并在校内实施以及建立内部评价机制的各种专业活动",强调了校本课程开发的方法。吴刚平认为,校本课程开发是指"学校根据自己的教育哲学思想,为满足学生的实际发展需要,以学校教师为主体进行的,适合学校具体特点和条件的课程开发策略。其中'开发'是指从课程目标的拟订、课程结构的设计、课程标准的编制、课程材料的选择和组织到课程的实施与改进等一系列的课程行为"。校本课程开发是指学校课程开发的行动和研究过程,由此逐步形成某个课程的专业活动。

我国的校本德育课程开发大致区分为三个基本层面:

一是在国家的课程框架体系内,教育主体从落实道德教育出发,对各类课程所进行的规划、设计、实施与评价,此为广义上的校本德育课程开发;

二是学校、教师作为教育主体从取得德育实效出发,对于各类课程进行的校本化规划、选择与落实;

三是学校、教师作为课程开发主体在国家预留的课程空间内,从地区、学校实际出发所进行的、完全自主意义上的德育课程开发。

校本课程开发很难脱离大的背景,当前,我国的学校管理层和教师群体也缺乏校本课程开发的兴趣。由此,两种不同语境下的校本课程在理念、思考、实践等方面都有很大的不同,显然我国的校本课程的角色是国家课程、地方课程的补充。

校本课程开发是学校在符合国家和地方教育大纲的框架下,并在地方教育部门的指导下由学校负责,学校管理人员、教师以及其他相关人员参与共同改变或设计学习资料的活动过程。校本课程开发实际上是一种赋权的行为,即由地方教育部门给予学校相应的权限,推动教育课程的开发,并从学校、学生实际情况入手,灵活设置教育教学内容。从校本课程开发的模式上看,开发主体是以学校为基地,强调对学校或区域内的资源进行重点开发与综合性运用。开发的目的在于满足学生的学习需求,更好地服务于学生的发展,提高教育质量。开发力量则是多元主体共同参与的,尤其是师生的参与。

鲁艳教授认为:校本课程是指在具体的国家和地方课程的基础上,结合本校学生的实际情况和个体需求,充分利用当地学校和社区的资源,开发的多样性,可供学生选择的课程。王斌华认为:校本课程是个别学校的部分教师在教育大纲指导下结合学校与学生的实际情况而编制与实施的课程。

(二)德育校本课程

1.德育

德育广义上指包括思想政治教育、道德教育、心理健康教育和法纪教育等等,狭义上是指道德教育。学术界从不同的角度对德育进行了界定,如在《中国大百科全书·教育卷》中,德育被认为是教育者根据社会或阶级的要求,对受教育者进行有目标、有计划、有组织的系统性影响,以此将一定的社会思想道德转化为个体的思想意识与道德品质的教育;而《教育大辞典·教育学》将德育释义为"旨在形成受教育者一定思想品德的教育"。根据当前的德育教育实践情况看,主要存在着主体性德育模式、活动德育模式、情感德育模式、励志教育模式等。

关于德育课程的定义比较多,鲁洁教授认为,德育课程是教育者为实现德育目标,有组织、有计划地在学校范围内以各种方式,通过受教育者的意识和心理反应使受教育者获得良好品德经验的教育。它不仅包括德育学科课程,还包括隐性的德育课程。一般关于德育课程的概念多指向基础教育阶段的德育课。

2.德育校本课程

结合对德育课程的理解,我们将校本德育课程界定为国家预留的课程空间内,学校、教师、学生从地区、学校的实际出发,为促进学生品德形成与发展所自主进行的、科目形式的德育课程开发。德育校本课程侧重于将学校作为开发实施主体,一般德育校本课程包括基本常识类、社会问题类、科学知识类、政治理论类等四种类型。而如果根据表现形式的差异又可以将德育校本课程划分为知识性、实践性以及隐性这三类。也就是说德育校本课程在实践中存在着不同的类型,涉及的范围较广,可以开发利用的方式多样。

所谓德育校本课程是基于学校德育问题解决,以学校为本位,由学校自行开发设计的课程。其内涵包括德育问题解决、学校德育资源自主开发、学校德育特色等方面。德育校本课程与学校的其他学科校本课程同属于校本课程范畴,它与国家课程、地方课程相对应,共同组成学校课程体系。德育校本课程层次化构建就是以校本课程构建为契机,挖掘学校德育各层面的教育要素,合理整合,形成德育合力,对学生施予德育影响的德育策略。这一定义至少包含三方面的主要内容:第一,学校、教师、学生都是校本德育课程的开发主体。这个主体既包括德育专职教师,也包括教学骨干与学生代表;既包括校领导,也包括本地区教育行政领导;既可以是个别教师,也可以是教师与学生组成的集体。第二,强调根据学校学生实际,在国家颁布的德育大纲指导下,确定符合学校特色的德育课程开发目标。第三,校本德育课程内容的选择必须以学生的实际生活为出发点,以学校的德育资源为契合点,精心选编德育内容。

3.德育校本课程目标

德育校本课程目标是一项特殊的教育活动, 它不仅具有一般教育活动所具有的基本特性,而且也有其自身的特点。德育校本课程目标活动的开展不仅要遵循一般教育活动的基本原则和方法,也有它特有的原则和方法。德育校本课程目标是一种有目的、有计划、有组织的具体的社会实践活动,其活动的开展必须有相应的目标。德育校本课程的目标是教育者对受教育者进行的德育校本课程目标活动,在一定时期内要达到的预期结果。

第二节 德育校本课程目标构建理论

一、目标分类理论

(一)布卢姆的教育目标分类学

布卢姆(B·S·Bloom.)以及克拉斯沃尔(Krathwohl,D.R.)、哈罗(Harrow,A.J.)等人所建立的"教育目标分类学"。布卢姆首先将教育目标划分为三大领域:认知、情意、动作技能。在每一领域中,根据能力的复杂程度和品质的内化程度,找出具有递进关系的层次,形成目标的阶层。而对每一阶层,都指出适宜的行为动词,以使目标切实落实到学生的行为方式变化上。这样,课程目标被表述得相当具体,具有相当的可操作性,便于教师把握并用于课堂教学,也便于对课程进行评价。行为目标模式因"教育目标分类学"得以在世界各国广泛传播,成为一项国际性的普及成果。这种目标模式曾于 20 世纪 80 年代在我国的教学实践中产生一定影响,引起一些人的研究兴趣。行为目标的实质是追求教育过程的可控性,其特点是简单明了、易于把握,它对于保证一些相对简单的教育目标的达成是有益的。

1.认知领域教育目标

布卢姆等把认知领域的教育目标,从低级到高级共分为识记、领会、运用、分析、综合、评价六个层次,层次越高,其共同性越少,个别性越多,反之其共同性越多个别性越少。

(1)识记是指对先前学习过的材料的记忆。它一般分为三类:一是具体的知识,包括术语概念和具体事实的知识等;二是处理具体事物的方式方法,包括惯例的知识、趋势和顺序的知识、分类及类别的知识、准则的知识及方法论等;三是学科领域中的普遍原理和抽象概念,包括原理和概括的知识、理论和结构的知识。这是最基本的认知学习结果,其心理过程是记忆。

（2）领会是指把握知识材料意义的能力。可以借助三种形式来表明对知识材料的领会：一是转换，即用自己的话语或用与原先表达方式不同的方式来表达所学的内容；二是解释，即对一项信息（如图表、数据等）加以说明或概述；三是推断，即预测发展的趋势。领会是最基本的理解，它超越了单纯的记忆。

（3）运用是指把学到的知识应用于新的情境，包括概念、原理、方法和理论的运用。运用是较高水平的理解。

（4）分析是指把复杂的知识整体材料分解为组成部分并理解各部分之间联系的能力。它包括部分的鉴别、分析部分之间的关系和认识其中的组织原理。分析代表了比运用更高的智能水平，因为它既要理解材料的内容，又要理解其结构。

（5）综合是指把各种要素和组成部分组合成一个整体。包括进行独特的交流、制订计划或操作步骤、推导出一套抽象关系。

（6）评价是指对材料（如论文、小说、诗歌、研究报告等）作价值判断的能力。包括依据内在证据来判断。评价是最高水平的认知学习结果，因为它要求超越原先的学习内容，并需要基于明确标准的价值判断。

2.情感领域教育目标

情感领域的教育目标，依据价值内化的程度由低到高分为接受或注意、反应、价值评价、价值观的组织、品格形成五个层次，其共同性随层次的递增而减少，个别性则随之增加。

（1）接受或注意指学习者愿意注意特殊的现象或刺激，如课堂活动、参加班级活动、意识到某问题的重要性等。学习结果包括从学生意识事物存在的简单注意到学生的选择性注意。这是较为初级的价值内化水平。

（2）反应是指学习者不仅注意到某种现象，而且主动参与做出反应，如积极完成教师布置的作业、参加小组讨论和以愉快的心情阅读。反应包括漠然的反应、愿意的反应和满意的反应。

（3）价值评价是指学习者将特殊的对象、现象或行为与一定的价值标准相联系。它包括接受、偏好某种价值标准，为某种价值标准做出奉献。例如：欣赏文学作品，在讨论问题中提出自己的观点，刻苦学习外语等。

（4）价值观的组织是指学习者在遇到许多价值观念出现的复杂情境时，克服价值观之间的矛盾、冲突，对各种价值观加以比较，接受重要的价值观和价值标准，形成个人的价值观体系。学习的结果可能涉及某一价值系统的组织。

(5)品格形成也就是价值或价值体系的性格化,指学习者通过对价值观体系的组织,逐渐形成个人品格。即各种价值被置于一个内在和谐的构架之中,它们的层级(高低)关系已确定,个人言行受其确定的价值体系支配。观念、信仰和态度等融为一体,最终形成个人的世界观和人生哲学。例如,工作一贯勤勤恳恳、在团体中表现合作精神等。

学习者的情感培养和学习是课程目标中的重要方面。情感学习与形成或改变态度、提高鉴赏能力、更新价值观念等有关。但是,要将上述情感的心理过程转化为可观测的外显行为的学习目标是非常困难的。

3.动作技能领域教育目标

布卢姆本人并没有提出动作技能领域的目标分类,这个领域出现了好几种分类法,目前尚无公认的最好的分类。这里只介绍辛普森(Simpson,E.J.)的分类。辛普森把动作技能领域的教育目标,由低到高分为知觉、准备、有指导的反应、机械动作、复杂的外显反应、适应、创作七个层次,其共同性也随着层次的增高而降低。

(1)知觉指运用感官获得信息,了解与某一动作技能有关的知识、性质与功用,以指导动作的过程。

(2)准备指对稳定活动的准备,包括心理定向、生理定向和情绪准备(愿意活动)。知觉是其先决条件。

(3)指导的反应指能在教师的指导下表现有关的动作行为,包括模仿和尝试错误。例如,能模仿教师的动作进行学习,在教师引导下进行试误练习,直到形成正确的动作等。

(4)机械动作指经过一定程度的练习,学习者的反应已形成习惯,能以某种熟练和自信水平完成动作。例如,能正确、迅速地制作切片标本,能准确迅速地打字等。

(5)复杂的外显反应指包含复杂动作模式的熟练动作操作。操作的熟练性以准确、迅速、连贯协调和轻松稳定为指标。

(6)适应指阶段练就的动作技能具有应变能力,学习者能修正自己的动作模式以适应特殊的装置或满足具体情境的需要,这是高度发展水平。

(7)创作指学习者在学习某动作技能的过程中形成了一种创造新的动作技能的能力。在这里,重要的是以高度发展的技能为基础进行创造。

认知领域、情感领域和动作技能领域目标的各个层次,均有各自的一般目标,这些目标可以分别用一些特殊学习结果和行动的动词加以表示。

(二)加涅的学习结果分类理论

加涅认为并非所有的学习均相近,从而把学习区分为不同层次,以代表不同种类的认知能力。为了能够使学习的层次原理在教学上得到应用,使教师能根据学习成果的表述,设计和开发最佳的学习条件,加涅将学习成果区分为"态度""动作技能""言语信息""智力技能"和"认知策略"五种。

(1)态度(attitude),是通过学习形成的影响个体行为选择的内部状态。它包括三种类型:①可被看作期望达到的教育目标,如希望儿童和蔼待人、为他人处境着想等;②对某类活动的积极偏爱,如听音乐、阅读等;③有关公民身份的态度,如爱国、愿意承担公民义务等。

(2)动作技能(motor skills),是一种习得能力,如能写字母、做体操、跑步等。它包括两种成分:①描述如何进行动作的规则,即动作的程序;②因练习与反馈逐渐变得精确和连贯的实际肌肉运动。

(3)言语信息(verbal information),是学习者通过学习以后,能记忆诸如事物的名称、符号、地点、时间、定义、对事物的细节描述等具体事实,并能够在需要时将它们表述出来。信息在知识体系中是最基本的"建材",是进一步学习的先决条件,是培养智力技能的基础。

(4)智力技能(intellectual skills),是学习者通过学习获得了使用符号与环境相互作用的能力。言语信息回答"是什么"的知识,而智力技能则与知道"怎么办"有关。它对学生能力的要求主要是理解、运用概念和规则的能力,进行逻辑推理的能力。智力技能由简单到复杂,由低级到高级可分为辨别、概念、规则、高级规则四个亚类。"辨别"是概念的基础,"概念"是规则学习的基础,"规则"揭示的是两个或更多的概念之间关系的一种言语表述。

(5)认知策略(cognitive strategies),是学习者借以调节他们自己的注意、学习、记忆和思维等内部过程的技能。作为认知策略学习的成果,学习者能根据过去所习得的规则,经过内在思维过程而创造新的或更高层次的规则,提出解决问题的方案。总之,认知策略是学习者操纵管理自己学习过程的方式,是学生学会如何学习的核心成分。

二、道德发展阶段理论

(一)皮亚杰的道德发展阶段理论

皮亚杰通过与儿童交谈，观察儿童的活动，考察并分析了儿童的道德发展问题，据此写出《儿童的道德判断》一书。经过对儿童道德认知、道德判断进行系统性研究后，皮亚杰认为儿童的道德发展是其自然天赋与社会因素相互作用的结果；道德发展也不取决于外界向儿童灌输多少道德知识，相反，皮亚杰认为儿童的道德思维发展是一个自主性、理性化的过程。通过对儿童道德发展的阶段性考察，皮亚杰坚信儿童道德发展存在着阶段性与顺序性特征，且与其逻辑思维发展存在着较高的相关度。为此，皮亚杰将儿童的道德发展划定为四个阶段：自我中心阶段(2~5岁)；权威阶段(6~8岁)；初步自律道德阶段(8~10岁)；自律道德阶段(10~12岁)。这四个阶段是不可逆的，儿童道德认知将会逐步地提高与发展。

按照皮亚杰的道德发展阶段理论，在小学阶段开展德育教育就需要考虑到儿童自身的成长规律，充分考虑自然天赋与社会因素之间的关系。儿童的道德发展是一个从他律向自律转变的过程，因此不能够不顾实际情况一味地对儿童进行管教与约束。

德育校本课程的开发其实就是要促成德育模式的转变，即由侧重规范、纪律、约束的德育模式逐步过渡到强调儿童道德自律能力的德育模式。在德育校本课程开发中通过有意识地选择与儿童生活较为密切的课程资源并将其融入德育教育中，帮助儿童更为系统地掌握德育知识，减少德育教育过程的单调性，通过实践活动有效提高儿童的德育认知水平，增强其道德判断能力。

(二)柯尔伯格的道德发展理论分析

柯尔伯格与10~16岁的少年进行沟通，利用道德两难故事创设两难情境并要求沟通者做出选择。根据儿童做出遵从规则还是服从需要的行为表现，柯尔伯格将儿童的道德发展划定为三种水平、六个阶段。其中在"前习俗水平"中，儿童的行为将受到奖惩的需要驱使，行为表现着眼于其自身需求而没有将社会规范内化到行为体系中；在"习俗水平"上，儿童为了满足社会期望将会遵循父母以及教师等权威性人物的道德判断标准，同时社会规范也通过这种方式逐步内化到儿童的认知体系；在"后习俗水平"，儿童将会根据自己选择的道德准则决定相关行为，社会规范已经完全内化到认知体系中。在这三个水平下柯尔伯格还确定了六个阶段,如前习俗水平下包括服从与惩罚定向、利己主义定向两个阶段;习俗水平包括好孩子定向、维护权威与社会秩序定向两个阶段;后习俗水平包括社会契约定向与原则和良心定向这两个阶段。

从柯尔伯格的理论中可以看出,儿童的发展是一个阶段性变化的过程,不同的发展阶段心理倾向有所差异,对外界的认知也会有所变化,但是和皮亚杰相同,他们都倾向于相信儿童道德是按照顺序向上发展的,道德发展过程无可逆转性,也不存在着跳跃。遵循这一儿童道德发展理论,在学生的品德教育中就需要按照简单到复杂这种层次性模式循序渐进展开,要结合儿童认知特点以适当方式教授相应的内容。特别是德育过程中不能采取成人的道德水平、思维方式来要求儿童,应该根据儿童的道德发展水平确定对其道德要求的底线。同时德育教育中还要让学生参与到相关活动中,通过体验来强化认知,提高学习效果,并根据学生的表现给予相应的奖惩内容。

三、理论评析

通过简单的比较,我们可以发现,加涅的学习结果分类理论和布卢姆的教学目标分类理论有相似之处,他们都是把教学目标分类的着眼点放在学习结果方面;两个理论都包括了认知、情感、动作技能三个领域,加涅的五类学习结果其实就是认知(言语信息,认知策略、智力技能)领域、情感(态度)领域以及动作技能领域的另一种表达,其背后的分析框架还是这三个领域,类似于布卢姆的教学目标分类理论;而且,无论是布卢姆还是加涅都对认知领域进行了深入系统的剖析。尽管二者存在着诸多的相似,但毕竟是不同的分类理论,二者的区别还是客观存在的。相比较而言,加涅的学习结果分类理论是以对学习结果的关注而建立起来的,该理论既有助于学习结果的测量与评价,又有利于教学设计。布卢姆的教学目标理论应用得更广泛一些,由于它关注具体的可观察行为,所以偏于测量和评价,成功地解决了测量与评价目标由简单到复杂的等级分类问题。在实践的操作过程中,我们要灵活运用各种理论,而不能将某种理论视为神圣而加以顶礼膜拜。

第三节　德育校本课程目标构建模式

德育校本课程目标系统循着依照目标模式制定即"设置课程目标—确定基本德育目标—选择和分配课程内容—实施与评价"这一基本路线加以展开,还是构建过程模式、情境模式,根植于社会文化,以生活为中心,关注学习内容所涉及的社会文化因素;同时,道德出于人与人之间的理解和尊重,道德教育离不开具体的教育情境,自然地,课程目标的制定,尊重学校和教师的自主权,力求让他们自行制定课程实施计划、设定或调整具体的课程目标、设计教学或活动单元,这些需要从不同模式的理论中挖掘价值。

一、目标模式

目标模式(the objective model)也称为"理性计划模式"(the rational planning model)、"手段—目的模式"(means-ends planning model),还被称为"工艺学模式"。它是以目标为课程开发的基础和核心,围绕课程目标的确定及其实现、评价而进行的课程设计与评价模式。其主要的代表人物有博比特、查特斯、泰勒等。

（一）目标模式的观点

自泰勒原理产生后,目标模式一直在课程研制的理论探究及课程实践领域居主导地位。目标模式是以目标为课程开发的基础和核心,围绕课程目标的确定、实现和评价而进行的课程开发模式。泰勒原理主要回答的是以下四个中心问题:第一,学校应该试图达成什么教育目标?第二,提供什么教育经验最有可能达成这些目标?第三,怎样有效组织这些教育经验?第四,我们如何确定这些目标正在得以实现?泰勒原理被众多的研究者简化为四段渐进式的课程开发模式:目标确定、学习经验选择、学习经验组织、学习评价。这四个基本阶段是一个循环往复、周而复始的过程。

"目标模式"专注于课程开发的方法而非课程本身的内容。其中课程目标的确定是重中之重，就如泰勒本人所认为的："教育目标是指导课程研制者所有其他活动的最关键的准则。"所以，只有确定了目标，才能选择学习经验(内容)和组织学习经验(方法)，才能评价目标的实现程度。

泰勒认为，教育目标有三个来源：一是对学习者的研究，二是对当代社会生活的研究，三是学科专家的建议。最后，这种目标的选择、排列、确定，由课程编制者依据对"教育哲学"和"教育心理学"的认识予以确定。"目标模式"自泰勒提出后，迅速成了课程研究和课程研制领域的一门显学，美国学者塔巴、英国课程论专家惠勒、凯尔等人都对泰勒模式进行了改造、发展，形成了塔巴模式、惠勒模式、凯尔模式、塔纳模式等变式，促使目标模式更完善、更多元。

(二)目标模式评价

1.目标模式的优点

(1)提供了一个课程研究和开发的范式。目标模式的每一个具体问题，都是在充分研究的基础上提出具有指导性的原则、步骤、要求和程序等，是一个相当完整、系统、可操作的模式。

(2)将目标和评价引入课程编制过程，将学生、社会生活、学科专家三个方面作为目标来源，使目标模式获得合理的基础。通过评价不断地搜集有关的各种信息，并且加以充分利用，及时地改进和完善课程，使课程开发成为动态的、开放的过程。

(3)具有极强的操作性，提出了一系列较容易掌握的、具体化的、层次化的程序及方法。

2.目标模式的弊端

(1)受限于实用主义哲学和行为主义心理学，具有一些由理论基础引发的缺陷。

(2)受工业社会背景的影响，表现出了工具理性主义，过度强调了工艺化、系统化分析，忽视了人成长过程中的丰富性、复杂性、主体性等特征。

(3)忽视行为目标以外价值目标的不可测量性。

(4)过度重视知识的逻辑与结构，主张专家是课程开发的主导者，忽视师生的主体性。

正如斯滕豪斯所言，目标模式误解了知识的本质，误解了改善课程实践过程的本质。斯滕豪斯认为，目标模式从知识进步的角度看也许有很大效用，但在应用于实际时必须格外小心,因为它逻辑上越令人满意,可能越不适用。正是因为这些缺陷,目标模式虽然是课程开发中的主导范式,但是依然受到诸多批判。

二、过程模式

过程模式是英国著名的课程理论专家斯滕豪斯提出的。1975 年,斯滕豪斯发表了其代表作《课程研究与开发导论》,其在书中提出了过程模式和教师行动研究的思想,"没有教师的发展,就没有课程开发",确立了课程开发过程模式与教师发展之间的关系。过程模式是斯滕豪斯在系统地对目标模式的局限进行批判的基础上提出的。斯滕豪斯认为"如果找不到一种可供选择的课程开发策略作为替代,批评目标模式便失去了意义"。为此,他在反理性主义的进步主义教育理论及现代发展心理学、认知心理学的研究成果基础上,提出了过程模式。

(一)过程模式的观点

1.提出了五项"过程原则",即教师应与学生一起在课堂上讨论,研究有争议的问题;在处理有争议的问题时,教师应持中立原则,使课堂成为学生的论坛;探究有争议的问题的主要方式是讨论,而不是灌输式的讲授;讨论应尊重参与者的不同观点,无须达成一致意见;教师作为讨论的主持人,对学习的质量和标准负责。

2.在课程内容选择上,以有争议的问题为主,且是由专家和教师共同生成,教师和学生在课堂前、课堂上自主生成具体的教学材料和内容。

3.在课程目标上,认为不是进行目标预设,而是确立总体教育过程的一般性的、宽泛的教育目标,并不构成最后的评价依据。

4.提出了程序原则,即课程原则只是作为课程研制的方法及指导思想而使教师明确教学过程中内在的价值标准及总体要求,而不指向对课程实施的最后结果。

5.开放的课程系统与形成性评价。课程的开放性强调学生的学习不是直线式的、被动的过程,而是一个主动参与和探究的过程,在这个过程中应关注学生个人的理解与判断。因此,教师在学生学习过程及结果评价中,应是一个诊断者,而非打分者,评价应以教育主体及知识内在的价值及标准为依据,而不是预设目标的达成度。

(二)过程模式的评价

1.过程模式的优点

(1)过程模式的提出冲破了目标模式"工具技术主义及理性主义"的局限,强调了教育教学过程本身的丰富育人价值,强调了师生互动和学生的自主活动,把课程开发的过程建立在实际的教育实践的具体情境基础上, 在一定程度上摆脱了目标模式造成的过度预设的问题。

(2)提出了影响深远的"教师即研究者"的课程开发思想,强调了教师应成为课程开发的主体,而不是成为专家所开发课程的接受者、消费者,重视了教师的专业自主权。

(3)更多地聚焦人文学科课程领域,强调了学习者的人文理解和学习的主动性。

2.过程模式的缺点

(1)过程模式提出的理论基础仅是当代教育哲学的某些理论,同时针对的是人文学科课程领域。

(2)过程模式在强调人文理解及学习者主动性的同时,否认对科学知识的传承及其社会功效性指标的重要意义。

(3)过程模式在强调教师作为课程开发主体的研究者角色的同时也对教师提出了过高的要求。以上这些致使过程模式在具体的课程研制实践中的影响,远不如目标模式那么广泛、深远、持久。

三、实践模式

实践模式是由美国著名的课程理论专家和生物学家施瓦布提出的。实践模式也是因对目标模式批判而提出的,同时又是在具体的教育实践活动背景中提出的。施瓦布曾与布鲁纳等教育家一道领导了美国二十世纪五六十年代的 "新课程运动"。实践模式在课程领域有着重要的影响,被认为是课程"范式"的转换。

(一)实践模式的观点

施瓦布认为,课程是由教师、学生、教材、环境四个要素构成的,这四个要素间持续的相互作用构成实践性课程的基本内容。施瓦布实践模式主要有以下几个特点:

1.强调课程的最终目标是实现学生的"实践兴趣",教师和学生是课程的有机组成部分和相互作用的主体,课程是相互作用的有机"生态系统"。

2.教师和学生是课程的主体和创造者,其中学生是课程的核心,教材虽然是课程的组成部分,但是只有在满足学生特定的学习需要的时候才具有教育的意义。

3.强调课程开发的过程与结果,目标与手段的连续统一。施瓦布认为,脱离具体实践情境的抽象结果是没有意义的,真正有意义的结果是在实际的兴趣、需要和问题的过程中实现的,是内化于过程之中的。

4.强调课程环境是课程相互作用的一部分。"课程环境是由除教师、学生、教材之外的物质的、心理的,社会的、文化的因素构成的,它直接参与到课程相互作用的系统中。"

5.强调用课程审议的方法来解决课程开发问题。课程审议是指课程相关主体对不同对象进行各自教育立场的权衡以做出课程选择的过程。施瓦布提出要以学校为基础成立包括校长、社区代表、教师、学生、教材专家、课程专家、心理学家和社会学家等组成的课程集体对课程问题进行审议,通过审议形成一个学校共同体。集体参与课程审议不仅是做出合理行动决定所必需的,而且是参与者彼此互动,相互启发的教育过程。

(二)实践模式的评价

1.实践模式的优点

(1)充分关注每个个体在具体环境中的实践问题,凸显了课程开发和课程实施过程的人性化。

(2)强调用课程审议方法,能够调和课程开发过程中的多方教育立场,促使多方合作,丰富了课程开发与实施主体的多元化。

(3)关注了课程开发和实施过程中的实践性问题,增加了课程实施的有效度和合理性。

2.实践模式的缺点

(1)实践模式所采用的课程审议方式在实际运用中存在困难,多方主体的立场冲突和矛盾,解决起来需要耗费大量的时间和精力,往往导致课程开发效率低下。

(2)过于关注和强调课程环境的特殊性,就必然会忽略一般意义的、规律性的课程开发实践原理,会导致走向相对主义。

(3)过于关注课程的实践价值,忽视了课程开发的理论价值,也忽视了课程的教育预期性,无法较好调和理想与现实的二元对立。

四、环境模式

环境模式又称为情境模式或文化分析模式,其代表人物是英国课程专家丹尼斯·劳顿和斯基尔贝克。目标模式的理论基础是实用主义哲学和行为主义心理学，过程模式的理论基础是反理性主义的进步主义教育理论及现代发展心理学、认知心理学，而环境模式的理论基础则是文化分析主义。文化分析主义课程理论认为，课程的本质是社会文化的一种选择：并非社会文化中的所有内容都是重要的、有同样价值的，且学校教育是有限的，所以，要对社会文化进行严格的选择，选择共同的文化来编制课程，以保证学校教育和传承的是社会文化中的精华。

（一）环境模式的观点

环境模式强调按照不同学校各自的具体情况，在对学校环境进行全面分析与评估的基础上来研制课程方案。课程开发的焦点是具体的单个学校及其教师，学校本位课程研制是促进学校获得真正发展的最有效的方式。环境模式认为课程开发过程由环境分析、目标确立、方案制定、解释与实施及检查、评价、反馈与重建五个具体阶段构成。

1.环境分析：通过考察学校的内外部因素，对学校所处的具体环境进行微观的考察与评估，来明确学校教育的遭遇和可能性选择。

2.目标确立：在环境分析的基础上，体现想要在某些方面改变那个环境的各种决策。

3.方案制定：包括选择学习材料、安排教学活动、调配教职工，以及挑选合适的补充材料和教学手段。

4.解释与实施：对方案的具体实施过程及可能产生的问题进行预设，然后在实施过程中准确把握并解决。

5.检查、评价、反馈与重建：包括对课堂活动进展情况做经常性评定，对所产生的各种结果进行评价，对所有参与者的表现做详细记录。

（二）环境模式的评价

1.环境模式的优点

在创建过程中有效地吸取了目标模式，过程模式和实践模式的合理成分，是一种灵活的、比较全面的、适应性很强的模式，环境模式总结了目标模式，过程模式和实践模式的经验教训，没有死板地把五个组成部分规定为"直线式"的操作过程，而认为这五个部分是一个有机的整体，操作过程可以从一个部分开始，也可以从几个部分同时开始。

2. 环境模式的缺点

虽然环境模式比其他模式更具综合性、灵活性和合理性,但是也有一些不足:

(1)具体课程方案的开发强调不同学校的不同环境,对学校进行课程开发提出更多环境分析的能力要求。

(2)强调了课程开发的学校适应性与合理性,但也落入现实适应论过度强调现实的泥淖中。

(3)容易造成学校课程开发中忽视长期发展和学生成长的周期性特征。

第四节　德育校本课程目标体系构建

本节以德育校本课程目标构建存在的问题为起点，主体阐述课程目标确定的基本环节，具体包括确定教育目的、确定目标的基本来源、确定课程目标制定的基本取向、确定目标具体内容等，童化德育校本课程目标构建的理论、方法和案例的分析，达到全方位认识德育校本目标体系。

一、校本德育课程目标研制存在的问题

长期以来，我国学校教育普遍存在着重视学科课程轻视德育课程；重视学生的考试成绩轻视学生的品德教育的现象，德育校本课程开发包括课程目标的研制都体现出研制动力不足、能力不强以及知识化、政治化等问题。

（一）校本课程目标研制动力不足

我国校本课程建设背景是以国家课程制度改革为主线进行变迁的。1996 年颁布的《全日制普通高级中学课程计划(试验)》规定：学校应该"合理设置本学校的任选课和活动课"，这开启了我国部分课程决策权下放到学校的序幕。1999 年 6 月颁布的《中共中央国务院关于深化教育改革全面推进素质教育的决定》第二部分第 14 条指出："调整和改革课程体系、结构、内容，建立新的基础教育课程体系，试行国家课程、地方课程和学校课程。"我国由此开始构建"三级课程体系"。2001 年 6 月教育部颁布的《基础教育课程改革纲要(试行)》明确指出："改变课程管理过于集中的状况，实行国家、地方、学校三级课程管理，增强课程对地方、学校及学生的适应性。"学校在执行国家课程和地方课程的同时，应根据当地社会、经济发展的具体情况，结合本校的传统和优势、学生的兴趣和需要，开发或选用适合本校的课程。

从中可以看出，校本课程的目标是模糊的，只是教育行政部门推行的一种教育

政策,学校层面在执行自上而下的改革,政府是制度变迁的主体;程序是自上而下的,作为被接受方的制度主体,学校及学校教师在这场课程改革运动中处于制度执行者的位置。这必然导致校本课程改革的被动和建设存在很多的不足。

(二)德育课程目标研制能力不足

一直以来,德育课程知识包括德育课程目标是由德育课程专家创造、选择并提供的,教育者对德育课程知识的创造和选择没有真正的发言权,他们是德育课程专家所制定的课程计划的忠实执行者。他们按照专家对德育课程使用说明,循规蹈矩地实施教学。当前许多校本课程开发存在课程目标能力不足,课程目标的制定往往过于宏大、表述内容错位、层级不清;操作性弱、指向性不强、目标表达与内容选择和组织没有必然的联系。教师在定位新的德育课程目标不仅仅定位在"接班人"或"四有新人"上,然而当前不管是德育的一般性目标还是具体目标,基本上都是照搬国家决定和颁布的方式确定的,没有体现出德育工作者和学生的实际参与。

(三)德育课程目标政治化倾向

我国德育课程目标的发展过程是倾向于重视政治需要,虽然新的课程标准在这方面做了一些调整,当今社会要求公民的素质应该是综合化的、多维度的、具有开放性的,能推动自我实现和人类发展的,它应包含心理、道德、政治、审美等多个维度的素质,然而校本德育课程目标还是存在对个体个性发展的需要以及个人生活幸福不够重视,该目标指导下的教育活动势必很难调动学生的主体性。

二、校本德育课程目标的功能

课程目标的功能及其制定依据决定了课程具体的目标内容。教育目标是教育目的的下位概念,是学校推进校本课程建设质量保障所需,同时也因其对学校课程发展具有重要的功能,课程目标在课程活动中包括在课程设置、课程实施、课程评价中的诸多的重要作用都是由于其自身存在着重要的功能。课程目标主要的功能就是导向功能、激励功能和标准功能,这三种功能对整个课程活动发挥着有机和整体的作用,体现为整体的功能。

(一)导向功能

课程目标的方向性决定了课程目标的导向功能。课程目标所体现的价值取向被课程工作者和相关人员认同和接受后,必定会成为所有人员课程活动中所追求的方向,并引导大家通过努力而实现目标。

(二)激励功能

课程目标的激励功能即课程目标的价值及可行性被相关成员所认同,就会对各成员产生强烈的激励作用。如师生通过课程目标对自己所从事的课程活动的方向、内容、结果有明确的理解,其目标达成的过程就成为其价值实现的过程,当其认识到自己所从事的活动在系统中的地位、作用、意义,就会激发其参与课程活动的动机,调动其积极性,提高其自觉性和主动性,从而能充分发挥其课程活动中的主观能动作用。

(三)标准功能

课程目标的标准功能即完备科学的课程目标体系必然为课程实践系统的各方面、各人员、各环节提出明确详尽的活动内容及时间、数量、质量等的标准要求。从而以此标准为依据,明确有关的职责、制定有关的制度,衡量、鉴别课程活动的进展和成本情况、作相应的评价,并对有关偏差和未达到要求的情况加以控制。

三、校本德育课程目标的取向

在课程理论的发展史上,有影响的课程目标取向主要有行为目标、生成性目标或展开性目标以及表现性目标等。

(一)行为目标

1.行为目标取向概况及特点

行为目标(behavioral objectives)是以具体的、可操作的行为的形式陈述的课程目标。在很多的课程文献中,人们已把课程目标与行为目标看作是同义词,这主要是受泰勒《课程与教学基本原理》一书的影响。在这本书里,泰勒继承和发展了博比特和查特斯的“行为目标”理念。泰勒认为,每一个课程目标都应该包括“行为”和“内容”两个方面,前者是指要求学生表现出来的行为,后者是指这种行为所适用的领域。把课程目标分解为“行为侧面”和“内容侧面”是泰勒对行为目标的一大贡献,后人因此将泰勒称为“行为目标之父”。泰勒还主张在课程目标的概括化与具体化之间找到一个“度”。到了20世纪70年代,泰勒又指出,课程应关注学生学会一般的行为,“目标应该是清楚的,但不一定是具体的”。泰勒的这一主张对行为目标的健康发展具有重要的指导意义,但遗憾的是这一点往往不被人们所重视,行为目标愈益趋向具体化,其弊端亦愈益明显。

行为目标在课程科学化的历程中做出积极的贡献。行为目标的基本特点是目标的精确性、具体性和可操作性。这使得课程工作者特别是教师将课程内容以行为目标的形式陈述时,他们能清楚明了自己的任务,这便于教师有效地控制课程活动过程,也便于教师就课程内容与学生、家长等进行交流,更便于利用行为目标进行评价。可以说,行为目标对于基础知识和技能的熟练,对于保证一些相对简单的课程目标的达成是有益的。当然,行为目标的缺陷也是明显的和不容忽视的。

(二)行为目标取向的范例——布卢姆等人的"教育目标分类学"

布卢姆等人的"教育目标分类学"可以说是行为目标取向的一个范例。"教育目标分类学"分别就"认知领域""情感领域"和"动作技能领域"进行了教育目标的分类研究。并按从简单到复杂,从低级到高级的顺序,再把三个领域分解成若干部分,从而提示了各个领域达到最终目标的过程中应依次达到的目标系列,以认知领域的目标系列为例说明。

布卢姆任主编的《教育目标分类学第一分册:认知领域》于 1956 年出版。认知领域的目标依次分别为:知识、领会、应用、分析、综合和评价。

认知领域六个层次的目标可归纳为两个大类:一类是"知识",另一类是"理智的能力和技能"(intellectual abilities and skills)。"理智的能力和技能"包括领会、应用、分析、综合、评价五个层次的类目,"知识"与"理智的能力和技能"具有内在的统一性。"理智的能力和技能"以"知识"为基础,而"知识"必须上升到"理智的能力和技能"才能真正成为人格发展的有机组成部分。毫无疑问,"理智的能力和技能"是人的发展的"理想的成熟标志"。

布卢姆等人的"教育目标分类学"的特点是:既具有层级性,又具有累积性的特点,不同层次的目标之间是层层递进的;目标要以学生具体的、外显的行为来陈述。布卢姆等人认为,制定教育目标是为了便于操作,为了能够客观地交流与评价,因此以学生具体的、外显的行为来陈述目标是必需的。他们举例指出,将目标表述为"学生具有……知识""学生领会……""学生掌握……的意义"等是不恰当的,因为从中人们看不到"领会",也观察不到"掌握"。正确的行为目标的表述应当是:"陈述……之间的关系""区分……""把……配对""把……进行分类"等等。具体的、外显的行为目标陈述,体现了"能力本位"的教育价值观,也便于评价和反馈;教育目标分类具有超越性的特点。即不论哪一门学科、哪一个年级，都可以其目标层级结构为框架，填入相应的内容，从而形成"内容侧面"和"行为侧面"相统一的二维教育目标。

"教育目标分类学"为课程的规划设计以及评价提供了重要的工具，认知、情感和动作技能三个领域，基本涵盖了个体发展的所有内容，以此作为课程规划设计的目标，能使课程获得逻辑上的全面性，且以心理学为基础，在科学性上有可靠的保证。当然，"教育目标分类学"也是有缺陷的，也受到一些批评，为"教育目标分类学"其后及未来的发展提供了思路。

（三）生成性目标或展开性目标

生成性目标（evolving purposes）亦称展开性目标，是在教育情境之中随着教育过程的展开而自然生成的课程目标。生成性目标反映了人的经验生长的内在要求。如果说行为目标关注的是结果，强调行为目标是在教育过程之前或教育情境之外而预先制定的作为课程指令、课程文件、课程指南而存在的话，那么生成性目标关注的则是过程，是教育情境的产物和问题解决的结果。

生成性目标的渊源可以上溯到杜威"教育即生长"的命题。杜威认为，目的不应该是预先规定的，而应该是教育经验的结果。目的是在过程中内在地被决定的，而不是外在于过程中的。课程的目的就是促进学生的生长。这样，生活、生长以及经验的改造本身即构成了教育的目的。只有将目的融入过程中，才能真正促进儿童的生长。

斯滕豪斯从另一角度看生成性目标，认为学校教育主要包括三个过程，即"训练""教学""引导"。"训练"是使学生获得动作技能的过程，"教学"是使学生获得知识的过程，"引导"是使学生获得以知识体系为支持的批判性、创造性和思维能力，这是使学生进入"知识本质"的过程。斯滕豪斯认为，教育的真谛是使人类获得更多的自由、更富有创造性，因而教育的本质是"引导"。在斯滕豪斯看来，"训练"和"教学"可以用"行为目标"来陈述，而"引导"的本质却恰在于其不可预测性，教育成功了，就意味着学生不可预期的行为结果增加了。故"引导"不能用"行为目标"表达。而且学生通过"训练"和"教学"获得技能和知识的信息与"引导"所获得的批判性、创造性思维能力相比，是次要的和工具性的，因而"训练"和"教学"应服从于"引导"的过程。因此，斯滕豪斯主张，课程开发可以规定教师要做的事情以及规定要处理的课程内容,但教师不能把这些规定看作教育的目的或结果,并用以评价学生的学业。斯滕豪斯认为,课程不应以事先规定的目标(或结果)为中心,而要以过程为中心,即要根据学生在活动中的表现而展开。生成性目标是过程取向的,强调师生与课程情境的交互作用,并强调通过这种交互作用不断产生出课程的目标,可以说生成性目标本质上是一种对"实践理性"的追求。

生成性目标注重人的自主性、创造性和个体性,强调个人接受既有文化时的个性化,强调个人对文化创造性发展,生成性目标不排斥并能容纳行为目标,对目标的表达采取开放式的态度,不强求统一的规格和标准,重视课程活动及结果的个性、差异性。这使课程目标成了学生在课程活动中,在与课程情境交互作用中所产生的自己的目标,而不是课程研制开发和教师所外在强加的目标,学生根据自己的兴趣选择。当然,生成性目标也有其不足,如要求"教师即研究者"在理论上过于理想化。另外,学生的自主选择也会有一定的盲目性和有一定的困难。

(四)表现性目标

表现性目标(expressive objectives)来自美国学者艾斯纳 (E.W.Eisner)。艾斯纳将课程目标分为两种:一为教学性目标(instructional objectives),二为表现性目标。教学性目标是在课程计划中预定好的,旨在使学生掌握现成的文化工具。这类目标明确指出了学生在完成学习活动后应当学得的具体行为,如技能、知识等。教学性目标对大部分学生来讲是共同的,它通常是从既有的文化成果和各种学科中引出,并以适合于学生的方式进行表述。表现性目标与教学性目标不同,是指每一个学生个体在与具体课程情境的种种"际遇"中所产生的个性化的创造性的表现。它旨在培养学生的创造性,强调个性化,因而超出了现有的文化工具并有助于发展文化。表现性目标关注的是学生在活动中的表现,所以表现性目标只为学生提供活动的领域,至于结果则是开放的。

四、校本德育课程目标的来源

美国的课程理论专家泰勒曾经指出课程目标有三个来源:对学生的研究、对社会的研究和学科专家的建议。并且,泰勒提出要运用社会哲学和心理学两把筛子,对得到的多种建议目标进行筛选,从而选择既相互一致又非常重要的目标。这些观点都已成为课程工作者的共识。确定课程目标是一项创造性的工作,而不是教育目的或培养目标的简单推衍。

（一）对学生的研究

课程的一个基本职能就是促进学生身心的全面发展。因此,课程的研制要认真关注对学生的研究。要关注对学生的兴趣与需要、认知发展与情感形成、社会化过程与个性养成等方面的研究,以及学习发生条件等的研究。其中关注对学生的需要和兴趣的分析往往是更为重要的。对学生的研究主要是对学生兴趣与需要,以及关于学习发生条件等方面的研究。对社会的研究主要考虑教育与社会之间的关系,同时要兼顾未来社会的走向。关于学生兴趣与需要的调查研究,泰勒认为可分为以下几方面:健康;直接的社会关系,包括家庭生活以及与亲朋好友的关系;社会关系,包括在学校和社区的公民生活;消费者方面的生活;职业生活;娱乐活动。学生兴趣特别是学习兴趣的研究对课程目标的分析确定至关重要, 这要借助心理学的方法包括教育心理学和学习心理学等的方法探明其实质及表现。根据学生的需要、兴趣确定课程目标,须对学生的现状进行调查。要考虑到学生在文化、地域方面的差异,要进行具体的、分层次、分类别的分析,以确定学生需要和兴趣的共同性及差异性。另外,还要能用动态发展的观点看待学生的需要、兴趣。因为随着学生身心的不断发展以及与社会的不断交往,学生的需要、兴趣也会不断变化、不断生成、不断提升。因此,必须用动态发展的视角对学生的需要、兴趣做出判断。

（二）对当代社会生活的研究

对当代社会生活的研究,是课程目标的重要来源,因为学生既生活于学校也生活于社会之中。学生个体的发展总是与所处社会的发展交织在一起。社会生活是动态的,作为课程资源对课程产生重要影响的动态发展的社会生活,会持续地改变学校的功能,改变人们对基本技能、文化遗传、学科知识、教育个体与社会功能等的认识。而学校教育的文化功能、政治功能、经济功能等实现又必定要通过课程为媒介而达成。学校课程需要适应社会生活的需要,需要研究当代的社会生活,但我们又不能将学校课程只理解为对社会生活的适应, 还要认识到学校课程具有的相对独立性以及社会价值取向本身的不断变化。当代社会生活的研究所涉及的内容极其广泛,要从中确定课程目标并不容易,这需要思考和完善研究方法,需要对研究的内容进行有意义的分类。泰勒将当代社会生活分类为:健康、家庭、娱乐、职业、宗教、消费、公民。当然,这种分类未必适合我国国情,但还是有一定的借鉴意义。

(三)对国家德育目标政策研究

要正确处理校本课程开发与国家课程、地方课程的关系,保持三者之间的连续性与均衡性,确保课程目标的一致性,有效促进国家课程、地方课程和校本课程开发的协调发展。

当前我国德育目标政策发展是趋向科学、合理的方向调整。1988 年以前,我国没有学校德育目标或者任务的具体规定,国家对德育质量的设想和规定体现在德育课程目标里,主要是体现在思想品德课程的教学大纲里。此阶段的突出特点是政治化倾向和理想主义的高要求。1986 年大纲和 1982 年大纲比较起来,增加了民主与法制的内容,减少了政治化和理想主义的色彩,并开始注意小学生年龄特点,但1986 年的大纲仍然以社会为本位,具有成人化的特点。1988 年后,德育总体目标和分段目标的基本格局、基本内容保持相对稳定,德育总目标基本未变,但我国学校德育课程建设确实取得了明显成效,德育课程体系的科学性和吸引力明显增强。大中小学德育教育不仅具有针对性,而且内容更加丰富,层次更加清晰。具体文本规定如下:

表 1-1　关于德育目标政策文本汇总表

1982 年颁发的《全日制五年制小学思想品德课教学大纲(试行草案)》	关于德育课程目标规定为:"思想品德课是建设社会主义精神文明,全面贯彻党的教育方针,用共产主义思想向小学生进行思想品德教育的一门重要课程。它的教学目的是使小学生初步具有共产主义道德品质和良好的行为习惯,立志做有理想、有道德、有文化、守纪律的劳动者,为把他们培养成为共产主义事业的接班人打下思想基础。"
1986 年颁发的《全日制小学生思想品德课教学大纲》	规定为:"通过'五爱'和'五讲四美'为中心的社会公德教育和社会常识(包括必要的生活常识、浅显的政治常识以及同小学生生活有关的法律常识)教育,从小培育学生社会主义国家公民应有的良好的思想品德和行为习惯,为使他们成为有理想、有道德、有文化、有纪律的社会主义建设各类人才打下初步的思想基础。"
1988 年召开的中小学德育工作会议及颁布的《中共中央关于改革和加强中小学德育工作的通知》	规定:中小学德育工作的任务是"把全体学生培养成为爱国的、具有社会公德和文明行为习惯的、遵纪守法的好公民。在这个基础上引导他们逐步确立科学的人生观、世界观,并不断提高他们的社会主义觉悟,使他们中的优秀分子将来能够成长为坚定的共产主义者。"可见,中小学德育的基本目标是培养好公民,其最高目标是使他们中的优秀分子将来能够成为坚定的共产主义者。
1993 年正式颁发的《小学德育纲要》	与 1988 年颁布的《小学德育纲要(试行)》基本未变

（续表）

1995 年正式颁布的《中学德育大纲》	也只是对 1988 年的《中学德育大纲(试行稿)》做了微调，基本的要求未变，将"成为有理想、有道德、有文化、有纪律的社会主义公民"改为"在这个基础上，引导他们逐步树立科学的人生观、世界观，并不断提高社会主义思想觉悟，使他们中的优秀分子将来能够成长为共产主义者"。
1998 年《中小学德育工作规程》	规定："中小学德育工作的基本任务是，培养学生成为热爱社会主义祖国、具有社会公德、文明行为习惯、遵纪守法的公民。在这个基础上，引导他们逐步确立正确的世界观、人生观、价值观，不断提高社会主义思想觉悟，并为使他们中的优秀分子将来能够成为坚定的共产主义者奠定坚实的基础。"
2004 年 2 月，中共中央、国务院下发了《关于进一步加强和改进未成人思想道德建设的若干意见》	提出未成年人思想道德建设的主要任务是：从增强爱国情感做起，弘扬和培育以爱国主义为核心的伟大民族精神；从确立远大志向做起，树立和培育正确的理想信念；从规范行为习惯做起，培养良好道德品质和文明行为；从提高基本素质做起，促进未成年人的全面发展。
2004 年 9 月，中共中央、国务院下发了《关于进一步加强和改进大学生思想政治教育的意见》	提出加强和改进大学生思想政治教育的主要任务，一是以理想信念教育为核心，深入进行树立正确的世界观、人生观和价值观教育；二是以爱国主义教育为重点，深入进行弘扬和培育民族精神教育；三是以基本道德规范为基础，深入进行公民道德教育；四是以大学生全面发展为目标，深入进行素质教育。
2005 年 4 月 20 日，教育部颁发的《关于整体规划大中小学德育体系的意见》	提出了整体规划大中小学德育体系的总体要求：以邓小平理论和"三个代表"重要思想为指导，全面贯彻党的教育方针，坚持以人为本，遵循学校德育工作规律和青少年学生成才规律，适应社会发展要求，贴近实际、贴近生活、贴近学生，把理想信念教育、爱国主义教育、公民道德教育和基本素质教育贯穿始终，使大中小学德育纵向衔接、横向贯通、螺旋上升，不断提高针对性、实效性和吸引力、感染力，更好地促进青少年学生健康成长。同时，《意见》还就大学、中小学教育阶段的德育目标作了规定，既有层次性，又有整体感。
2016 年，教育部办公厅发布了《关于 2016 年中小学教学用书有关事项的通知》	义务教育小学和初中起始年级"品德与生活""思想品德"教材名称统一更改为"道德与法治"。义务教育德育教材名称的变化，意味着道德教育以及与道德密切相关的法治教育的目标得以凸显。在义务教育阶段，学生的道德和社会性发展已经成为最基础的德育目标。

五、校本德育课程目标体系内容

德育课程内容包含政治教育、思想教育，道德教育和心理素质教育四个要素。

从宏观上来讲，目标体系是由一系列相互联系的子目标组成的整体，通常称之为总目标或根本目标。总目标具有高度的概括性和抽象性，从微观上来讲，目标体系经过科学合理的分解就成了若干子目标，通常称之为具体目标。具体目标是总目标的细化，具有较强的操作性，它是德育校本课程目标实践中实际运用的目标。

(一)校本德育课程目标内容分类

在传统的德育模式中,德育目标的制定和实施是社会本位目标至上,往往是把人作为工具来培养,与个体本位目标处于对立状态。强调德育目标的社会性要求有着它的合理性,但随着社会的进步,伴随着人们对文化的认识的深化和文化对人民生活影响的加深,个人的自由和独立价值得以珍视和确认,德育的人文关怀价值开始受到人们的重视,强调对人自身的关注,促进人的发展和完善,已成为德育目标的重要内容。

1.政治德育目标

道德教育应与中国特色社会主义相适应,"坚持马克思主义道德观、社会主义道德观,倡导共产主义道德,以为人民服务为核心,以集体主义为原则,以爱祖国、爱人民、爱劳动、爱科学、爱社会主义为基本要求,始终保持公民道德建设的社会主义方向"。课程的主体,包括中国特色社会主义思想、道德、法治和中华优秀传统文化四个领域。道德教育应与中国特色社会主义相适应,"坚持马克思主义道德观、社会主义道德观,倡导共产主义道德、集体主义,以爱祖国、爱人民、爱劳动、爱科学、爱社会主义为基本要求,始终保持公民道德建设的社会主义方向"。

2.生活德育目标

生活的领域不仅仅是学生的日常生活,更包括公共生活、文化生活、历史生活等领域。首先,要以学生生活作为生活德育的活水源泉,将思想政治教育、道德教育、法治教育融入贯穿到学生的生活之中,以学生的生活经验为起点,探寻道德教育的内生性与人文性。这必然要求德育在个人的关系领域作用的发挥,必然要求德育把人作为目的而不是作为工具来培养;必然要求德育目标要体现坚持以人为本,把促进人的发展作为德育的出发点,把培养人的社会化人格作为归宿。

3.文化德育目标

文化对德育目标的导向,是指作为一种价值导向,德育目标不仅是一个国家统治意志的体现,同时也是文化规范及其价值的反映。严格说,国家的意志也是一种文化的体现。以价值观为核心的文化,直接影响着文化有机组成的德育的目标的内容和性质,同时德育目标反映着文化的实质及其结构。从一定意义上讲,德育目标应该如何定位,价值取向如何,都体现着文化对德育目标的导向。尽管在不同的社会、不同的时代,德育目标的性质和内容是不相同的,但从作为文化有机组成的道德教育的本质意义上看,德育不仅具有社会性功能,还具有个体性功能,德育的根本价值就在于提高和扩展人的价值,最大限度地发挥其创造才能,使人活得更有意义、更有尊严,使人真正意识到自我存在的意义。为此,德育的目标应当定位在确立学生正确的人生价值观,促进其全面健康发展这一基点上。总之,重视德育目标的导向,必须依照政治、生活和先进文化的发展方向对德育目标的价值取向进行正确定位,使德育目标的确立有利于实现个人发展与社会发展的有机统一。

(二)校本德育课程程度目标

所谓程度目标,研究的是任何一种认知、情感发生、发展所经历的层次与阶段。教育目标分类理论属程度目标理论。教育目标分类理论源于泰勒(R.W.Tyler)"八年研究"中的工作,以后美国著名教育心理学家布卢姆(B·S·Bloom)等人对此进一步加以发展。在1956年出版的《教育目标分类学》中,布卢姆和他的同事们把教育目标分成认知、情感和动作技能三大领域,并对认知、情感领域目标做了具体研究,布卢姆所谓认知领域的教育目标,指对学生知识智慧技能发展的要求,它包括知识、领会、运用、分析、综合、评价,并对其行为特征进行了操作性界定。情感领域的教育目标包括接受、反应、价值的估价、组织、性格化五大类。

德育程度目标研究的是任何一种道德认知、情感与行为发生、发展所历经的层次与阶段。布卢姆的教育目标分类学作为一种典型的程度目标理论,无疑为我们建构德育程度目标问题提供了借鉴。他认为人类认知要历经从知识→领会→运用→分析→综合→评价的推进,情感历经接受→反应→估价→组织→性格化的发展。因此,在继续坚持与关注德育内容大方向的前提下,德育程度目标的导入与德育内容目标相匹配,从受教育者主体接收角度为德育创新与改革提供了一个新的平台。其价值在于,传统单一的德育内容目标因"目中无人",只重内容灌输而不顾学生接受的状况,在实际运作中极易出现实践中介的匮乏,其可接受性、可操作性均较难把握。而程度目标导入后,就可望有效解决德育目标的可测性问题,并可为德育评价指标运作的可行性与可操作性提供理论借鉴与保障。确保了德育目标的操作性、可接受性与可测性。此外,在课程分目标上还存在一个严重的缺陷。那就是,只设置了学习结果(知识、能力、态度)的目标,没有设置学习内容的目标。这就使目标体系中只有纬度,没有经度,难以形成目标矩阵。

目标达成的循序渐进,又体现了其螺旋上升关系。而过去的德育内容目标虽有了一个理想境界与状态，但因忽略了分层分步到位的层次性与循序渐进中的累进性，大中小学层次不分，且追求的是一步到位，而不是分层次分步骤分序列到位。如爱国主义教育，小学讲故事、中学讲历史、大学讲理论的由浅入深的层次来推进。由此反思，似乎我们可以从情感形成角度，把爱国主义教育目标基点定位于小学，如奏国歌、升国旗时能肃然起敬；初中目标基点定位于估价，如分清与爱国主义相关的是与非；高中目标基点定位于组织，如把爱国与否作为历史人物评价的一个重要尺度；大学目标基点定位于组织化、个性化，即把爱国主义内化到个性与人格结构的深层结构中去，并身体力行。

第五节　校本德育课程目标的 设计与举例

　　校本德育课程的目标和正式德育课程是一致的,但是从目标的具体指向说,各自的侧重点不一样。显性德育课程的目标是特定的、具体的,而且是统一的,是学校或学生的必须选择。而校本德育课程的目标却是非特定的、宽泛的,有多样多维的选择,它对学生道德发展目标不具有统一的要求,体现为一种潜在的、多维度的影响,道德的知、行、情、意的一端或诸端都是其影响的目标。

一、德育课程目标设计原则

(一)整体性原则

　　国家、地方、学校三级课程管理体系改变了过去国家课程一统天下的局面,赋予了学校一定的课程管理权。然而,这并不意味着校本课程开发可以由学校自主赋权增效;校本课程开发的价值从学生培养的层面来说是为了补充国家课程的不足,进而更有针对性地促进学生的发展。由此,校本课程目标必须基于国家基础教育课程改革发展规划纲要和各学科课程标准,必须基于人的心理发展规律和认知发展规律,切实遵循发展性教育教学理念,在最近发展区内培养学生各方面的能力。

　　整体性还体现在校本德育目标的确定要从学校立校的哲学思想、学校的传统与学校的精神、学校的制度安排、教师的治学从教行为、学生的自主行为、社会实践活动以及校园文化等承载和制约、影响和引领着校本德育课程目标的确定。也就是说,校本德育课程的目标不仅涉及学校的顶层设计、制度安排,也要贯穿和包含在学校办学各个层面,具有整体性。

（二）系统性原则

德育课程目标是一个复杂的系统，既有总体目标又有具体目标，既包括横向目标又有纵向目标。从横向来看，学生个体和谐发展，受到诸多因素的制约，需要养成良好的政治素质、道德品质、法治意识和行为习惯等，形成积极健康的人格和良好心理品质，促进学生核心素养提升和全面发展，为学生一生成长奠定坚实的思想基础。从纵向来看，个体的身心发展具有顺序性和阶段性，不同年龄、不同学段的学生道德品质的形成具有不同的特点，现代学校德育也必须遵循这一规律，按照学段从小学低年级、小学高年级、初中和高中阶段教育由低到高的不同学段设计德育目标。结合横向指标形成不同学段的目标群，并相互衔接、分层递进。这些课程有效衔接、分层实施、循序渐进、整体推进，符合学生身心发展的特点及其生活经验。

（三）主体性原则

目标表述要凸显学生的主体性。校本课程的目标是指向学生的，不是教师和学校，学生才是课程实践的主体。为此，在目标中应表述学生发展了什么，学生获得了什么，而不是教师要培养学生什么，也不是教师指导学生什么。发挥学生的主体作用，要把德育课程的内容要求转化为学生道德发展的内在需求，并把社会道德要求内化为学生观念和行为准则，就必须使学生受课程与教学的感染，体验到课程内容要求的正确性和合理性。道德观念和准则的正确理解与运用，和情景相联系。学生必须通过自身的参与才能从不同情景中做出正确的判断和选择，从而提高自身的品德素养。环境分析策略注重对学校所处的特定文化环境分析，同时又考虑到了社会对学校的要求、学生身心发展的特征、教师的教学水平、学校课程发展现状等等，可以说既融合了泰勒的目标模式和斯滕豪斯的过程模式，又有所超越。

（四）校本化原则

"基于学校"的逻辑要求，立足学校自身独有的教育资源来设计和开发，是在情景体验中达成、在实践过程中自然生成的，具有"无目的而合目的"的特征，而且要紧密服务于学校对人才培养的规格与特色要求，如职业学院德育目标更为关注的可能是职业的基本素养，医科院校的德育目标可能把人文素养放在更为核心的地位等等。

二、校本课程目标的开发策略

在理论上,校本课程目标的产生主要有两种策略:情境分析策略和解决问题策略。

(一)情境分析策略

情境分析策略是澳大利亚课程专家斯基尔贝克(M. Skilbeck)在校本课程开发的情境模式中提出来的。斯基尔贝克认为,在校本课程开发中,学校首先必须分析情境,然后依据情境分析的结果拟订适当的目标,同时建构合适的课程方案,最后进行解释,交付实施,并进行追踪与方案修订。

情境分析主要分析两方面的因素:校外与校内。在校外因素中要考虑:①社会与文化的变迁,家长的期望,上级的要求与社区的价值观;②教育系统中教育政策的变革,考试制度的改变,教育研究的发现;③学科的知识内容与教材教法的革新;④教师支持系统如师资培训机构或研究机构的可能贡献;⑤社会资源的情况。在校内因素方面则要分析:①学生的身心发展、能力、兴趣与需求等;②教师的知识、能力、态度、价值观与经验等;③课程现状,尤其是现有课程的优点与缺点,有无"空无课程"等;④学校的氛围与机构之间的关系;⑤校内相关资源的配合。

(二)问题解决策略

课程学者谢勒等人认为,课程开发应该以教育现场为重点,以解决学校及教师的课程问题为出发点,并就此提出了校本课程开发的问题解决模式。这种模式强调了解教育现场的问题经过详细的分析后确立适当的课程目标并寻找切实可行的开发途径。谢勒等人的问题模式,首要问题是要发现自己学校的课程存在什么问题,只有深刻体验到存在的问题,才会有开发课程的动机。在现有的学校实践中,实际上存在很多问题,关键是学校的领导和教师有没有意识到这些问题。在很多情况下,学校人员会对存在的一些问题熟视无睹,或者即使知道那是问题,却把问题的责任推给校外的人员,没有真正地进行深刻的反省。可以说,没有反省,就没有问题,也没有真正的校本课程开发。从这个意义上来讲,问题解决策略十分实用,也是十分重要的课程创新策略。

发现问题以后,一个很重要的任务就是分析问题,因为在很多时候问题所表现出来的只是一些表面现象,而问题的实质往往隐藏在这些表面现象的背后。只有找到了问题的实质,我们才能找到课程发展的方向,从而树立正确的校本课程目标。

目标确立以后,还要找到解决问题的途径,也就是说,学校可以经由何种方式来达到确定的目标。在这个时候,教育现场的作用是非常明显的。比如,对于不同年龄的学生,同样要达成学会学习策略这个目标,采用的途径是不一样的。还有,如果学生的课时充裕,可以通过特定的课程来让学生学会学习策略;如果并没有空余的课时,学生对学习策略的学习则可能要渗透到各个学科的学习中去。

解决途径找到之后,我们还需要根据不同的解决途径采取不同的解决对策,也就是在一般课程材料的基础上,采用或者修正现成的课程,或者重新开发课程,然后开始使用这样的课程。最后对实施的过程进行评价,并根据评价的结果进行调整或继续使用。

三、校本德育课程目标设计

课程目标设计也是课程评价设计的"指南针",课程评价设计是为了体现课程目标的达成度。在同一校本课程内,对学生发展的影响是多层次、多维度的,其核心是要关注课程育人资源的多样化,从而提高课程的育人价值。

(一)依据国家颁布政策背景进行目标设计

德育目标是教育目标在德育方面的具体要求,是学校德育的出发点和归宿点。校本德育课程目标的关系,要体现出明显的方向性和时代性,这在德育课程目标体系中起着决定性的作用,也是确定目标的重要来源。同时,国家德育课程目标的制定,是建立在大量专家、一线教师的精心研究和深入思考的基础之上的,具有很强的科学性。这就不仅要求德育教师要研究他们所教的科目,学校德育系统的管理人员也要自觉地研究和分析国家德育课程,从中吸收灵感,从而将学校的整体德育工作与国家德育课程密切配合。在某种程度上,国家德育课程可以成为学校整体德育工作的核心和抓手,并以此来统整其他方面的德育工作,依据德育课程目标文件,对德育目标进行构建。

德育目标又是一个复杂完整的体系,既有总体目标又有具体目标,既包括横向目标又有纵向目标。从横向来看,学生个体的和谐发展,受到诸多因素的制约,需要养成良好的政治素质、道德品质、法治意识和行为习惯等,形成积极健康的人格和良好的心理品质,促进学生核心素养的提升和全面发展,为学生一生的成长奠定坚实的思想基础。从纵向来看,个体的身心发展具有顺序性和阶段性,不同年龄、不同学段的学生道德品质的形成具有不同的特点。现代学校德育也必须遵循这一规律,按照学段从小学低年级、小学高年级、初中和高中阶段教育由低到高的不同学段设计德育目标,结合横向指标形成不同学段的目标群,并相互衔接、分层递进。

与正式德育课程目标相比较,校本德育课程的目标指向不仅仅是知识、理论目标,更是情感、态度、价值观、信仰等的深层次的综合的心理与精神要素,以及这些要素所依附、所潜藏的校园存在,即学校人文精神、学校传统、校园互动性教育活动以及各专业课的学科教育等。所以,除了依据国家政策,还要依据具体实践情境来构建。

表 1-2 不同学段德育目标

总目标	中小学德育总体目标被表述为:"培养学生爱党爱国爱人民,增强国家意识和社会责任意识,教育学生理解、认同和拥护国家政治制度,了解中华优秀传统文化、革命文化和社会主义先进文化,增强中国特色社会主义道路自信、理论自信、制度自信、文化自信,引导学生准确理解和把握社会主义核心价值观的深刻内涵和实践要求,养成良好的政治素质、道德品质、法治意识和行为习惯,形成积极健康的人格和良好心理品质,促进学生核心素养提升和全面发展,为学生一生成长奠定坚实的思想基础。"			
项目	政治素质	道德品质	法治意识	行为习惯
小学低年级	知道中国共产党,会唱国歌,能够认识国旗、国徽,了解祖国的悠久历史和灿烂文化,具有热爱家乡、热爱祖国的感情。	能够正确使用礼貌用语,自己的事情自己做,从身边的小事做起,热爱劳动,爱护公物,保护环境,尊重师长,团结同学,听父母的话。	能够具有规则意识,自觉遵守集体活动的规则,遵守学校纪律、公共秩序和交通规则。	要乐观向上、活泼开朗、诚实、自信、好问、友爱。要不怕困难,能够享受学习的乐趣,形成活泼、开朗的性格。

(续表)

小学高年级	要知道尊重国旗国徽。要能够认识到没有共产党就没有新中国,要知道我国是一个由多民族组成的大家庭,各族人民在党的领导下共同建设着我们美丽的祖国,要尊重其他少数民族的学生。要了解我国各族人民勤劳、智慧、勇敢顽强、酷爱自由与和平的传统美德,初步培养为人民服务的意识。	要自尊自爱,尊重自己和他人的人格,爱惜自己的名誉。要尊敬师长,团结同学,孝敬父母,与师生、睦邻友好相待,初步掌握在家庭、学校、社会上接人待物的日常生活礼节。要勤劳俭朴,珍惜他人劳动成果,力求节俭朴素,不盲目消费。	要初步了解国家法律中与小学生有关的法律法规,初步掌握一些基本的法律常识。要逐步提高学习法律知识的自觉性,自觉遵守学校纪律、公共秩序和交通规则,从小培养遵守法纪的品质,成为遵纪守法的小公民。	要勇敢、坚强、有毅力,做到自尊、自信、自强、自立。要不怕困难,有适应新环境、新集体、新生活的能力,能充分感受学习知识的乐趣。要确立时间观念,珍惜时间、遵守时间,学会利用时间,保持自觉学习刻苦努力的精神状态,形成开朗、合群、乐学、自立的健康人格。
初中	从自身做起,自觉维护国旗、国徽、国歌的尊严,初步掌握马克思主义理论的常识,初步认识到社会发展的一般规律,了解中国社会主义建设的相关常识,热爱祖国河山、文化、人民以及悠久的历史和优良传统文化。能够热爱和平,反对分裂国家,反对恐怖主义行为,积极为民族团结做出自己的贡献。	要树立远大理想,认识并理解社会主义的共同理想,树立为实现我国社会主义现代化而学习的目标。把爱国热情转化成努力学习的动力,有集体荣誉感和责任感,遵守社会公德,爱护公共设施,勇于同破坏公共设施、损坏生态环境和资源、伤害珍稀动物和破坏公共卫生的行为作斗争。尊重劳动人民,珍惜劳动成果,养成勤劳俭朴的习惯。能够对社会上部分不道德行为做出正确判断,热情帮助弱者,初步了解职业道德。	树立社会责任感,初步树立遵纪守法的观念,具有法制观念和纪律观念,能够自觉维护学校、班级、宿舍的相关规章制度,了解部分法律知识,初步树立维权意识,能够用法律武器保护自己的合法权益。	了解青春期心理卫生相关知识,能够正确处理男女同学之间的关系,建立真诚的友谊,树立符合社会发展及初中生自身发展要求的性道德,具有诚实正直、积极进取的心理素质,要对自己未来的发展有一定的心理准备,主动培养和提高对未来社会生活的适应能力和发展能力。能够正确地认识自己,评价自己。

（续表）

高中	要认真参加升旗仪式，自觉维护国旗、国徽、国歌的尊严，要关心时事政治，关心国家大事。要热爱祖国、关心祖国，立志建设祖国、富强祖国，进一步树立民族自尊心、自信心和自豪感。要进一步了解我国近百年发展的历史和祖国优秀传统的具体内容，尊崇历史上的民族英烈、革命伟人和劳动模范。要初步懂得我们的国家性质、执政力量和发展阶段。能够拥护中国共产党的领导，反对分裂国家的行径，坚持祖国统一，对未知信息不盲从，明辨是非，树立祖国利益高于一切的观念。	要树立远大理想，树立为人民服务的思想意识，立志为实现中华民族伟大复兴、构建和谐社会而努力学习，把爱国热情转化为努力学习的实际行动。要以追求科学、献身事业的精神和刻苦求实的态度，努力掌握科学文化知识和各项专业技能。要保持乐观向上的面貌和积极进取的态度，从容应对学习、生活中面临的诸多问题，正确对待升学和就业的选择。了解马克思主义的基本观点、立场、方法，坚持用辩证的、发展的观点观察问题，能正确分析评论各种社会思潮和消极腐朽的思想观念，具有一定的正确处理信息及鉴别、评价、判断、选择能力。	在法制素质方面，要进一步树立遵纪守法观念，了解社会主义民主与法制的关系，掌握民主与法制的基本内容和法律的基本常识，做到知法守法，能运用法律武器保护自己的合法权益。要提高遵纪守法的自觉性，树立社会责任感，明辨是非、美丑、善恶，对违法言行能够识别和抵制并有鲜明的态度。要树立法制观念和纪律观念。要正确认识民主与法制、自由与法律、权利与义务的关系，拥护和支持社会主义法制建设。	要具有诚实正直、积极进取、开拓创新等良好的心理素质，要有积极的情感，进取的性格，有较广泛的兴趣、爱好，有积极乐观的生活态度，要善于在实践中培养坚强的意志品质和较强的忍耐力、耐挫力。具有一定的承受、耐挫、战胜危机的能力，能勇敢地接受生活、学习、工作中的各种挑战。要有自信心，遇事果断，有一定的自我教育、自我管理的能力，对腐朽庸俗的精神产品和活动以及不宜青少年活动的场所有一定的鉴别和抵御能力。能制定切合实际的努力目标，勇敢地接纳自己，学会独立思考，有独立的见解。

（二）实践性校本德育课程目标设计

校本课程与学科课程虽然在育人价值上是统一的，但是在逻辑学理和实践路径上有所差别。实践路径校本课程构建，可以在内容构建上打破思维边界，实现更广泛的育人目标。课程专家施瓦布认为，课程是由教师、学生、教材和环境四个要素构成的，这四个要素间持续的相互作用构成实践性课程的基本内容。而且实践性德育课程的建立可以突出德育目标与时代发展相联系的要求，突破道德、思想、政治、法制、心理的分层局限，实践性德育课程体系更需要有清晰、准确的目标予以指引。

由于学校实践性德育课程的生动性与实践特色，所设置的目标体系力求突破时空限制，每一学龄段的目标分别从认知与技能方面螺旋上升，目标编写主权移交给施教者。德育目标大致分为总体目标、分类目标和具体分项目标三个层次，总体目标作为纲领性要义控制全局发展,分类目标依据九大内容进行分类,分项目标是基于分类目标而具体划定的层次目标。三个层次目标之间相辅相成、互为支撑,前者对后者起导向性作用,后者是前者的具体化。学校实践性校本德育课程总体目标为:结合学校德育的过程实践与结果实践,授之以知、动之以情、晓之以理、导之以行;用德育知识武装头脑,加深道德认知,并能自主参与社会活动,敢于面对道德质疑、解决道德疑惑,成为热爱祖国、有良好道德品质、遵纪守法的好公民;培养个人的道德情感,逐步树立良好的世界观、人生观和价值观,最终成为"四有"新人和社会的强生军。

在德育总体目标的指引下,总目标进一步划分为生命教育目标、文明规范目标、基本道德品质目标、爱国主义教育目标、社会主义荣辱观目标、集体主义教育目标、劳动与社会服务目标、生态环保教育目标、创新精神目标九大分类目标体系。每一分类目标体系下设分项目标。生命教育目标分为人与自我、人与自然、人与社会三个分项发展目标;文明规范教育目标下有礼貌、礼仪、行为三个子目标;基本道德品质目标下有诚实、勇敢、勤奋、自强、自立等一系列优良品质培养的目标;爱国主义教育目标分为爱自己、爱学校、爱家乡、爱祖国四个渐进层次目标,培养学生的民族自尊心和自信心;社会主义荣辱观教育目标分知荣和明耻两个目标;集体主义目标下有服从、利益、团结合作三个子目标;劳动与社会服务目标包括劳动、志愿、服务三个目标;生态环保目标包括人与动物、人与植物、生态破坏、生态环保四个层次目标;创新精神的具体分项目标为好奇、兴趣、质疑、探索四项。每一分类目标下的分项目标主要依据内容体系而划分,具体的分项目标在德育课程实践过程中依托教师不同的课程组织形式而变更,从而达到认知与技能的同步发展,给予教育者充分发挥的空间,真正做到把课程还给学校、把课堂还给学生。

☆案例一 重庆市巴蜀中学

《财经素养与财富智慧》课程的设计和实施以"立德树人"为导向,以发展培养高中生的财经素养为主要任务,帮助学生提升财经知识,形成良好的诚信意识和强烈的社会责任感,逐步形成正确的财富观、人生观、价值观,为民族未来打造适应现代化竞争与发展的一代高素质人才,进而推动我国素质教育的发展。具体而言:

1.让学生了解个人收入与消费的途径和方式,能够采取一定的策略管理收入和支出并制定相应计划,懂得勤劳致富、量入为出、适时规划、理性消费。同时,了解政府收入与支出的来源与用途,理解政府税收取之于民、用之于民的原则,知道应认真履行公民纳税义务。

2.让学生通过了解货币的功能与转化,理解储蓄也是一种投资,信用对于储蓄与投资所具有的重要意义。同时,能够借助对金融机构、经济信息、个人承受能力等方面的认识,解决一些个人投资及理财决策中的问题,并懂得理性投资、审慎决策、敢于担当。

3.让学生了解个人和家庭可能面对的风险,知道风险管控的基本方法以及风险与收益的关系。同时,能够采取适当的方式预判风险、应对风险,简单应用符合成本效益的、恰当的风险管理策略,并提升保险意识,懂得通过不同的保险类型分担经济风险。

4.让学生理解并相信财富与个体生活及生命的意义,财富与国家发展及社会责任的价值,并树立具有社会意义与人类价值的财富获取、财富管理、财富传承的价值观。

☆案例二　重庆市璧山区北街幼儿园

苏霍姆林斯基指出:"道德是全面发展中起决定的主导作用的成分,是照亮全面发展的一切方面的光源,而同时它又是人的个性的一个个别的特殊的方面。"

幼儿德育是教师根据幼儿品德发展的实际情况,有目的、有计划地对幼儿施加教育影响,把传统的文化思想、当代社会的道德规范和行为准则转化为幼儿的道德品质的过程。让德育生活化:让幼儿思想道德品质的形成过程回归生活、回归真实、尊重幼儿的个性发展尊重幼儿的现实生活、兴趣爱好、价值取向、思维方式,引导学生在探究生活、探索生命的奥秘、思考人生价值的过程中,感悟生活,领悟道德的内涵,培养幼儿的道德情感并加以内化和升华,进而形成高尚的道德情操不断优化自己的道德行为。幼儿园德育生活化,更多地注重幼儿的生活世界,它让幼儿的品德培养回归生活,回归真实。

1.德育课程总目标

突出以"忠"为主的国家意识,以"孝"为主的家庭伦理,以"俭"为主的生活信条,以"信"为主的社交准则,以"礼"为主的行为规范,以"勤"为主的学习态度。通过一日活动,通过榜样影响、美德故事感知、实践活动感悟、家园共育养成,逐步由他律到自律,外教到内化,初步养成:仁、义、礼、智、信、孝、悌、忠、廉、耻、勤、勇、敬、恕、谨、俭、忍、友、慈、和的传统美德。

2.德育课程具体目标

(1)幼儿园一日活动德育重点目标

集中教育活动:

①专注倾听、不干扰同伴;

②自主自信,大胆表达;

③宽容、谦让,与同伴友好相处;

④有爱心、同情心;

⑤礼貌待人、诚实守信;

⑥不怕困难,勇敢挑战;

⑦萌发集体荣誉感、民族自豪感。

区域游戏活动:

①遵守规则;

②合作共享。

生活活动:

①勤劳节俭,主动担当;

②关心家人及同伴,乐于助人。

(2)家庭及社会活动德育重点目标

①文明守礼,不乱发脾气;

②尊老爱幼,自己的事情自己做;

③遵守交通规则,有安全意识;

④不随地吐痰,不乱扔乱丢;

⑤不损坏公物,爱护花草树木。

☆案例三 重庆市北碚区朝阳小学

"五爱"教育课程体系,呈现了全方位一体化的立德树人图谱。课程为人而生,应人而长。人的教育需要人的课程来支撑,根据课程理念,确定了课程目标。学校

"五爱"教育课程承担了一项使命——为国育才;坚守了一个价值——立德树人;传承了一种精神——敢为人先。家国情怀是对家庭和祖国饱含强烈的认同感和责任感,爱国家并愿意为家庭和睦、学校发展、家乡美丽、祖国昌盛贡献自己的力量。通过课程实施情怀育人,加大情感共鸣,涵养家与国的真挚感情,培育良好道德、文化自信和民族自豪感。

1."五爱"培育情怀,担当责任

"五爱"系列课程将学校的德育主题活动、国家教材中的家国教育元素有机融合,构建了凸显校本特色的育情、立德课程群。"五爱"课程,从爱党、爱祖国、爱家乡、爱学校、爱家庭 5 个方面整体规划。围绕"五爱"5 条线设计了"爱党立信仰""爱国融情怀""爱乡展荣耀""爱家扬风尚""爱校添光彩"5 个单元的课程:

(1)爱党立信仰。通过课程树立学生热爱中国共产党的崇高信仰,追寻党的光辉历史,铭记党的深深恩情,传承红色基因,实现为党育人的目标。

(2)爱国融情怀。通过课程追溯中华文明,礼赞祖国发展,感悟国家力量。在课程的学习中厚植爱国情怀,激发学生强烈的爱国心、强国志,付诸报国行。

(3)爱乡展荣耀。通过知晓碚城故里,欣赏故里文化,探寻家乡特产等课程,教育和引导学生关注家乡发展,了解家乡历史文化和风物,树立自豪感和责任感。激发学生为家乡故里做出应有的贡献。

(4)爱家扬风尚。通过学习传承,重拾挖掘,践行发扬主题课程,了解家风,建立良好的家风,构建和谐美好的家庭文化,用家庭好风尚促进学生成长,实现家校共育。

(5)爱校添光彩。通过养成文明礼仪,了解学校历程,欣赏多彩校园课程,促进学生了解学校百年光辉历程,感受家国教育在学校的传承和发展,在多彩校园中感受新时代少年的幸福与成长,在校园场域里培养文明礼仪,规范行为,从小做起,从一点一滴做起,践行社会主义核心价值观。

2.实现学校、师生共同发展

通过本课程的实施,支撑师生的发展,追求优质的教育状态。对学校来说,促进了学校内涵发展。学校课程设置与开发充分体现了多样性、差异性、创新性、可选性,更好地满足学生个性发展的多样化需求;对教师而言,全员参与课程设计、开发与实施全过程,培养强大的课程研发能力,引领教师登上"教育思想高地",成为立德树人的好教师。

3.实现育人方式上的大胆创新

学校以独具匠心的育人方式引领学生走进文化、文学的美妙世界,带着学生去体验、探索、想象与表达。用创意的表达方式,把爱国、爱民族、爱家乡落实到学生的活动中、课程中。通过家训课程重构学习同伴,拓展了学习空间,成为家国同构、家校协同育人的特色课程。构建"学校—家庭—社区"多空间、多主体立德树人文化活动。

适时开发公共危机事件主题课程,变"危机"为契机,在典型事件中育人。充分利用公共危机事件这本"活教材",开发和实施了以"宅家立国,学科育人"为主题的"疫情下的家国教育课程"。让"五爱"教育变成孩子们成长的机会。拓展学科学习领域,把爱国主义教育、生命教育、科学教育、道德教育、理想信念教育融入其中,引导学生进行综合性学习。在反思中感悟社会主义制度的优越性,深知在灾难面前,我们每一个人都应该担当家国责任,而且还要有承担责任的本领。

☆案例四 重庆市城口县示范幼儿园

我园实践的劳动教育课程,并不是要在我园课程体系中新增教育目标和教育领域,我们旨在探索幼儿全面发展的教育目标,探索幼儿劳动品质的培养,探索如何通过适宜、多样、丰富、有趣的劳动教育来实现幼儿全面发展。我们通过系列的幼儿实践活动,通过服务自己和服务他人等方式,促进幼儿主动与周围世界相互作用。

1.总目标

幼儿通过亲身参与劳动与实践活动获得直接劳动体验,注重生活中的技能学习,使每个幼儿都爱动手、能动手、会动手,逐渐学会生活自理,逐步形成自觉、自主、自立的主体意识和生活态度。帮助幼儿主动认识并理解劳动,树立正确的劳动价值观,尊重劳动、崇尚劳动、热爱劳动、珍惜劳动成果,养成良好的劳动习惯和热爱劳动人民的良好品德。

2.具体目标

(1)启蒙劳动意识,喜欢劳动,主动自愿地参加劳动,劳动时心情愉快。

（2）学习和掌握生活自理的基本方法。

（3）主动做家务,感受劳动的乐趣,知道人人都要劳动。

（4）愿意参加集体劳动,能做一些力所能及的班级事务。

（5）能简单注重个人清洁卫生。

（6）能自觉整理自己的玩具和学具。

（7）在成人陪同下,适当参加园内外公益劳动,尝试与他人合作劳动,体会劳动光荣。

（8）尊重、关心长辈和身边的人、尊重他人的劳动成果。

（9）别人有困难能主动关心并给予一定的帮助。

（10）了解与自己关系密切的社会服务机构及其工作,懂得尊重工作人员的劳动,珍惜劳动成果。

（11）认识基本农产品,了解食物对人体的作用。

（12）探索生活中常见的食物中的成分,了解生活中常见食物的主要营养成分,培养幼儿对饮食营养的兴趣,掌握粗浅的烹饪技能。

（13）热爱自然,亲近动植物,懂得如何观察了解它们。

（14）了解部分农作物的生长过程,爱护周围环境,爱惜粮食。

（15）认识各种农具,了解其在耕作中的用途。

（16）喜欢参加农耕活动,体验农耕乐趣,通过种植、饲养、采摘等活动逐步扩大探索视野。

（17）多途径多方法了解家乡的自然、文化和资源特产,热爱并保护家乡的自然保护区,认同家乡文化,萌发家乡情怀。

☆案例五　重庆市大足区海棠幼儿园

课程本着"让儿童自然呼吸"的理念,在与自然和谐相处的关系中培养"三森"儿童。

1."森知"儿童。指向认知目标。关键词:认识、了解、发现

"森呼吸"课程以"回归幼儿经验、指向幼儿的幸福"为宗旨,幼儿通过认识、了解、发现的手段去联结、思考、想象自然世界,实现在自然中深度学习。

（1）认识自然中的事物,能将事物之间的关系进行联结,形成思维结构,达到思

维交换的深度学习水平。

（2）了解自然物的特征，能在具体的项目学习中合作学习、探究学习。

（3）发现自然物的奥秘，在教师的协助下，能将自己的发现形成具体项目，并进行创造性学习。

2."森情"儿童。指向情感目标。关键词：亲近、热爱、敬畏

"三生万物""道法自然"是中国哲学阐释自然规律最精辟的思想。自然教育遵循这一哲学思想，培养幼儿亲近、热爱、敬畏自然的高尚情操，建立与自然和谐共生的关系。

（1）亲近大自然，培养幼儿对自然环境的保护动植物意识、珍惜资源意识。

（2）热爱大自然，培养幼儿对自然生命的欣赏力、审美力、感受力、共情力。

（3）敬畏大自然，培养幼儿对自然世界的尊重、包容、爱护的美好品质。

3."森行"儿童。指向行动目标。关键词：探索、学习、保护

"重庆——行千里，致广大。""行"文化是重庆本土文化精髓。"森行"儿童是弘扬本土文化精神，以探索、学习、保护为途径，深入自然世界，知行合一提升儿童实践能力、操作能力、劳动能力。

（1）在与自然的链接中通过直接感知、亲身体验、实际操作获取探索的动力经验，进而获得健康、语言、社会、科学、艺术五大领域的发展。

（2）帮助儿童搭建起通向学习目标的支架，将发展的主动权还给孩子，从而真正实现让儿童在原有基础上的适宜发展。

（3）在亲近自然的过程中，提升幼儿自身的抵抗力，增强保护自我的意识，让幼儿养成躲避危险的能力。

☆案例六　重庆市高新区树人思贤小学

1.课程总目标

通过有组织、有目的、有计划地实施"你好，小贤童"入学课程，让孩子们熟悉校园学习生活环境，初步了解学校的规章制度、课程内容，认识老师和同学；培养小贤童们逐渐形成良好的学习、行为习惯，帮助孩子顺利度过入学适应期，成为一名合格的小学生。

2.课程分目标

(1)开学报到课程

①欢迎一年级新生入学,营造浓厚的新学年开学氛围,为新学期创造一个仪式感满满的开始。

②引导新生与家长认识校园,尽快熟悉进校路线,了解校区教学楼分布,体验特色课程,知晓上、放学地点和路线。

(2)新生入学课程

第一部分:我们的学校

①了解我们学校的名称、位置。

②参观校园,熟悉校园环境及功能室分布,初步了解学校文化。

第二部分:我们的班级

①知道自己班级的名称和人数。

②了解班级的环境布置。

③通过相互介绍认识班主任和同班同学。

第三部分:我们的老师

①认识我们学校的三位校长。

②认识班主任老师及科任老师。

第四部分:我们的礼仪

①问候礼仪:知道日常生活中的常用问候语;愿意学习并使用问候语;知道根据对象、时间的不同,要采用不同的问候语及问候方式。

②着装礼仪:了解小学生的着装要求和思贤校园的着装仪式感要求。

③课堂礼仪:引导学生树立课堂意识;理解与巩固课堂礼仪的要求;养成正确的课堂礼仪观,做一个讲文明,好好学习的小学生。

④就餐礼仪:掌握食堂路线和就餐位,熟记就餐排队秩序,做到安静有序,掌握就餐礼仪。

⑤集会礼仪:了解基本的集会礼仪,了解升国旗的基本注意事项,了解参加颁奖典礼的基本注意事项。

⑥声音礼仪:学习在不同的场合,用不同的音量说话,有时用大声,有时用小声。能根据提供的情景,知道根据不同的场合,采用恰当音量说话是文明礼貌的表

现。

第五部分：我们的特色

①了解课前三分钟流程；了解并适应晨读暮诵、午间悦读活动。

②了解思贤币评价体系，努力获得思贤特色奖励。

③知道小贤童三件事(阅读半小时、体育锻炼半小时、做一件家务)是什么，并能坚持每天完成。

第六部分：我们的习惯

①了解不正确的姿势带来的危害，懂得如何正确端坐、站立、行走、静息，养成正确坐立行的习惯。

②学会做教室清洁，学会做个人清洁，会维护校园清洁。

③学会整理书包、课桌、书包柜。

④了解做眼保健操的作用，会做眼保健操，懂得爱护眼睛。

第七部分：我们的安全

①懂得遵守交通规则，平安上学和放学。

②会安全使用学具。

③知道课间休息安全区域，懂得安全玩耍要求和文明课间游戏。

第八部分：认识孔子

①认识孔子，了解孔子事迹。

②树立好好学习的观念。

(3)入学评价课程

①通过学校竞赛和展评活动，促使入学课程落实。

②通过评价量表，了解每个孩子的适应状况，为后一步的教育教学工作提供参考。

☆案例七　重庆市南岸区茶园新城初级中学校

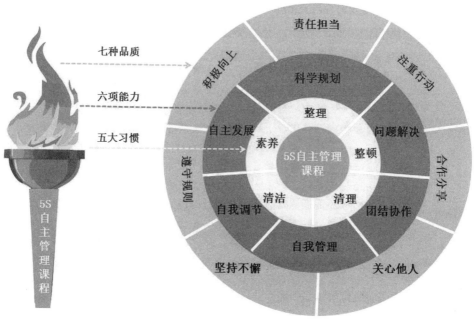

5S 自主管理课程目标图

　　在日常的学习生活中通过实施 5S 自主管理课程，帮助学生培养五大习惯、六项能力和七种品质。

1.养成学生五大习惯

表1-3

五大习惯	具体内容
整理	养成整理的习惯,即区分物品,清除多余。通过学习和实践5S自主管理,学生能够创设整洁、有序、安全、舒适的环境,营造清爽、明朗和愉悦的学习氛围。
整顿	养成整顿的习惯,即分区放置,方便取用。通过学习和实践5S自主管理,学生能够将个人用品和公用物品摆放整齐、井然有序,减少物品寻找时间,提高学习效率。
清理	养成清扫的习惯,即清除垃圾,美化环境。通过学习和实践5S自主管理,学生能够将垃圾分类、自己清洁、及时清除,培养学生不依赖他人的自主管理能力。
清洁	养成清洁的习惯,即环境洁净,形成制度。通过学习和实践5S自主管理,学生能够制定和遵守5S制度,做到从5S物品到5S仪容仪表,待人要讲礼貌、要尊重别人。
素养	养成素养的习惯,即养成习惯,提升修养。通过学习和实践5S自主管理,学生能够形成规则意识,遵守规则,养成良好的学习和生活习惯,使每个人都成为有教养的人。

2.提高学生六项能力

表1-4

六项能力	具体内容
科学规划	在5S自主管理课程实施的过程中,学生在实践5S管理法和参与建设5S管理相关制度,可以唤醒学生科学规划意识,通过不断地实践,培养学生的科学规划能力。
问题解决	学生通过自主察觉物品管理问题,分析问题本质,提出解决策略,实践5S自主管理,能够培养学生解决问题的科学性、合理性和有效性,提升学生问题解决能力。
团结协作	在5S自主管理课程实施的过程中,通过小组协作发现和解决物品管理问题,班级常态化推进5S自主管理,能够培养和提高学生沟通交流和团结协作能力。
自我管理	学生通过对物品的整顿和整理,知晓了如何管理以及为何管理,习得管理意识。通过这些有计划有目的的活动,最终获得管理自我的意识以及自我教育的能力。
自主发展	在5S自主管理课程实施的过程中,培养学生的良好习惯,提升修养。学生通过营造适宜的环境为自身的发展创设条件,提高学生促进自身发展的意识与能力。
自我调节	学生通过制定和遵守制度,明白了规则的重要作用,在课程实施的过程中能够培养学生通过调整自己的言行去契合制度,进而能够在规则与制度下得到发展,最终提升学生的自我调节能力。

☆ 案例八　重庆市南岸区天台岗小学

1.培养学生"绿色、阳光、感恩、礼仪、智能、创新"六种素养

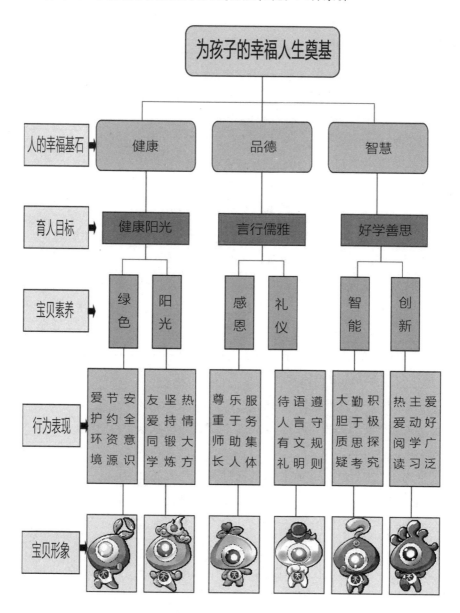

培养六种素养关系图

重庆市南岸区天台岗小学的办学理念是"为学生的幸福人生奠基"。我们认为：健康、品德、智慧，是一个人幸福的基石。学校对此进行校本化的解读，形成了天台岗小学的育人目标，即"健康阳光、言行儒雅、好学善思"。学校将育人目标进行了儿童化的表达，细化为绿色、阳光、感恩、礼仪、智能、创新六个"宝贝素养"，并具化为"六个宝贝"的卡通形象。我校对"六个宝贝"的行为表现做了具体阐述。

绿色宝贝——爱护环境、节约资源、安全意识

阳光宝贝——友爱同学、坚持锻炼、热情大方

感恩宝贝——尊重师长、乐于助人、服务集体

礼仪宝贝——待人有礼、语言文明、遵守规则

智能宝贝——热爱阅读、主动学习、爱好广泛

创新宝贝——大胆质疑、勤于思考、积极探究

2.开发主题化、系列化的德育活动,构建有天台岗小学校本特色的德育课程

学生的发展是一个长期的动态的过程,具有阶段性和不平衡性。德育课程应聚焦学生整个小学阶段的成长,以六年为一个实施周期,制定长期的成长规划,在学生成长的多个节点设置相应的年段课程，引导学生成长。依据学生发展的不平衡性,需要动态地开展活动,以发展的理念引导学生成长,并且依据天台宝贝的六种素养,设置相对应的通识课程,形成有天台岗小学校本特色的,可持续操作的,主体化、系列化的德育活动课程体系。

3.创造学生自我发展、家校社融合的良性成长生态

要落实立德树人的根本任务,就必须构建优良的成长生态,让每一个学生有更多的成长可能性。

天台岗小学"天台宝贝"成长课程通过课程育人、文化育人、活动育人、实践育人、管理育人等协同合作,打通小学德育中的阻隔,使课程育人的张力拓展到家庭与社会中,形成三位一体的教育体系,让各个领域的育人要素汇聚融合,形成德育合力。

通过课程实施,学生在各个阶段、各个方面得到充分引领和成长,逐渐习得宝贝素养。在自我学习和榜样示范的共同作用下,学生自我激励、主动发展,学校形成学生自我成长、可持续发展的成长生态。

☆案例九 重庆市人和街小学

1.总体目标

培养具有家国情怀,意志坚强,能够担当民族复兴大任的时代少年。

(1)立大志、有大责。大力加强理想信念教育,培养能够担当民族复兴大任的时代新人。

(2)练品行、重养德。着力增强思想品德教育,培养具有家国情怀、国际视野的人和少年。

(3)硬本领、身力行。致力做强责任意识教育,培养坚强意志、勇于担当的责任星。

本课程基于"责任在心 担当在行"的课程理念,从六个维度,多层级建构了本课程的目标体系。(见下图)

"和德"责任教育校本课程目标模型图

2.具体目标

根据学生的年龄特征和身心发展特点,本课程引导和帮助学生达到以下六个方面的具体目标：

表1-5 "和德"责任教育校本课程具体目标

一级指标	二级指标	三级指标		
		低段(1~2年级)	中段(3~4年级)	高段(5~6年级)
家国情怀 意志坚强 勇于担当	对自我的责任 自己的事自己做	1.初步了解身体健康的重要性。 2.培养良好的学习习惯。 3.初步养成良好的生活习惯。	1.知道爱护自己的身体健康。 2.养成良好的学习习惯。 3.养成良好的生活习惯。	1.掌握一定的调整身心健康的方法。 2.合理规划自己的学习。 3.具备一定的自救自护能力。
	对他人的责任 他人的事乐于做	1.知道生活中要理解他人。 2.知道生活中要尊重他人。 3.明白生活中要帮助他人。	1.学会生活中理解他人。 2.学会生活中尊重他人。 3.生活中能帮助他人。	1.养成理解他人的习惯。 2.养成尊重他人的习惯。 3.生活中乐于帮助他人。
	对集体的责任 集体的事争着做	1.知道自己是集体的一员，明白集体规则的重要性。 2.尝试为集体服务。 3.初步感受集体荣誉感。	1.懂得集体的事情是自己的事情，努力遵守集体规则。 2.锻炼为集体服务的能力。 3.懂得维护集体荣誉。	1.为自己是集体中的一员骄傲，自觉遵守集体规则。 2.自觉为集体服务。 3.积极为集体增光添彩。
	对家庭的责任 家庭的事主动做	1.了解家风家训。 2.体会父母辛劳，友爱兄弟姐妹。 3.尝试家务劳动。	1.有一定的家庭责任感。 2.懂得感恩父母，关爱兄弟姐妹。 3.愿意分担家务。	1.传承优良家庭传统。 2.主动关心家庭成员，兄友弟恭。 3.主动承担家务。
	对社会的责任 公益的事积极做	1.明确遵守社会公德的重要性。 2.知道自己是社会公民的一员。 3.初步了解环境保护的重要性。	1.有一定的社会责任感。 2.积极参加社会活动。 3.努力在生活中做到环境保护。	1.具有较强的社会责任感。 2.热心参与社会活动。 3.积极为社会环保做贡献。
	对国家的责任 国家的事勇于做	1.初步培养爱党、爱国、爱人民的情感。 2.知道"只有一个中国"。 3.争做合格的少先队员。	1.增强爱国意识，培养家国情怀。 2.知道我国是一个统一的多民族国家。 3.履行少先队员责任。	1.树立报效祖国的远大理想。 2.自觉维护国家主权和领土完整。 3.成为有责任、有担当的少先队员。

☆案例十 重庆市沙坪坝区融汇沙坪坝小学

融汇沙坪坝小学融雅德育"主题朝会长短课"紧紧围绕"培养有中国情怀、世界眼光的学生"这一目标不断整合国家教材,以《道德与法治课程标准》和《小学德育纲要》为指导,开发朝会主题课程,为学生的全面发展奠定坚实的文化素养、科学素养、人文素养、道德素养等核心素养。

1.课程总体目标

以五雅教育为基础,整体培养学生的文明礼仪、行为规范,独立拓展的能力,力求培养兼具世界眼光和中国情怀的融汇学子。

(1)培养学生初步具有爱祖国、爱人民、爱劳动、爱科学、爱社会主义的思想感情和良好品德;

(2)遵守社会公德意识和文明行为习惯;

(3)培养良好的意志、品格和活泼开朗的性格;

(4)具备自己管理自己、帮助别人、为集体服务和辨别是非的能力,为使他们成为德、智、体全面发展的社会主义事业的建设者和接班人打下初步的思想品德基础。

2.课程分目标

星期一"融熠班级秀"朝会长课(40分钟)课程目标:低段(1~2年级)

(1)基础目标

①认知国家象征及标志。建立国家、国籍、公民的概念,对家庭关系的认识。尊敬国旗、国徽,认识祖国版图,会唱国歌,初步了解自己的家乡。

②知道中国共产党是中国少年先锋队的创建者和领导者,少先队员要接受党的教育,做党的好孩子。初步建立规则意识,初步理解遵守规则、公平竞争、规则公平的意义与要求。

③建立学会劳动、热爱劳动、创造劳动的概念。

④了解消防安全知识、基本交通规则、掌握基本的文明礼仪,知晓常用公共服务电话。

(2)拓展目标

①开设认识国家象征及标志的课程活动,通过课程的学习了解国家机构。

②利用融雅朝会、午会以及班队课活动来提高学生的规则意识。

③通过项目活动让学生认识学校、班级、学生、老师和基本的规则。

④明白幸福生活靠劳动创造;要热爱劳动,参加力所能及的自我服务劳动、家务劳动、公益劳动和简单的生产劳动,掌握一些简单的劳动技能,培养劳动习惯,爱护公物,勤俭节约,珍惜劳动成果。

星期一"融熠班级秀"朝会长课(40分钟)课程目标:中段(3~4年级)

1.基础目标

(1)建立对国家的基本认识,了解国家的法律体系。尊敬国旗、国徽,认识祖国版图,会唱国歌,初步了解自己的家乡。

(2)知道中国共产党是中国少年先锋队的创建者和领导者,少先队员要接受党的教育,做党的好孩子。建立对国家领土完整和民族情节的认识。

(3)建立学会劳动、热爱劳动、创造劳动的概念,建立对学校文化和活动开设的初步认识,能够参与其中。

2.拓展目标

(1)让学生明白国家、家、学校的概念,区分三者之间的关系。

(2)利用国家主权与领土教学板块,让学生树立国家主权,领土完整的意识。

(3)通过形象的案例,告知大家要遵守规章。

(4)明白幸福生活靠劳动创造;要热爱劳动,参加力所能及的自我服务劳动、家务劳动、公益劳动和简单的生产劳动,掌握一些简单的劳动技能,培养劳动习惯,爱护公物,勤俭节约,珍惜劳动成果。

星期一"融熠班级秀"朝会长课(40分钟)课程目标:高段(5~6年级)

1.基础目标

(1)尊敬国旗、国徽,认识祖国版图,会唱国歌,初步了解自己的家乡。了解制定规则要遵循一定的程序,进一步树立规则意识,遵守公共生活规则。

(2)知道中国共产党是中国少年先锋队的创建者和领导者,少先队员要接受党的教育,做党的好孩子。初步理解诚实守信和友善的价值与意义。

(3)建立学会劳动、热爱劳动、创造劳动的概念,初步了解消费者权益保护、道路交通、环境保护、消防安全、禁毒、食品安全等生活常用法律的基本规则。

(4)初步认知未成年人能够理解及其危害和要承担的法律责任。

2.拓展目标

(1)开展与之相关的案例分析,提高自己的规则意识。

(2)能够利用法律武器来维护自己的权利。

(3)能够进一步了解学校实施的"融雅德育"课程体系,通过节目展示传递需要学生共同遵循的规则。

(4)明白幸福生活靠劳动创造,要热爱劳动,参加力所能及的自我服务劳动、家务劳动、公益劳动和简单的生产劳动,掌握一些简单的劳动技能,培养劳动习惯,爱护公物,勤俭节约,珍惜劳动成果。

星期二到星期五的朝会短课(10分钟)课程目标

1.基础目标

(1)星期二:融雅知行课规范学生的行为习惯,遵循"雅言、雅洁、雅膳、雅仪、雅行"五雅德育常规教育。

(2)星期三:融野演练场主要帮助学生学习公共安全常识和培养自我保护意识。

(3)星期四:融汇珍珠榜帮助学生进行归纳总结,能够客观公正对待学生一周的成长和表现。

(4)星期五:融E发布会让学生学会播报国内外新闻,宣传宪法、交通法、国旗法等,与学生密切相关的法律知识。

2.拓展目标

(1)星期二:融雅知行课依托学校群体,在合作学习中养成良好的习惯、了解我国的传统文化。

(2)星期三:融野演练场学生需要掌握基本的事故应急处理能力、生活自理能力等,通过不同内容的教学,学生能从多种途径获得相应的知识技能。

(3)星期四:融汇珍珠榜通过珍珠评比,让学生掌握规则意识,在现实生活中更要明白辨别是非的能力。

(4)星期五:融E发布会让学生明白学习和生活可以兼顾,要善于发现教育教学周围典型的实例。

☆案例十一 重庆市万州区清泉中学

1.总体目标

通过清泉中学校本课程《经典诵读》的实施,传承中华优秀文化,提升学生的语文素养,积淀他们的文化功底,让学生打好传统文化的基础。落实学校德育培养目标,关注学生健全的人格发展,充分利用学校的现有文化资源,激励学生进行体验性、研究性和创新性的学习,丰富学生生活,发展学生个性专长,形成优秀的行为习惯和优秀道德情操。研究出传承经典与学生健康成长的有效方法,能在有效的范围内获得推行。使学生获得健康的审美情味,提升教师专业水平,掌握校本课程内涵,突出学校特色。

2.详尽目标

(1)知识与能力:

①使学生领悟到传承经典的意义,体会到读书的乐趣,激励同学们多读书、读好书,引导同学们养成良好的读书习惯。

②掌握查阅经典朗诵资料的方法,学习诵读的技巧方法,培养阅读、表达、作文能力。

③教师在校本课程开发和推行中,获取相关经典知识,提升自身素质,提升教研和科研水平。

(2)过程与方法:

①经过经典朗诵,更新朗读手段,学习诵读方法,培养学生朗诵能力和感知语言的能力,积淀文化底蕴。

②通过经典诵读,学习相关知识,了解中国传统文化,积累丰富的语言,让经典中的先进人物成为学生的榜样;学会用经典范本中的要求来规范自己的言行,做到见贤思齐,以他们的得失作为经验教训,努力完善自己,形成优秀的行为习惯和良好的行为规范。

③在学习朗诵中学会与人交往,学会合作探究,掌握学习方法;教师在授课过程中不断更新自己的知识,变革自己的教法,做到教学相长。

④通过反复练习,掌握正确的读书方法,通过表演性质的诵读,重新构建阅读经历,让学生在积极参与中,获取成功的喜悦,从而让学生喜欢阅读、品味经典、提升阅读感悟。

⑤让学生在朗诵中品味音律变化,从富有音乐美音、朗朗上口的文本中获得语感,获得内心成长的能量。

⑥创办"经典朗诵"的氛围,提升办学质量,提升办学品位,打造办学品牌。

(3)感情与价值观:

①积极营造学习氛围,推动学生爱书、读书的热潮,培养学生学习兴趣,提升人文素质和人文精神。

②让学生在"吟咏经典""感悟魅力"中陶冶情操,学会经典赏析方法,感悟读书乐趣。

③初步感受中华民族的优秀文化,激发学生热爱祖国的感情。在祖国深邃的文化土壤中汲取大量精神养料,让学生努力成为中华优秀文化的继承者和传播者。

④通过大量诵读经典,让学生在与经典的深度交流下,自觉地受到美的熏陶和感染,提升学生明辨是非的能力。

⑤通过教师的反复指导,培养教师高尚的师德修养,培养热爱学生的情感,让教师不忘立德树人初心,牢记为党育人、为国育才使命。

☆案例十二　重庆市两江职业教育中心

通过"模块式+序列化"德育课程实施,构建"五育融合"育人体系,健全德技并修育人机制,落实立德树人根本任务,培育和践行社会主义核心价值观,不断提高学生思想水平、政治觉悟、道德品质、文化素养,着力培养高素质劳动者和复合型技术技能人才,为成渝经济发展提供优质人才支撑。

高一年级:

1.总目标

引导学生树立正确的世界观、人生观、价值观,提升学生行为素养,浸润校园"汇"文化。

2.分目标

(1)学生能自觉遵守《中学生守则》《中学生日常行为规范》,践行《中职生公约》《重庆市两江职业教育中心学生手册》,养成良好的文明礼仪;

(2)树立学生荣誉、责任、感恩、友爱的意识;

(3)通过培养,将学生道德意识内化为自律行为;

(4)培育团结、上进的班集体,初步形成优良学风;

(5)树立学生正确的劳动观,养成良好的劳动习惯,形成艰苦奋斗的思想作风。

高二年级:

1.总目标

以劳动教育为载体,利用企业文化资源,着力培养学生的专业精神、职业精神和工匠精神。

2.分目标

(1)热爱专业,具备与职业要求相适应的职业道德行为和习惯;

(2)明确学习目的,能扎实掌握文化理论基础知识和专业知识;

(3)学好专业知识和操作技能,立志为经济建设服务;

(4)具有干一行,爱一行的职业道德和敬业精神,有与专业相适应的专业知识和操作能力。

高三年级:

1.总目标

发挥校企协同育人作用,培育职业精神,提升职业素养,培养创业技能。

2.分目标

(1)培养学生奋发向上,积极进取的精神,形成爱岗敬业,乐于奉献的品格;

(2)能正确认识自我特点与职业需要;

(3)将个人发展与社会需要相结合,能制订正确的人生规划;

(4)具有良好的职业劳动精神;

(5)具备基本创业能力。

参考文献

[1]刘洁.基于沂蒙精神的小学德育校本课程开发研究[D].聊城大学,2019.

[2]孙泽文,左菊.课程目标:概念、功能及其分类研究[J].长江师范学院学报,2012,000(6):56-59.

[3]王利敏.A中学德育课程链开发的研究[D].华东师范大学,2010.

[4]董娇妍.试论校本德育课程的开发与利用[J].成都师范学院学报,2008,24(11):21-22.

[5]马晓光.高中思想政治课三维教学目标整合及实践研究[D].天津师范大学,2015.

[6]李雁冰.国外三种课程目标模式评价[J].上海教育科研,1999(3):4.

[7]王均霞.《现代教育技术》网络课程的多元化评价体系构建[D].南京师范大

学,2007.

[8]李介.国外校本课程开发模式带给我们的启示[J].教育理论与实践:中小学教育教学版, 2010(9):3.

[9]李介.西北农村中小学校本课程开发的模式建构[J].当代教师教育, 2010(2):4.

[10]马正学.西北少数民族地区校本课程开发研究[D].西北师范大学,2004.

[11]康小微.科技类综合科目设计与实施的实践研究[D].上海师范大学,2019.

[12]顾书明.论作为校本课程理论源流的几种课程模式[J].教育理论与实践, 2003(22):4.

[13]陈晓龙.民族院校有机化学校本课程开发初探[D].西北民族大学,2014.

[14]邓宏.基于PDCA模型的校本课程开发质量提升策略研究——以L小学跳绳运动课程为个案[D].东北师范大学,2020.

[15]胡斌武.我国学校德育目标的演变与走向[J].教育导刊:上半月, 2005(12):3.

[16]张仕伟.主体性德育视角下的学校德育评价问题研究[D].燕山大学[2025-01-10].

[17]李红梅.我国学校德育制度分析[D].华中师范大学,2004.

[18]陈垠亭.教育现代化进程中学校德育体系问题研究[D].郑州大学[2025-01-10].

[19]赵佳丽,罗生全.论学校实践性德育课程体系构建[J].教育理论与实践, 2015(3):4.

[20]于泽元.论课程变革的综合理解模式[J].天津市教科院学报, 2007(2):5.

[21]李克.基于校本视角下的高校隐性德育课程的思考和分析[J].学术论坛, 2016, 38(9):5.

第二章
校本德育课程内容的开发

第一节　德育内容的概述

一、德育内容的含义

　　要对学校德育课程进行开发,首先要厘清德育内容的概念。近年来,不少研究者从不同的角度对德育内容的含义做出过界定。张忠华认为:"德育内容是指德育活动中所要传授的具体的道德价值、社会规范、行为准则及其体系。"班华认为:"德育内容是指用什么样的社会政治观、世界观以及用什么样的道德准则去培养青年一代的问题。"他认为"德育内容是德育目标的体现,是按德育目标要求,或者说为实现德育目标而用以教育学生的思想、政治、道德方面的知识、理论、思想观点、准则规范等。"周枚的观点与班华的界定具有相似性,她认为:"德育内容是指用来培养受教育者思想品德的政治思想道德观点、原则和规范体系,是用什么样的世界观、道德价值观、道德原则和具体的道德规范来培养年青一代。"二者均考虑了德育内容的目的指向性,即培养青年一代。两位学者也都观照到用什么样的世界观、政治观、道德原则等来教育学生的问题。他们的观点中涉及德育内容的选择问题,即德育内容的筛选或选择。詹万生对于德育的界定更能体现出教育者的能动性,他认为:"德育内容体系是指按照德育目标要求确立的,用于教育受教育者的一定的道德规范和政治、思想观点及其思想体系。"从这个定义看,德育内容要按照德育目标确立,这也体现出德育目标与德育内容之间的关系。德育活动是要教育受教育者,这也体现出谁来教育的问题,即德育的主体。德育内容包括道德规范和政治、思想观点及其思想体系。相比于詹万生对于德育内容的规定,檀传宝对德育内容的界定就更为关注教授的内容本身。他认为:"德育活动所要传授的具体道德价值与道德规范及其体系就是德育内容。"在这个定义中,"传授"一词更加突出了德育中教育者的主导地位。从所传授的内容看,与詹万生、周枚、班华等人的观点相比,檀传宝在德育内容定义中的"具体道德价值、道德规范及其体系"更加倾向于道德范畴的表述，其范围相对比较具体。易连云等人认为："学校德育内容是党和国家、学校及德育工作者根据不同阶段的学校德育目标，以及受教育者思想道德发展的特点与规律所选择的用以培养学生思想道德素质的以观念形式存在的各种信息的总和，是由幼儿园、小学、初中、高中、大学德育内容构成的有机体系。"这个定义从学校的角度界定德育的内容，体现了学校德育的主体、目标以及德育内容之间的关系。也有学者对德育内容使用了更加宽泛的界定方式，胡厚福认为："德育内容是用以形成人们品德的社会思想政治准则、法纪道德规范和宗教戒律的总和。在社会主义社会，德育内容是用以形成人们社会主义品德的社会主义思想政治准则和法纪道德规范的总和。"在胡厚福的界定中，他将德育内容看作是实现思想政治准则、法纪道德规范、宗教戒律等的总和，表明实现德育目的的载体是广泛的。人们用这些政治准则、法纪道德规范和宗教戒律等德育载体实现培养人们品德的目的。品德具有个人的稳定的倾向与特征，是个体按照一定的道德行为准则行动时表现出的稳固倾向与特征，是社会的道德价值和规范在个人身上的体现，需要经过个人的内化、练习才能形成比较稳固的个人品质。可见，这一观点更加强调私德的养成。

学者和研究者从教育学、德育学、思想道德教育等诸角度对德育内容作了规定，不同学者对德育内容的定义的侧重点有所差别，总体来看，我们可以从以下几个方面理解德育内容：

一是德育内容与德育目的、德育目标之间的关系。德育目的体现出社会对各级各类教育培养人的品德的总体要求，偏向于价值预设和主观预期，具有主观性和理想化倾向，是德育活动预先设定的结果和德育活动追求的终极目标。德育目标是德育目的的具体化、规范化和标准化，它具体表现为各级各类学校的德育目标，是德育活动预先设定的标准和对所培养的人的品格的规定，具有针对性和可操作性。德育目的和德育目标应当是一致的，二者是一般与具体的关系。德育内容的终极目标指向实现德育目的，德育内容是德育目标的展开和具体化，在不同的年级阶段表现为体现出各年级的德育目标，德育目标的具体实现离不开一定的德育内容。德育内容是实现德育目的和德育目标的载体，它直接服务于德育目标。德育目的、德育目标和德育内容也应当是一致的，德育目的、德育目标与德育内容是一种主从关系，是抽象与具体的关系。

二是德育内容的几个层次。根据专家学者对德育内容的界定,德育内容的层次性体现在三个方面:第一,德育内容包含了政治教育、思想教育、道德教育等方面,而不限于道德教育;第二,德育内容包含了道德理想、道德原则、道德规则等层次的内容,更加关注道德理想和道德原则,体现出国家和社会对于个人的道德要求;第三,德育内容包含了社会公德、私德和职业道德等方面。

三是德育内容与德育资源的关系。为了实现德育目标,需要对德育内容进行筛选,将能够体现德育目标的德育资源按照一定的方式组织起来,实现德育培养目标。"德育资源是这一种特殊的资源形式,是指对培养人的德行起作用的一切因素,也指构成德育活动和满足这一活动需要的一切因素,是德育存在和发展不可或缺的物质和精神等条件,包括知识、经验、信息等资源,也包括人力、物力、财力等资源。"德育资源的范畴比较广泛,需要教育者进行专业的筛选和过滤才可以发挥起培养学生品德的正向功能。开发和利用德育资源也会为德育内容的选择提供丰富的现实基础。

二、德育内容的分类

根据不同的分类标准,可将德育内容分成不同的类别。按照确定主体的不同,可以分为党和国家有关部门确定的德育内容(总内容)、学校根据党和国家有关部门的要求及自己学校的特点确定的德育内容(较具体的内容)和德育工作者根据前两者的要求确定的具有较强操作性的德育内容。根据教育阶段的不同,可以分为幼儿园、小学、初中、高中和大学几个阶段的德育内容。根据教育性质的不同,可以分为普通学校的德育内容和各类专业学校的德育内容。根据德育实现的途径的不同,可以分为课程德育内容和非课程德育内容,其中课程德育内容包括德育课程中的德育内容、学科课程中的德育内容、活动课程中的德育内容;非德育课程内容包括班主任、共青团、少先队、学生会、班委会、团支部或其他社团组织的工作内容。"按照德育内容的重要性程度,可分为主要的德育内容和基本的德育内容。按照德育内容的稳定性程度,可以分为基本的、相对稳定的内容,和灵活安排的、可变性的内容。按照德育的目标的要求,可将德育内容分为:方向性内容、认知性内容、规范性内容和实践性内容。根据德育内容涉及的对象领域来划分,可分为学生个体的德育内容、关于个体和他人的德育内容、关于个体和国家的德育内容。按照内容主导作用,可分为道德主导型、政治主导型和思想主导型、法纪主导型德育内容。按照德育内容的外延划分,不同学者有不同的划分方式。檀传宝认为学校德育内容包含四个主要层次:基本文明习惯行为规范、基本道德品质、公民道德或政治品质、道德理想等四个层面的德育内容。黄向阳认为德育内容包括道德理想教育、道德原则教育和道德规则教育等三个层面的德育内容。"他还从社会生活的领域角度提出现代德育内容包括私人生活、公共生活和职业生涯,其中私德教育涉及自我定向和他人定向的道德,公德教育涵盖社会公德和国民公德,职业道德教育包含对待工作和服务对象的道德要求。

根据德育研究者不同的研究视角,可以有不同的划分。"从政治角度上看,有较为全面的七因素说:爱国主义教育;革命理想和革命传统教育;集体主义教育;劳动教育;民主、纪律和法制教育;人道主义和社会公德教育;正确人生观和科学世界观教育。从教育角度上看,德育内容有三层次说,即关于学生个体,包括培养和发展个体良好的政治、思想、道德素质和心理素质等;关于个体与他人,包括良好行为习惯的养成、社会公德的观念和行为等;关于个体和国家,包括爱国主义教育、理想教育、革命传统教育等。按照哲学思维方式划分,德育内容可分为包括理想信念、爱国主义和国际主义在内的方向性教育;包括世界观、人生观、集体主义、审美观在内的认知性教育;包括道德、法制、职业规范和纪律在内的规范性内容;包括国情和社会实践的实践性内容等四大板块。"

三、德育内容的特点

(一)阶级性

德育内容的阶级性体现在不同阶级对德育内容的规定有所差异, 体现和反映出统治阶级的要求和标准。统治阶级通过控制德育内容的选择和传播,选用能够体现统治阶级要求的思想观点、道德规范等,进而培养符合统治阶级意志的人,来维护统治阶级的利益。在我国封建社会,统治阶级为了维护基本的伦理纲常秩序,达到明人伦的目的,制订了一些德育内容。在古希腊时期,斯巴达以军事教育立国,其目的是培养忠于统治阶级的强悍勇猛的武士,它就格外重视军事教育,通过严格的军事和体育训练,例如赛跑、跳跃、角力、掷铁饼、投标枪等五项竞技,培养儿童勇敢、坚韧、机智、顺从、爱国、忠诚等道德品质。相反,雅典城邦统治者以培养身心和谐发展的公民为中心,其德育内容除了身体健美外,还有政治道德教育和美育,以此来培养智慧、勇敢、节制、公正的美德。由此可见,德育内容具有阶级性,与统治阶级的统治理念和人才培养目的相一致。

(二)历史性

德育内容的历史性指德育内容是随着社会的发展而不断变化的,因为社会、时代的变迁,德育内容有不同的变化。在西周时期,"六艺"中的"礼乐"是贵族子弟德育的主要内容。孔子开设的"六经"课程,即"诗、书、礼、乐、易、春秋"构成道德教育的主要内容。西汉时期,孔颖达撰写的《五经正义》成为学校德育的官方教材。儒家文化占主导的我国古代社会,德育内容经过不断的传承,形成了由"仁、义、礼、忠、孝、悌、勇、恭、宽、信、敏、友、惠、敬、慈、温、良、恭、谦、让"等细目构成的德育内容体系。[14]近代以来,在新文化运动的影响下,教育界有人主张废除读经内容,以培养健全人格,发展共和精神为宗旨,在德育内容上要体现"个人以私德为自身之本,公德为服务社会国家之本,同时培养民主精神和公民自治之习惯"。五四运动之后,小学、初小、初中都增加了公民课程。从我国古代到近代德育内容的发展看,德育内容具有历史变迁性,体现出那个时代和社会的发展要求。

(三)整体性

德育内容的整体性指广泛的德育内容有机地结合,为实现德育的整体目标服务。[16]德育内容的整体性特征表现在三个方面。第一,与德育目标的一致性。德育的目标是培养完整的人,培养身心和谐发展,知、情、信、意、行协调发展的人。作为实现德育目标重要载体的德育内容必然要以培养完整的人为出发点,按照一定的组织结构进行筛选和组织,体现出培养完整的人的要求。第二,德育内容的融合性。德育内容不是孤立存在的,而是相互联系,共同构成一个整体。新中国成立后,我国对中小学德育内容的规定,不仅包含了思想道德教育,也体现出思想政治教育、劳动教育、心理健康教育等内容。第三,德育内容实施的一致性。德育内容的实施不能止于认知层面,而更重要的是体现在德育的情感、意志和行为上。因此,应当整体而全面地实施德育内容,绝不能偏重某些内容而舍弃某些内容,或偏重理论知识的教学而忽视德育情感、意志和行为的培养。

(四)共同性

德育内容的共同性指德育内容在不同时代、不同社会、不同国家都存着类似或相似的内容,这些内容跨越时间和空间性,具有一定的稳定性。例如,在中西方,德育内容都提倡诚实、正直、勤劳、勇敢等美德。不管是什么政治体制,这些优秀品格都是社会所倡导的美德,一定会在德育内容里有所体现。再如,从古至今,爱国一直是我国社会所倡导的道德准则,因此德育内容不约而同地保留着爱国品德。以"礼"和"仁"为核心的儒家思想经历千年的传承,虽然其具体的形式和阐释体现出不同时代的特征,但始终都没有离开这两个核心价值,具有相对的稳定性。这些共同的核心价值是保证社会稳定和发展的基础,成为人类文明的遗产。德育内容具有共同性,并不与德育内容的时代性和变动性相矛盾。德育内容具有共同性与继承性共存的特点。

（五）继承性

德育内容的继承性是德育内容在继承传统核心价值观的基础上体现出继承和发展的特点。德育内容的选择要在尊重传统优秀的核心价值的基础上,进行创造性发展,从而不断地适应当前社会发展的需求,为推动社会发展和进步提供力量。一是进行创造性批判。我们应当在批判的基础上,重新审视德育内容;本着批判的态度,继承和发展人类文化思想中的瑰宝。二是要有体现时代特征。要对传统的德育内容赋予新的时代内涵,赋予新的时代精神。三是要根据社会的变化适时地进行变动德育内容,通过德育内容的更新,实现与社会发展同步的要求。不同社会和时代育人的目标,不同社会发展阶段对学生的道德教育的需求不同,因此,德育内容不仅要适应社会发展需求做出变动,还要体现出德育内容为社会培养人才的目的,即要体现出德育内容的超越性。

第二节　德育课程内容的选择

　　美国著名课程论专家泰勒曾在《课程与教学的基本原理》中指出了课程开发需要回答的四个问题：一是学校应该试图达成什么教育目标？二是提供什么样的经验才能达成这些目标？三是应该怎样有效地组织这些经验？四是我们怎么确定这些目标正在实现？这四个问题构成了课程开发的四个步骤，即确定教育目标、选择教育经验、组织实施学习经验和教育评价。德育课程内容的选择是第二个步骤，回答的是"教什么"的问题，如何选择和利用教育经验是德育内容关注的主要问题。课程内容的选择简称"课程选择（curriculum selection），是根据特定的教育价值观及相应的课程目标，从学科知识、当代社会生活经验或学习者的经验中选择课程要素的过程。课程内容的选择是课程开发的基本环节之一"。本节从德育课程内容选择的价值取向、德育课程内容选择的依据和原则、德育课程内容选择的基本环节等方面阐述德育课程内容选择的基本问题。

一、德育课程内容选择的价值取向

　　课程内容的确定要考虑学科知识、社会因素和学习者三个因素。研究者对影响课程内容选择和确立的三个来源的研究侧重有不同，大概分为三种——一是学科取向：课程内容即教材或学科知识；二是社会取向：课程内容即当代社会生活经验；三是学生取向：课程内容即学习者的经验。这三个取向也构成了课程内容的三种主要来源。德育课程内容选择的价值取向基本上可以从这三种取向来分析。

　　（一）学科取向：德育课程内容即教材或学科知识

　　从哲学上讲，德育课程内容即教材或学科知识是典型的"主知论"的观点，在西方的德育发展史上不乏这一观点的支持者。古希腊时期三哲之一的苏格拉底提出"知识即美德"，其弟子柏拉图延续了这一观点。知识即美德强调美德的可教性，美德是可以教授的。夸美纽斯主张"把一切事物教给一切人",这种泛智教育论把重点放在教学内容上。西方教育史上主张要素主义、永恒主义的教育家们都曾主张"课程内容即学科知识",教育所筛选的内容是有价值的、永恒的知识。

按照学科知识的结构,课程内容的知识要强调知识本身的逻辑性、完整性和系统性,这一观点的优势是将人类历史上留下来的知识,通过学校教育有计划、有目的、有步骤的教学活动,快速高效地传授给学生。但是这一观点也具有局限性,学科知识的筛选和组织,是先于当下社会发展状况的,它是既定的、静态的和先验的,凌驾于学习者本身,是由学科专家按照知识内在的结构和顺序编排的,这就有可能造成知识容量的超载、知识更新速度慢以及忽视教师和学生的参与和经验等问题。

在德育课程中,德育认知是德育课程的基本要求,但是德育认知不能与学习德育知识画等号,掌握知识并不是德育课程的初衷。如果过分强调德育课程内容的学科取向,则很有可能将德育窄化为脱离学生生活实践和脱离社会发展需求的活动。学生能够记忆大量的道德知识,却不能将这些知识运用到具体的社会和生活情境中,社会也没有具有知情意行合一的合格公民。

(二)社会取向:德育课程内容即当代社会生活经验

课程内容选择的社会取向强调课程内容应当关注社会发展的需要。课程论专家博比特、查特斯和塔巴等人,认为课程应该对当代社会的需要做出反应。在课程内容的选择时,应当研究人的活动,寻找、识别和发现社会的需要,制订符合社会发展需求的课程目标,并将这些目标转为课程学习的内容。在中西方教育史上,也有不少人持有这种观点。例如怀特海认为"教育只有一种教材,那就是生活的一切方面"。我国教育学家陈鹤琴也曾提出"大自然、大社会都是活教材"的观点。对于学校课程与社会生活的关系,历史上曾经出现过三种论述,分别是"被动适应论""主动适应论"和"超越论"。"被动适应论"认为学校教育是社会生活的准备,学校课程是学生适应当代社会的工具。学校课程处于被动地位,忽略了教育本身的主动性。"主动适应论"强调学校课程内容与社会生活的关系是相互作用、相互影响的。教育不仅要适应社会生活,而且还改造着社会生活。"超越论"主张学校课程与社会生活是交往的、超越的关系。学校课程内容既不是被动适应社会发展,也不是主动适应社会发展,它不是社会生活的从属,而是要对现有的社会生活进行批判性的思考和建构。

课程内容的社会价值取向强调学生学习的主动性,注重学生的兴趣、需要、能力和经验,其优点是能够激发学生的学习兴趣,将学习内容与社会生活联系在一起,关注的重点是学习者的"做"和"切身体会",而不是学科知识体系的学习。其缺陷是过于外显的学生活动,而无法看到学生是如何将课程内容同化的,以及学生的经验是如何发生的。社会取向的课程对学科知识或教材的忽视,造成了知识学习的深度和结构化程度不高的问题,偏离了学习的本质。

德育课程内容选择的社会取向认为:德育课程内容即当代社会生活经验,重视学生的社会参与,重视社会生活对学校道德教育内容选择的要求。这种德育内容选择的价值取向,使德育课程所选内容能够具有强烈的时代性,例如关注环境问题、心理健康等。但是也会出现忽略一些无法直接通过社会现象和社会生活以外显的方式显现的内容。事实上,确实存在有一些德育内容并不能很好地与当下的社会生活紧密联系的问题,但这并不意味着这些德育内容不具有育人价值。如果仅以社会生活的需要和可以外化的德育活动作为德育内容选择的标准,那么它就违背了培养完整的人的要求,这对于育人来说是片面的。因此,德育内容也应当体现出人类历史上的具有永恒价值的精神遗产。

(三)学生取向:课程内容即学习者的经验

课程内容的学生取向认为课程内容应当关注学习者的经验。课程论专家泰勒使用了"学习者经验"这个术语,他认为"教育的基本手段是提供学习经验,而不是向学生展示各种事物"。在他的观点中,学生才是学习活动的决定者,学生主动地与外部环境发生相互作用,才能生成自己的经验。不同的学习者即使处于相同的情境中,也会有不同的学习经验。教师的职责就是创设适合学生能力和兴趣的教育情境,为学生提供可以帮助他们生成各自经验的情境,以便帮助他们用自己的认知、情感、体验等内化学习内容。个人取向的课程内容选择具有个体差异性,它强调每个学习者都是学习的主体,每个学习者都有能力创造社会生活经验,每个学习者都可以参与为课程的开发中。与学科取向和社会取向不同,个人取向的课程开发中,学生自身已经纳入并成为课程开发的主体,这一点是具有突破性的。然而,其缺点也很突出:在课程内容选择时,"教师无法全面清楚地观察和了解每一个学习者的真实体验和心理特点,难以感知和把握影响其心理的特定环境及其他因素。这往往会导致课程内容受学生的支配而削弱教师对课程内容的控制、引导与评价"。因此,课程内容开发的难度较大。德育课程内容的选择可以充分考虑学生德育学习的自主性，充分考虑学生的身心发展特点，但不能完全以学生个体的情况作为课程内容选择的唯一标准，因为道德的内容具有层次性，要体现出社会发展对人才培养的要求。

德育课程内容的学科取向、社会取向和学生取向在课程内容选择时各有利弊，我们在德育课程内容选择时，要充分考虑三种课程内容选择的取向，根据具体的情境综合体现出三种价值取向，促进学习者全面和谐地发展。

二、德育课程内容选择的依据

德育课程内容的选择要从知识、社会和学生三个方面综合考虑，也成为学校德育课程内容选择的主要依据。

（一）德育目的和德育目标

德育目的规定了德育的根本方向，德育内容的选择和确立都要服务于德育目的的实现。学校德育内容要根据德育目的和学校德育目标的要求来确定，进而服务于社会政治和经济。在社会本位的德育目的下，德育内容要侧重社会责任的培养；在个人本位的德育目的下，德育内容要反映个人的自由、权利和尊严等内容。我国古代以培养圣贤为德育目的，所以德育的内容要选择反映"圣贤"德育目的的"忠孝"等内容。由此可见，德育内容要与德育目的相一致。

学校课程内容的选择要符合德育目标的要求。德育目标是德育活动的出发点和落脚点，对德育内容的选择和确立具有决定性的作用，也是影响德育内容选择的最直接因素。德育内容的设计要依据德育目标来选择和利用。2017 年，教育部印发了《中小学德育工作指南》，提出了我国当前的德育目标是"培养学生爱党爱国爱人民，增强国家意识和社会责任意识，教育学生理解、认同和拥护国家政治制度，了解中华优秀传统文化和革命文化、社会主义先进文化，增强中国特色社会主义道路自信、理论自信、制度自信、文化自信，引导学生准确理解和把握社会主义核心价值观的深刻内涵和实践要求，养成良好政治素质、道德品质、法治意识和行为习惯，形成积极健康的人格和良好心理品质，促进学生核心素养提升和全面发展，为学生一生成长奠定坚实的思想基础"。德育内容相应地与德育目标相一致，包括理想信念、社会主义核心价值观教育、中华优秀文化传统教育、生态文明教育和心理健康教育等六个方面。

德育目标具有层次性和系列性，所以德育内容也相应地具有了层次性、系列化的特点。《中小学德育工作指南》中提出了小学低年级、小学中高年级、初中学段和高中学段等四个学段的德育目标，将德育总目标分解为四个阶段目标，适应学生不同身心发展阶段和成长需求，层次递进实现德育总目标。

(二)社会政治、经济与文化发展的状况

德育内容的选择受到社会政治、经济和文化发展状况的影响。不同的历史时期，德育内容的选择具有差异性，它体现出社会政治、经济、文化等方面的发展需求。在古希腊时期，智慧、勇敢、正义和节制构成了四大美德，到了人文主义启蒙时期，自由、平等、博爱等成为德育内容，这是近代社会资本主义萌芽和人文主义启蒙后的结果，它与资本主义社会的政治体制和经济体制的发展需求保持一致。随着社会的发展，生态环境问题已经成为各国共同存在的问题，因此环境教育也就成为学校的德育内容之一。这体现出德育内容随着社会的发展而改变。新中国成立以来，面对不同时期和不同的国内外形势，党会在不同的历史时期调整中心任务和方针政策，学校德育内容也会随之做出相应的调整。例如，党的十八大报告把建设中国特色社会主义的总布局确定为经济建设、政治建设、文化建设、社会建设和生态文明建设，随着"五位一体"总体布局的提出，我国学校德育将生态文明教育作为新时代道德教育的内容之一。

对于同样的德育内容在不同的社会条件下的内涵会发生变化。例如，在古希腊的斯巴达教育中，"勇敢"是道德教育的内容。在那个时期，勇敢表现为能够勇敢地屠杀和残忍地对待奴隶，能够袭击和残杀敌人，能够抵抗住外部恶劣的自然环境等。而今天的道德教育中的"勇敢"，其含义已经发生变化，表现为勇于担当责任，临危不惧，遇到困难迎难而上等。

社会文化传统也会影响学校德育内容的选择。我国传统社会形成了"忠孝"文化，对国家尽忠，对父母尽孝。这一观点不仅体现在我国传统社会的德育内容中，在现代的德育内容里面也有所体现，如爱国、孝敬等道德内容。再例如，我国传统的农业社会滋养出勤劳、节俭、厚道等传统美德，这些美德现在也成为学校德育的内容。除我国的传统文化外，西方文化、少数民族文化传统等相互交融，相互借鉴，吸收积极健康的内容，也会反映在德育内容中。例如，西方文化中的"尊重"文化，也被吸收到道德教育中。

（三）学生的身心发展状况

德育内容是开展德育活动的重要载体，德育内容的选择要考虑学生的年龄、思想状况、身心发展特征等，保证德育内容更具有深度和广度上的层次性，符合学生道德发展的"最近发展区"，才能保证德育内容的适切性，促进学生的道德素质的发展。

德育内容的选择要考虑学生的认知水平。柯尔伯格认为儿童的道德发展具有连续的发展顺序，他将儿童道德认知的发展划分为三个水平六个阶段，其中三个水平分别是前习俗水平(9岁以下)、习俗水平(9~16岁)和后习俗水平(16岁以后)。柯尔伯格的道德发展阶段理论说明了儿童的道德发展也具有阶段性。学校德育所选择的内容应当符合学生的道德发展阶段，促进学生在从一个水平向另一个水平过渡。

道德内容的选择要考虑学生的年龄、身心发展特点。《中小学德育工作指南实施手册》详细地指出了在小学低年级、小学高年级、初中和高中阶段的德育内容，体现出了德育内容的层次性。例如，在"领会国家发展使命"方面，"小学低年级段的主要内容：知晓党的名称、党的生日；建立对党、对国家和对人民军队的基本认知和亲近感。小学高年级的主要内容：了解中国共产党的基本性质和奋斗目标；了解我国的自然地理情况和国家政权构成的基本情况；了解国家发展的基本目标。初中的主要内容：了解中国特色社会主义的基本理念、基本特征和基本任务；了解我国现阶段基本经济制度和政治制度；了解国家在新的历史时期的指导思想和发展战略。高中的主要内容：了解中国特色社会主义政治制度；加深对党的伟大使命的认知和爱党情况，坚信中国共产党的领导；深刻领会国家发展的历史使命"。不同年级阶段的内容体现由浅入深、由简到繁、由具体到形象的特点，遵循不同年龄阶段的身心发展特点，选择了不同的德育内容。

（四）学校自身的情况

除以上选择依据外，学校在进行德育内容的校本开发时，也要考虑到学校所在的地区和周边环境，以及学校的文化传统，并将这些德育资源与学校特色融入德育内容中。一是学校周边的自然、社会与文化资源。德育内容的校本化要引导学校以国家德育课程目标为核心，以国家德育课程为主线，整合学校的德育资源，充分发挥学校周边的自然、社会和文化环境资源,发掘其德育因素,使德育课程内容能够更加贴近学生的生活实际,达到德育入脑入心的效果。二是要充分挖掘学校的人的资源,包括教师、学生、家长和校外人士等。德育课程内容最终需要人的参与才能够实施,师生是最主要的德育课程实施主体。全方位立体育人的格局需要教师、学生、家长和校外人士等的参与,他们本身也能够构成德育资源。因此,要在保证实施国家的德育内容的基础上,可以适当地发挥这些主体对于德育内容的支持作用,促使德育内容得到深化与拓展。三是要考虑学校自身的文化传统,特别是优秀的德育传统,这为德育内容的校本化和特色化提供有利的支撑。学校也可以将学校办学特色与德育内容结合起来,使德育内容与学校发展统一起来,促进学生发展与学校特色的协调发展。

三、德育内容选择的原则

(一)方向性原则

德育课程内容的选择要坚持正确的方向,即要符合国家德育目的和德育目标,顺应教育改革和发展的趋势,符合校本德育课程开发的目标取向和价值定位,以培养学生道德素质,促进学生全面和谐发展为基本依据。随着时代的发展,我国教育部印发了《中小学德育工作指南》。学校德育根据文件所明确的新形势下中小学德育工作的指导思想和基本原则,按照各学段衔接的德育目标与内容体系的要求,实施中小学德育内容,落实立德树人根本任务。

(二)协调性原则

校本德育课程内容的选择要处理好学科、社会和学生之间的关系。学校应当结合学校发展的实际,抓住学校德育内容开发中的主要矛盾,将学科知识、社会需要和学生需要作为整体考虑,使德育课程内容能够彰显德育课程的价值取向,完成德育课程目标。协调学科、社会和学生之间关系,不是指三者平均用力,而是要根据综合考虑当前的发展趋势做出调整。例如,目前,尊重学习者的主体意识和个性发展,已经成为世界课程改革的发展趋势,这就要求重视学习者的经验,以学习者的经验为核心整合学科知识和社会实践。因此在课程内容的选择上要让学生亲自探究和体验,强化学生的需要、兴趣和已有经验在德育内容选择上的作用。

(三)适切性原则

校本德育课程内容的选择要符合学生身心发展的特点和需要。德育课程内容要能够激发学生学习的愿望，帮助学生建立知识与他们生活世界的联系，找到适合学生现有发展水平和发展需要的德育内容，从而发挥德育内容的育人功能，最大限度地促进学生道德素质的提升。在德育课程内容选择时，要避免德育内容过于强调学科知识，内容设置单调、对学生需求诊断不科学等问题，整体把握德育课程内容之间的联系，提高德育课程内容的针对性和适切性。

（四）可行性原则

校本德育课程的选择要因地制宜、符合学校实际，要充分利用学校内外的现有人、财、物等资源，调动全校师生参与课程内容建设的积极性，促进教师学生的共同成长和进步，也促进学校办学水平和办学特色的提升。例如，重庆市巴蜀小学的办学理念是"与学生脉搏一起律动"，坚守"为学生而办学校"的价值追求，并认为"每一种童年，都是某制式历史文化在一个幼稚的生命上的化身"。因此，学校将"节假日序列化"引入巴蜀德育课程体系，利用"中国传统节日""二十四节气""寒暑假生活实践周""四季课程""国家法定节日"等机会（从"根植中华""放眼世界""闪耀巴蜀"三个维度，立足"传统节日""主题节日""四季节日"三种节假日），因地制宜、因时制宜、充分引入家长资源、社区资源和社会资源，开展主题教育活动，做出了一些有益的实践与探索。

（五）有效性原则

校本德育课程内容的选择要做到有效果、有效率和有效益的统一。"有效果指所选取的内容付诸实践后能够顺利达成课程目标，课程内容是实现预期目标的手段；有效率是指对内容的选择组织要处理好投入与产出的关系，避免分兵作战、封闭开发、交叉重复、重开发轻使用等弊端，以合理的时间、精力、资源等的投入取得预期的成效；有效益是指校本课程内容的选择能够满足学生成长发展的实际需要，为全体学生的健康成长创造良好的条件，与此同时，也促进学校教师的专业素养及学校文化建设或特色创建。"

（六）整体性原则

校本德育课程的选择要有整体性、模块化和系统化。德育内容应当以有序、合理和优化的结构形成整体，使德育内容的各部分相互协调，发挥最大的功能。德育内容在结构上形成整体，形成模块，构成体系。既要考虑学生的身心发展规律的相对独立的内容,又要考虑德育内容在不同年级的相互衔接,防止德育内容简单重复或脱离学生发展阶段,使德育内容发挥整体性的作用,提高德育的有效性。另外,整体性原则还体现在德育内容之间的相互整合和衔接,将德育学科内容、其他各学科中的德育因素以及其他学校活动中的德育内容结合起来,使德育内容突破学科知识结构。

（七）融合性原则

校本德育课程的选择要具有融合性的特点。德育内容既要围绕世界观的养成这一核心内容,吸收具有普遍性、国际性和人类性的共同的德育内容,又要有根据实际情况体现德育内容多元化、多变性的特点。既要吸收国际最新科学成就和文化的有益因素,又要有挖掘、继承和发扬我国德育内容中民族性的内容,实现德育内容的国际性和民族性的统一。既要重视道德的认知方面的培养,更要重视道德实践能力,体现出德育内容的基础性和素质化融合的特点。既要突出个人品质的培养,又要体现公民素质的培养,体现个人品质和群体品质的要求。德育内容的融合性还表现为德育内容"在坚持爱国主义、集体主义和社会主义教育的基础上,将科技道德教育、环境教育、经济伦理教育、合作精神教育、网络道德教育等内容融入德育主旋律,使爱国主义、集体主义、社会主义教育更具新意,富有时代气息"。

四、德育课程内容选择的基本环节

我国课程论专家张华认为,课程内容的选择大致包括四个环节:第一,确定课程价值观,其核心的是回答"什么是受过教育的人";第二,确定课程目标,这是课程价值观的具体化;第三,确定课程选择的三种基本取向之关系,即确定作为课程内容的学科知识、当代社会生活经验、学习者经验三者之间的关系,对这种关系的认识取决于特定的课程价值观;第四,确定课程内容,即确定与特定课程价值观和课程目标相适应的课程要素。

（一）确定课程内容的价值观

对于学校来说,确定课程内容的价值观就是要澄清学校的教育哲学,它是学校共同体成员共同信奉的使命、愿景和育人目标,是学校教育人员对学校的教育理念的哲学进行分析、过滤和筛选,确立学校培养目标、发展方向、教育理念等所形成的共识。学校进行德育课程内容开发时,不仅要关注新课程改革所提倡的价值观念,符合国家和社会对于学校德育人才培养的价值观念，还要结合学校自身发展的愿景，促进每个学习者的道德素质的培养和身心全面健康发展，帮助他们形成正确的思想、观点。课程内容的价值观对于学校开展德育工作产生方向引导和规范指导作用。学校进行校本德育课程开发时，也要符合课程改革发展的趋势。新的课程价值观认为，课程内容是学生生活世界的表达，是学生对生命意义的阐释。课程内容的选择要着眼于学生的健康发展，关注学习者与他们的实际生活之间的联系，不仅要关注道德认知的发展，更要关注学生的生活体验、求知欲望和情趣志向，满足学生个性化的学习需求，鼓励学生的主动学习精神和探索活动，促进学生可持续发展的意识和能力。

(二)确定课程目标

学校德育课程目标是学校德育课程促进学生道德素质所要达到的预期结果，它不仅是德育目的的具体化，还是学校德育内容选择的参照标准。从德育目标体系上看，自上而下依次是德育目的、德育培养目标、德育课程目标、德育课程教学目标。我国新一轮课程改革将课程目标分为知识与技能、过程与方法、情感态度和价值观等三个维度。这几个方面是相互联系，不能分开的。中华人民共和国教育部2017年制定,2020年修订的普通高中《思想政治课程标准》中指出思想政治学科核心素养,主要包括政治认同、科学精神、法治意识和公共参与四个方面。具体的课程目标包括:"一是具有政治认同素养的学生,应能够:认同走中国特色社会主义道路是历史的必然,坚信中国特色社会主义是国家富强、民族振兴、人民幸福的根本保障,坚定中国特色社会主义道路自信、理论自信、制度自信、文化自信;拥护党的领导,领会中国特色社会主义最本质的特征是中国共产党领导,中国特色社会主义制度的最大优势是中国共产党领导,党是最高政治领导力量;明确社会主义核心价值观是公民最基本的价值标准,自觉践行社会主义核心价值观,树立共产主义远大理想和中国特色社会主义共同理想。二是具有科学精神素养的学生,应能够:用马克思主义基本立场、观点和方法,观察事物、分析问题、解决矛盾;解放思想、实事求是,对经济、政治、文化、社会和生态文明建设的实践,做出科学的解释、正确的判断和合理的选择;感悟人生智慧,过有意义的生活;以锐意进取的态度和负责任的行动促进社会和谐。三是具有法治意识素养的学生,应能够:理解法治是人类文明演进中逐步形成的先进的国家治理方式,全面依法治国是国家治理的一场深刻革命,明确建设社会主义法治国家的基本要求;树立宪法法律至上、法律面前人人平等的法治理念;懂得权利与义务的关系,养成依法办事、依法行使权利、依法履行义务的习惯;拥有法治使人共享尊严,让社会更和谐、生活更美好的认知和情感。四是具有公共参与素养的学生,应能够:具有集体主义精神;遵循规则,有序参与公共事务;热心公益事业,践行公共道德,乐于为人民服务;积极参与民主选举、民主协商、民主决策、民主管理、民主监督的实践,体验人民当家做主的幸福感;具备善于对话协商、沟通合作、表达诉求和解决问题的能力,勇于担当社会责任。"

(三)确定课程内容的基本取向

校本德育课程内容的价值取向主要包括三个取向:学科取向、社会取向和学习者取向。在上文中已经有详细阐释,这三个取向具有各自的优势和劣势。因此,我们在确定课程内容的取向时,不能采取非此即彼的思维方式,应当根据德育课程的特点,做到合理综合,取长补短。以学科知识取向的德育课程内容的选择,要紧扣教育目标、培养目标和德育课程目标,处理好学科、学生和社会之间的关系,充分考虑德育知识对于个人和社会发展的价值,又要考虑德育知识贴近社会生活和学生身心发展的实际。以社会取向为德育课程内容选择的取向,既要考虑学生现有的知识水平,也要围绕具体的社会问题,让学生在参与社会实践的过程中,运用学科知识解决社会问题。以学生取向为德育课程内容选择的取向,则更加关注学生的活动,既要考虑学校内学生开展活动对其参与社会生活的意义,也要考虑学生的社会实践与学科知识学习之间的关联。考虑到目前我国教育课程改革发展的趋势,以学生发展为本为指导,促进学生形成政治学科素养,逐步形成正确的价值观、必备品格和关键能力。

(四)确定课程内容的组织原则

课程内容的组织要体现基础性、先进性和整体性原则。根据2001年教育部关于印发《基础教育课程改革纲要(试行)》,基础性原则指"具有适应终身学习的基础知识、基本技能和方法""课程内容要从终身学习的需要来选择知识,帮助学习者便捷地吸收人类文化资源的精华,最大限度地开发其潜能,以形成适应社会和自身发展所具备的基础知识和基本技能;先进性是指当代的科学技术前沿和社会文化的最新成果,能够在课程中及时地得到反映;整体性要求根据知识的内在联系,合理分布知识,建构知识网络,形成内容广度与深度的整合、知识与情感的整合以及理论与实践的整合"。校本德育课程内容的组织除了要遵循基础性、先进性和整体性的基本原则外,还要以章节、单元或主题等方式来划分和组织,表现为具体的组织形式上是将德育内容按照一定的结构形成排列, 它不仅涉及德育学科课程内部内容之间的组织安排,还涉及德育课程内容与其他学科内容之间的关系。

（五）确定具体的课程内容

根据德育内容的组织原则,确定德育课程的内容。德育课程内容的确立应该充分考虑到社会和学生发展的需要, 一方面尽量从学习者的知识背景和能力水平出发,增强德育内容与学生的现实生活之间的联系,另一方面要处理好基础性、先进性和整体性之间的关系,既要保留人类科学文化中最主要的基础知识,删减那些脱离社会生活实践、脱离时代发展需要的内容,也要针对培养完整的人的目标而整合德育教育内容, 促进学生的道德素质的提升。德育内容要落实立德树人的根本任务,体现思想道德、理想信念和价值观念的先进性,也要尊重学生的认知发展特点和思想道德实际,从学生的社会生活、道德生活、法律生活、政治生活等多个方面选择和组织课程内容,尊重学生的社会生活实际,不断提高学生的公共道德水平和社会参与能力。

第三节　德育课程内容的组织

一、德育课程内容的构成要素

新时代,我国印发了《中小学德育工作指南实施手册》《中小学德育工作指南》等政策文件,围绕着培养责任意识、树立"四个自信"和促进全面发展三个主要目标,我国中小学德育应以理想信念教育、社会主义核心价值观教育、中华优秀传统文化教育、生态文明教育、心理健康教育等为主要内容,对学生开展教育。根据文件的内容,我国当代中小学课程内容包括以下几个主要方面。

(一)理想信念教育

思想政治教育是我国道德教育的传统,新中国成立以来的学校德育都强调学生的思想政治教育。理想信念是学生思想政治教育的重要组成部分,也是培养学生道德素质的保证。对学生进行理想信念教育有助于传承红色基因,培养起对党的政治认同、情感认同和价值认同,树立为共产主义远大理想和中国特色社会主义共同理想而奋斗的信念和信心。理想信念教育主要包括"领会国家发展使命""树立远大奋斗理想"和"坚定社会主义信念"等三个方面,具体表现为"开展马列主义、毛泽东思想学习教育,加强中国特色社会主义理论体系学习教育,引导学生深入学习习近平总书记系列重要讲话精神,领会党中央治国理政新理念新思想新战略。加强中国历史特别是近现代史教育、革命文化教育、中国特色社会主义宣传教育、中国梦主题宣传教育、时事政策教育,引导学生深入了解中国革命史、中国共产党史、改革开放史和社会主义发展史,继承革命传统,传承红色基因,深刻领会实现中华民族伟大复兴是中华民族近代以来最伟大的梦想,培养学生对党的政治认同、情感认同、价值认同,不断树立为共产主义远大理想和中国特色社会主义共同理想而奋斗的信念和信心"。

(二)社会主义核心价值观教育

"社会主义核心价值观体现着整个社会基本的价值取向,是人们普遍遵循的基本价值观念,是最原本、最中心、最具决定意义的价值观。"在中小学阶段继续社会主义核心价值观教育,让学生牢牢把握国家层次的价值目标、社会层面的价值目标和个人层次的价值目标,并将这些价值目标融入各种形式的德育中,有利于培育学生的社会主义核心价值观和健康的精神风貌,为学生的思想和行为指明正确的方向,从而推进社会的和谐文明发展。社会主义核心价值观教育主要包括"把握价值目标""理解价值取向"和"遵守价值准则"三个方面,具体表现为"把社会主义核心价值观融入国民教育全过程,落实到中小学教育教学和管理服务各环节,深入开展爱国主义教育、国情教育、国家安全教育、民族团结教育、法治教育、诚信教育、文明礼仪教育等,引导学生牢牢把握富强、民主、文明、和谐作为国家层面的价值目标,深刻理解自由、平等、公正、法治作为社会层面的价值取向,自觉遵守爱国、敬业、诚信、友善作为公民层面的价值准则,将社会主义核心价值观内化于心、外化于行"。

(三)中华优秀传统文化教育

中华优秀传统文化是中华文明成果根本的创造力,是中华民族历史上道德传承、各种文化思想、精神观念形态的总体。中华优秀传统文化源远流长,积淀着中华民族最深层的精神追求,代表着中华民族独特的精神标识,为中华民族生生不息、发展壮大提供着丰厚的滋养。在中小学教育中进行中华优秀传统文化教育,全面准确地认清中华民族的历史传统、文化积淀和基本国情,认清中国特色社会主义的历史必然性,从而坚定走中国特色社会主义道路、实现中华民族伟大复兴中国梦的理想信念。中华优秀传统文化教育主要包括"家国情怀""社会关爱"和"人格修养"三个方面,具体表现为"开展家国情怀教育、社会关爱教育和人格修养教育,传承发展中华优秀传统文化,大力弘扬核心思想理念、中华传统美德、中华人文精神,引导学生了解中华优秀传统文化的历史渊源、发展脉络、精神内涵,增强文化自觉和文化自信"。

(四)生态文明教育

中国自古就有人与自然和谐相处的传统。近些年,全球生态环境问题频繁出现,维护生态环境成为全球关注的议题。生态文明教育对于个人、社会发展均具有重要的意义。对于个人而言,生态文明教育要培养学生的可持续发展观点,养成良好的生活习惯和健康文明的生活方式。这些内容的设置有助于学生的全面发展和素质的提升。从对社会发展的意义来看,对学生进行生态文明教育,有利于解决生态问题,建设更加美丽和谐的生态环境。生态文明教育是新时代中小学德育中明确提出的重要内容模块,构建和谐共生、良性循环和可持续发展的自然伦理形态已经成为新的德育内容。生态文明教育主要包括"认识生态文明""形成文明的自然观"和"形成健康文明的生活方式"三个方面,具体表现为:"加强节约教育和环境保护教育,开展大气、土地、水、粮食等资源的基本国情教育,帮助学生了解祖国的大好河山和地理地貌,开展节粮节水节电教育活动,推动实行垃圾分类,倡导绿色消费,引导学生树立尊重自然、顺应自然、保护自然的发展理念,养成勤俭节约、低碳环保、自觉劳动的生活习惯,形成健康文明的生活方式。"

(五)心理健康教育

德育教育与心理健康教育一直是相对独立的课程内容。这次德育课程改革中,将心理健康教育纳入中小学德育内容中,体现了对学生心理健康教育的重视。对学生进行心理健康教育,培养他们健全的人格和良好的个性心理品质,有利于促进他们身心健康发展,培养社会责任感、创新精神和实践能力,从而成为德智体美劳全面发展的社会建设者和接班人。因此,心理健康教育的意义已经超出了个人层面,国家和社会的长久发展也需要身心健康发展的人才支撑。心理健康教育主要包括"认识自我与尊重生命""人际交往与情绪调试""升学择业与人生规划"以及"学会学习与适应社会生活"四个方面,具体表现为"开展认识自我、尊重生命、学会学习、人际交往、情绪调适、升学择业、人生规划以及适应社会生活等方面教育,引导学生增强调控心理、自主自助、应对挫折、适应环境的能力,培养学生健全的人格、积极的心态和良好的个性心理品质"。

二、德育课程内容的组织

(一)课程内容的组织的含义

不少学者对课程内容的组织的定义做出界定。江山野指出:课程内容的组织是指将构成教育系统或学校课程的要素,加以安排、联系和排列的方式。课程内容的组织编排是指将构成学校课程的要素,加以安排、排列和联系,以使课程内容之间保持一定的纵向序列和横向联系,为课程实施及教学活动的展开设置好相应的内容的单位和活动进程。张传遂认为,课程内容组织是指在一定的教育价值观的指导下,将所选出的各种课程内容要素妥善地组成课程结构,使各种要素在动态运行的课程结构中产生合力,以便有效地实现课程目标。根据不同研究者对于课程内容组织的定义看出,课程内容组织具有组织性和结构性的特点。

(二)课程内容组织的基本原则

课程论专家泰勒提出了关于课程与教学内容的组织的三个原则:连续性、顺序性和整合性的原则。"连续性是指主要课程要素的直线式重复。顺序性强调将每一后续的经验都建立在先前经验的基础上,且必须更广泛、更深入地探究所涉及的事物。整合性是指课程经验的横向联系,即这些经验会帮助学生逐渐形成统一的观点,并逐渐将自己的行为与所处理的相关要素统一起来。"泰勒对于课程与教学的组织的三个原则对于校本课程的开发具有适应性的,校本德育课程内容可以体现出连续性、顺序性和整合性的原则。

1."垂直组织"和"水平组织"标准

课程组织包括"垂直组织"和"水平组织"两个水平上的标准。所谓垂直的标准是指将各种课程要素按纵向的发展序列组织起来。课程的垂直组织体现为泰勒在课程与教学组织原则中的连续性和顺序性,体现了人的身心发展的阶段序列和学习知识的逻辑演进序列。在课程组织中,连续性与顺序性虽然都体现了一定的序列,但是二者有不同。连续性要将选出的各种课程要素在不同的学习阶段予以重复。顺序性要将选出的课程要素根据学科的逻辑体系和学习者的身心发展阶段,按照由浅入深、由简到繁的顺序组织起来。连续性重在重复和衔接,顺序性重在深度和拓展。例如,在德育课程内容中关于社会关爱的维度,小学低年级、小学中高年级、初中和高中四个阶段的内容表述就不一样。对于中小学来说,学生在社会关爱方面要正确处理个人与他人、个人与社会、个人与自然的关系;形成乐于奉献,热心公益慈善的良好风尚;积极争做高素质、讲文明、有爱心的中国人。在个人与他人、社会的关系方面,小学低年级做到"学会待人接物的基本礼节",小学高年级做到"学会理解他人,懂得感恩",初中阶段做到"乐于奉献,积极参与志愿服务",高中阶段要做到"自觉以中华传统美德律己修身"。这种从低级到高级的发展顺序,体现出知识和能力发展的逻辑性和发展性,体现出由浅入深的顺序。

2.整合性标准

　　课程组织的水平组织是要将各种课程要素按照横向的关系组织起来。因为学生本身的经验原本不是分离的,它不是按照学科的方式存在的,而是学生的经验和生活是一个整体。另外,学科以分门别类的方式存在,可能会导致知识之间的不沟通,缺乏学科之间的联系。无论是基于学生自身经验的整体性,还是从学科知识要相互联系的角度上讲,课程组织的另一个标准就是整合性。整合性是指"针对所选出的各种课程要素,在尊重差异的前提下,找出彼此之间的内在联系,然后整合为一个有机整体"。课程的整合性包括学生经验的整合、学科知识的整合和社会生活的整合。为了体现出课程的整合性,德育内容要增强与学生经验、社会生活以及学科之间的关联,体现课程内容的整合。课程组织的整合越来越成为校本德育课程内容开发的趋势。例如重庆市实验中学围绕"尚善教育"内容,学校整体规划了初中阶段德育内容,构建了相互衔接、层次分明、自成体系、特色鲜明的"尚善教育"德育课程体系。整个课程体系包括基础课程、特色课程、活动课程和拓展课程,分别侧重从知识技能、兴趣动力、素质能力、意志品质四个方面对学生进行培养。三个层次的课程相互补充、相互促进,既体现出校本德育的特色,又能促进学生循序渐进、品格全面的发展。学校根据"尚善教育"开发了"尚善教育文明礼仪"校本教材,通过形体礼仪课,向学生传授文明礼仪常识,培养学生文明礼仪习惯;开发精品特色课程,如古琴演奏课、合唱艺术课、快乐篮球课、书法修炼课、语言艺术课等,满足不同兴趣爱好的学生发挥特长的需要;开发由入学课程、体验课程和励志课程组成的拓展课程,树立学生的生涯规划意识。总而言之,通过这些课程的开设,旨在培养学生善才、善形、善德的"尚善"品格,培养学生善学、善思、善问的学习品质,为学生成就生命之美而奠基。

　　(三)课程内容组织的基本方法

　　1.纵向组织和横向组织

　　"所谓纵向组织,也称序列组织,是指将各种课程要素按照某些准则按纵向的发展序列(即先后顺序)组织起来。一般来说,它是强调学习内容从已知到未知,从具体到抽象。所谓横向组织,是指打破学科界限和传统的知识体系,将各种课程要素按横向关系组织起来。"纵向组织关注的是知识的深度,按照学习内容的先后顺序,由简单到复杂,"不陵节而施",这是比较传统的课程组织形式。横向组织是比较现代的课程组织形式,它顺应了20世纪60年代以后的自然科学和社会科学融合的趋势,更加关注课程内容的广度而非深度,关注知识的应用而非知识形式。通过这样的课程组织,帮助学生整合经验,尊重他们经验的完整性,关注学习对于学习者本身的意义。

在德育校内课程的组织中,采取纵向组织和横向组织相结合的方式,既能反映客观世界的真实性,又能反映客观世界的整体性;既能照顾到知识的深度又能照顾到知识的广度。

2.逻辑顺序和心理顺序

在课程组织中,逻辑顺序和心理顺序也是一对很重要的关系。逻辑结构是指根据学科本身的系统和内在的联系来组织课程与教学的内容,强调学科本身的逻辑顺序。心理顺序是指按照学生心理发展的特点来组织课程内容,强调依据学习者的认知规律以及他们的兴趣、需要和能力安排课程内容。按照逻辑顺序进行课程内容的排列,尊重了学科内容本身的知识逻辑。但是将知识放到课程知识的中心,也容易忽略学习者本身的心理发展顺序。按照心理顺序来组织课程内容,能够考虑到学习者本身的身心发展规律,尊重他们的兴趣、爱好、需要和经验,将学习者放到课程学习活动的中心。学科组织的逻辑顺序和心理顺序各有利弊,在德育课程组织时,要做到逻辑顺序和心理顺序的统一。既要按照学科的逻辑体系进行课程内容的组织,又要考虑到学习者自身的心理发展顺序,使课程内容的组织既有利于学科知识的专业性和系统性的传授,又有利于学生认知特点和心理发展顺序等。对于校本德育课程内容的组织来说,按照德育课程标准的基础上,要考虑学校的师生特点,课程内容本身要留出更多的弹性空间,让学生在体验中学习,在实践中学习。

3.直线式和螺旋式

"所谓直线式课程是将一门学科的内容按照逻辑体系组织起来,其前后内容基本上不重复。所谓螺旋式课程,是在不同学习阶段重复呈现特定的学科内容,同时利用学生日益增长的心理的成熟性,使学科内容不断拓展与加深。"直线式课程组织的形式优点是能够很好地反映学科的知识逻辑结构,能够避免课程内容不必要的重复,其缺点是不能够很好地反映出学生的认知心理发展的特点,不能够及时地将最新的科学研究成果反映到学科内容中。螺旋式课程的优点是能够较好地考虑学生的认知心理发展的顺序,能够帮助学生循序渐进地学习知识,使学生获得深刻的经验。但缺点是容易造成学科内容的不必要的重复,造成学科内容的臃肿。直线式课程和螺旋式课程相互独立,具有不同的适应性。螺旋式课程的组织比直线式课程更加复杂、难度更大,它不仅要反映学科知识的逻辑体系,还要考虑学生的心理逻辑。德育校本课程内容的组织要保持直线编排的基础上,恰当地融入螺旋式的课程要素和知觉思维要素,形成直线前进与螺旋上升的优化编排体系。

第四节　校本德育课程内容的开发模式与策略

校本课程是对国家和地方课程在许可范围中的补充、提升和发展,是满足多元化人才培养需要和学校特色发展的需要,具有灵活性和特色性的特点。相比于国家课程和地方课程,校本课程内容的开发更注重学校自身的特色,更加关注学校师生的特殊性。校本德育课程内容是要在遵守国家课程大纲的基础上,融入学校自身的特色,使课程内容更符合学校师生发展的需要。

一、德育课程内容开发的模式

德育校本课程资源开发是指在一定的理论指导下,形成相对稳定的、系统化和理论化的开发模型。根据校本德育课程的开发主体,可以分为以下几种开发模式。

（一）合作开发

根据合作的主体不同,可以分为校际合作开发、专家与学校合作开发、研究机构与学校联合开发等几个方式。

1.校际合作开发模式

校本课程的校际开发是指至少两个学校共同参与校本课程开发的方式。由于学校之间存在着差异性、不均衡性和独特性,校际合作开发校本课程需要两个及以上学校相互配合,各自发挥优势、合理分工。

按照合作学校的不同,又可以分为不同的类型。一是两种或两种以上不同性质的学校之间的校本德育课程的合作开发,例如普通学校与职业学校之间的校本德育开发。在普职融通的背景下,普通高中和职业高中可以发挥各自的资源优势,开发出满足高中生多样化发展的德育课程内容体系。二是优势学校与相对薄弱学校之间的合作开发。在集团化办学、联盟校发展的背景下，至少两所学校结成同盟，共同开发校本德育课程，促进学校优质资源的共享，以优势学校带动薄弱学校。这种校本德育课程内容开发方式，要考虑到课程实施的可能性。例如薄弱学校具有丰富的耕读文化资源，而另一所学校具有丰厚的科技底蕴，在校本德育开发时，可以相互发挥优势，互通有无，实现校本德育课程内容的相互借鉴。三是实力相当的学校之间的合作。这些学校有可能都是优势学校，有可能学校发展水平处于中游，又可能都是薄弱学校。这类校本德育课程资源开发要考虑到学校之间的相似性和差异性，使校本德育课程能够反映同质学校的一般水平，又突出各自的资源优势和特色。

德育校本课程的校际合作开发方式中，还有一种是学校的教师没有直接参与课程的开发，而是两个及两所以上的学校共同委托或资助第三方开发课程，然后实现课程的共享。也就是说，学校之间是共同出资的合作。另一种学校合作开发校本课程的模式是交叉合并式，它是指在合作方式上，校际合作开发校本课程可以相互借鉴、取长补短，按照德育校本课程的开发大纲分成几个部分，由几个学校合作完成，每个学校选择最近课程研发团队最擅长的部分，将校本德育课程内容交叉合并完成。

2.专家与学校合作开发

在校本德育课程内容开发时，有些学校自身的教师课程开发能力不强，可以寻找专家的支持和帮助。课程开发专家具有丰富的课程开发的基本理论、课程开发流程以及相关学科等方面的专业知识，他们能够为学校进行校本课程开发提供理论指导。专家介入学校德育课程开发不是让专家独自完成课程内容的开发，而是要指导学校教师完成校本课程开发。专家对德育课程内容的价值取向、内容体系、组织方式等提供专业的视角，使校本德育课程内容更具科学性、系统性和逻辑性。学校课程开发团队的教师们经过专家的指导、修改和实践，不断地提高课程开发的能力。虽然专家在学科本身的逻辑结构上、课程开发的基本理论上具有丰富的经验，但是他们对学校和师生的情况的了解远不如学校的教师，因此，专家与学校合作开发，还需要学校教师的参与和支持。

3.研究机构与学校联合开发

研究机构具有比较完整的开发团队和比较强的课程开发能力，在完成较大规模和较高难度的课程开发任务时具有比较优势。研究机构可以为学校进行全方位的资源诊断,根据学校环境、师生特点、传统特色等进行系统的德育课程资源开发。除专门进行课程开发的专家团队外,学校也可以与一些专业的学术科研团队进行合作。例如,学校开发科技主题的课程时,涉及新能源及其环境保护等方面的专业知识,学校可以与相关专家团队或研究机构合作,保证相关的课程内容的科学性。

(二)以教师为主的开发

通常情况下,教师在校本课程开发中处于主体的地位,以教师为主的校本课程开发是常见的校本课程开发方式。教师不仅是校本课程实施的主体,也是校内课程开发的主体,他们是校本课程开发的重要力量。以教师为主的校本课程开发模式,要求教师根据学校和学生的特点,依据课程标准和课程教学目标,结合学校、学生等特点,实施校本德育课程的开发。其优势是教师熟悉学生、教育内容、学校传统等,参与课程开发的教师相互较为了解,能形成较好的合作共事关系,而劣势则是对于课程开发的专业理论可能不足。

(三)师生共同开发

师生共同开发德育课程的方式在我国德育内容开发时并不太常见,它来源于"学生也是课程的开发者"的理念。按照古德莱德的课程层次理论,课程可以分为理想的课程、正式的课程、领悟的课程、运作的课程和经验的课程等五个层次的形态。第五个层次是学生经验的课程,它强调学生在课程中的经验。师生共同开发德育校本课程位于古德莱德课程层次的第四和第五层,即运作的课程和经验的课程,强调课堂教学中的生成性和学生的经验性。师生共同开发的德育课程内容多以活动课程的形式出现,关注课程教学的动态性和生成性。它不同于以往学科课程以教科书或其他外显的方式存在的、先于课堂教学的内容载体形式,而是将德育课程内容的范围扩大到生成的课程内容。

二、校本德育内容开发的策略

(一)立足学校周边资源开发

学校在进行校本德育课程开发时,要充分认识和开发学校的资源,包括自然资源、社会资源和文化资源,使学生在耳熟能详、亲眼所见的生活情境中获得真实体验。一是挖掘自然资源,开发校本德育内容。从学校周边的自然环境中寻找资源,让学生在家乡河山中感受生态环境,培养热爱家乡、热爱祖国等情感。二是挖掘社会资源,特别是社区资源,开发校本德育内容。学校的社会资源不仅包括周边的社区、工厂、图书馆等场馆所等物理资源,也包括人的资源,例如家长资源、非遗传人、能工巧匠、革命先烈及后人等。利用好这些资源进行校本德育内容开发,可以达到事半功倍的效果。例如四川外国语大学附属小学临近红岩革命纪念馆、渣滓洞、白公馆等红色教育基地,学校可以开发爱国主义题材相关的德育校本课程,使学生们在追忆革命先烈活动中,体会新中国成立的不易和革命先烈的爱国情怀,培养学生的爱国主义精神。三是重视文化资源,开发校本德育内容。文化资源是抽象的、精神性和象征性的,有些也有物质的形态。学校应当充分寻找社会优秀文化资源开展教育。例如,重庆的石联村、东岩古寨、上祠村具有丰富的耕读文化资源,学校可以将其纳入到校本德育内容中。

(二)立足学校内部资源开发

学校进行校本德育课程开发,除了挖掘外部资源外,还可以向内挖掘学校内部资源。从学校自身的传统、办学理念、教师的能力和学生的需求等方面进行多方面开发。

一是从学校的办学历史、办学理念中寻找德育课程内容。例如,重庆全善学校就是从学校的历史底蕴出发,在分析校情的基础上,构建了"尚善"的德育特色。"全善学校位于长江之滨,巍巍云篆山下,其前身是 20 世纪巴县开明乡绅集资兴建的全善学堂,捐资办学乃流芳善举,故取名为'全善学堂',后更名为全善学校。基于全善学校发展的历史沿革,学校从善的本质出发,构建了'尚善'德育特色。这一德育特色的构建正与校名、校史以及全善学校一直秉承的教育理念相契合。'用优秀传统文化作学生生命的底色'的德育理念和'让每一个学生适应时代发展'的教育哲学,更能彰显全善师生在学习生活、为人处世等方面的价值取向和品格追求。围绕'尚善教育'内容,学校构建'尚善教育'德育课程体系。"

二是结合办学理念进行校本德育课程内容开发。例如,重庆市第九十五初级中学校,秉承"立己立人、尽善尽美"的办学理念,以"领舞重庆初中教育"为发展愿景,提出"善美立人"的德育思路,确立"康雅之体、智慧之思、多艺之才、仁爱之心"四大立人支柱,通过校园环境育人化、班级建设特色化、主题班会体系化、导向激励制度化、社团活动多彩化、体艺活动品质化、主题教育仪式化、实践活动创新化、传统文化经典化这九条路径来开展德育工作。再如,在"与学生脉搏一起律动"办学理念的引领下,重庆市巴蜀小学将"节假日序列化"引入巴蜀德育课程体系,利用"中国传统节日""二十四节气""寒暑假生活实践周""四季课程""国家法定节日"等机会(从"根植中华""放眼世界""闪耀巴蜀"三个维度,立足"传统节日""主题节日""四季节日"三种节假日),因地制宜,因时制宜,充分引入家长资源、社区资源、社会资源,开发校本德育课程内容。

三是根据学校教师的能力和特长来开展特色德育。例如,某教师是全国的道德模范,那么学校可以挖掘该教师身上的品格教育的因素,对学生开展教育。

四是学生群体也是德育课程的资源,可以挖掘学生的优秀品质、优秀事迹做成校本德育课程,以学生的人和事教育学生,通过榜样的力量发挥育人的价值。学生的需求也是校本德育课程开发要体现的,通过摸底排查,了解学生的性格特点、家庭特征、群体特征、兴趣需求等,开发学生喜闻乐见的课程内容,体现出时代性的特征,可以激发学生的学习兴趣,提高德育的实效性。

(三)立足于教育新理念开发

校本德育课程内容可以从教育新理念的角度进行开发。例如,随着生活德育的提出,生活德育成为学校德育课程开发的理论依据。生活德育理论要直面儿童成长与生活中的问题,以满足他们道德成长和幸福生活的需要为核心,使德育回归"成人之学",成为教育领域的"人道主义"。在生活德育理论的指导下,学校的德育内容应当更加贴近学生的生活,在生活情境中培养道德,它反对将德育内容知识化,不能将道德教育看做记忆背诵的知识,而是需要进行道德实践的活动。学校进行校本课程内容开发时,以这种理念为指导,就会关注学生和生活,而非片面地强调学科知识。再如,目前全球很多国家确立了学生的核心素养内容,培养学生核心素养已经成为目前国家课程与教学改革的趋势。学校可以根据学生核心素养的基本要素,结合学校自身的特点进行综合开发。我国学生的核心素养以培养"全面发展的人"为核心,分为文化基础、自主发展、社会参与三个方面,综合表现为人文底蕴、科学精神、学会学习、健康生活、责任担当、实践创新等六大素养,具体细化为国家认同等 18 个基本要点。学校在进行校本德育课程开发时,可以将核心素养的内容融入整合到德育课程内容中。

（四）着眼于校本德育课程内容的整合

校本德育课程内容的开发可以通过相关课程资源的整合，实现德育课程在学校多层次、多方式的渗透。校本课程内容统整是学校进行校本德育开发的一种形式，就是将道德与法治的学科内容与学校的其他相关内容相结合，实现德育课程内容在学科教学、综合实践活动等方面的渗透和整合。具体做法是：学校结合校本德育课程的目标与内容，进行《道德与法治》教材解读，梳理出与之相关的学习内容。在此基础上统整教学内容与活动形式，把校本德育课程中各类零散、没有层递性的德育活动整理出来。通过两种形式的统整，一是校本德育课程开发和道德与法治学科的统整，二是校本德育课程开发与班队活动的统整。重庆市渝中区人和街小学校为贯彻落实党中央、国务院关于"立德树人"根本任务的相关精神，认真执行教育部关于德育工作的若干要求，学校以"德"为基、以"和"为纲、以"融"为线，构建了人和课程体系，提出了"和德、和健、和雅、和理、和美、和融"的"人和六质"课程群概念。其中，和德课程就是落实德育工作的主要载体。"和德"课程是以"道德与法治"国家课程为核心，结合朝会、少先队活动、心理健康教育等课程，以学生生活为基础，以社会主义核心价值观为引领，促进学生社会性发展的综合课程。围绕着"和德"进行责任教育的校本课程开发，从"对自我的责任、对他人的责任、对集体的责任、对家庭的责任、对社会的责任、对国家的责任"六个方面规划课程内容。（见后文案例展示）

学校在实施德育课程内容时，可以根据学校的具体情况，对中小学的所有德育课程内容进行重新建构。例如，重庆市人民小学分析中小学德育的五个板块的内容，将其归纳为发展儿童的自然属性和社会属性两个方面，其中儿童的自然属性表现为"好奇"和"勇敢"，社会属性的发展表现为"责任"和"荣耀"。围绕着这两大方面，人民小学构建了基于尊重儿童身心发展的德育课程体系，"围绕'好奇'和'勇敢'，着眼学生自然属性的成长与发展，人民小学以'勇气课程群艺趣课程群''好物趣玩课程群'，贯穿身心健康、审美情趣以及追求真理和敢于创新等德育课程目标，构建起学校的'童年课程系统'。围绕'责任'和'荣耀'，着眼学生社会属性的发展与健全，人民小学以'劳动课程群''行走课程群''关乎于课程群''暖心日课程''放眼周课程群'和'礼仪课程群'，贯穿热爱劳动、触摸世界与尊重生命、人文底蕴、社会责任、国家认同与国际理解、道德修养等德育课程目标，构建起学校的'成长课程系统'"。

☆案例一　重庆市巴南小学

1.课程主题

绘本德育课程从学生的生活实际出发,根据其身心发展规律,将教材资源库中的绘本按照其内容的不同分为六大主题:行为习惯、人际交往、安全教育、关注自然、情绪管理、追寻梦想。

2.课时计划

每个主题在每个年级都有涉及,但因年级特点的不同,每个主题在不同年级的分布上有所差异。具体课时计划如下。

表2-1　"绘本德育"课程内容安排表

年级	学期总课时	行为习惯	人际交往	安全教育	关注自然	情绪管理	追求梦想	其他活动
一(上)	13	4	2	2	1	2	1	1
一(上)	13	4	2	2	1	2	1	1
二(上)	13	2	4	2	2	1	1	1
二(下)	13	2	4	2	2	1	1	1
三(上)	13	2	1	4	2	2	1	1
三(下)	13	2	1	4	2	2	1	1
四(上)	13	1	2	1	4	2	2	1
四(下)	13	1	2	1	4	2	2	1
五(上)	13	1	2	1	2	4	2	1
五(下)	13	1	2	1	2	4	2	1
六(上)	11	1	1	1	1	2	4	1
六(下)	11	1	1	1	1	2	4	1
总计	152	22	24	22	24	26	22	12

3.具体内容

教学内容上,按照绘本教材特点和学生年段特点,以六大主题为基础,由不同的教师进行授课。同时,每学期安排了适合学生的实践活动,重视课内课外的有机结合。具体内容安排如下。

表2-2　绘本德育课程书目(一年级)

主题	一(上)教学内容	课时	一(下)教学内容	课时
行为习惯	《是谁嗯嗯在我的头上》	2	《鳄鱼怕怕,牙医怕怕》	2
	《我爱洗澡》	2	《肚子里有个火车站》	2
人际交往	《艾薇的礼物》	2	《月亮的味道》	2
安全教育	《小马坐汽车》	2	《红绿灯眨眼睛》	2
关注自然	《午夜》	1	《影子》	1
情绪管理	《我变成一只喷火龙了!》	2	《生气的亚瑟》	2
追求梦想	《鼠小弟,长大以后做什么?》	1	《长颈鹿不会跳舞》	1
其他活动	阅读打卡	1	阅读打卡	1

表2-3　绘本德育课程书目(二年级)

主题	二(上)教学内容	课时	二(下)教学内容	课时
行为习惯	《第一次自己睡觉》	2	《根本就不脏嘛》	2
人际交往	《左左和右右》	2	《坏脾气的格拉夫》	2
	《不是那样,是这样的!》	2	《公鸡的新邻居》	2
安全教育	《请问一下,踩得到底吗?》	2	《门》	2
关注自然	《叶子》	2	《森林》	2
情绪管理	《床底下的怪物》	1	《我的大喊大叫的一天》	1
追求梦想	《谁说乌鸦不会唱歌》	1	《大脚丫学芭蕾》	1
其他活动	亲子悦读	1	亲子悦读	1

表2-4　绘本德育课程书目(三年级)

主题	三(上)教学内容	课时	三(下)教学内容	课时
行为习惯	《牙齿大街的新鲜事》	2	《我绝对绝对不吃番茄》	2
人际交往	《小羊和蝴蝶》	1	《蚕豆大哥和长豆角》	1
安全教育	《我的安全养成书》	2	《别想欺负我》	2
	《在这里玩安全吗》	2	《我不跟你走》	2
关注自然	《勇敢的叶子》	2	《这片草地真美丽》	2
情绪管理	《一个黑黑,黑黑的故事》	2	《魔奇魔奇树》	2
追求梦想	《我要高飞》	1	《达芬奇想飞》	1
其他活动	绘演活动	1	绘演活动	1

表2-5　绘本德育课程书目(四年级)

主题	四(上)教学内容	课时	四(下)教学内容	课时
行为习惯	《图书馆狮子》	1	《晚安，大猩猩》	1
人际交往	《彩虹色的花》	2	《蚂蚁和西瓜》	2
安全教育	《不要随便摸我》	1	《不要随便亲我》	1
关注自然	《小云彩》	2	《我们的世界》	2
	《风喜欢和我玩》	2	《植物是阳光猎人》	2
情绪管理	《雷公糕》	2	《野兽国》	2
追求梦想	《想飞的翅膀》	2	《阿利的红斗篷》	2
其他活动	创编诗集	1	创编诗集	1

表2-6　绘本德育课程书目(五年级)

主题	五(上)教学内容	课时	五(下)教学内容	课时
行为习惯	《肚子里有个便便国》	1	《玩具太多了》	1
人际交往	《忘了说我爱你》	2	《小西有棵外婆树》	2
安全教育	《聪明的小猴》	1	《对待陌生人》	1
关注自然	《有一天，他们不见了》	2	《花婆婆》	2
情绪管理	《我的情绪小怪兽》	2	《我的感觉》	2
	《气呼呼帽子》	2	《生气汤》	2
追求梦想	《胡萝卜种子》	2	《遮月亮的人》	2
其他活动	创绘实践活动	1	混龄帮扶(讲故事)	1

表2-7　绘本德育课程书目(六年级)

主题	六(上)教学内容	课时	六(下)教学内容	课时
行为习惯	《阿文的小毯子》	1	《蜗牛的长腿》	1
人际交往	《警官巴克尔和警犬葛芮雅》	1	《我有友情要出租》	1
安全教育	《蜘蛛和苍蝇》	1	《小狗卫兵》	1
关注自然	《花城》	1	《再见，小树林》	1
情绪管理	《敌人派》	2	《谁是第一名》	2
追求梦想	《小火龙找工作》	2	《天空在脚下》	2
	《鞋子里的盐》	2	《爱玛的乌龟》	2
其他活动	绘本创作	1	绘本创作	1

(1)建立绘本资源库

目前市面上的绘本数量多，种类多，为了更好地帮助家长和学生选择适合的绘本，学校组织道德与法治、语文、科学、美术等学科的教师，在学校教导处的组织下，根据六个年段的六大主题来选择绘本教材。首先，做好前期准备工作，以六个大主题为基础，将教师分为六个小组。发布相关任务；其次，要求教师利用网络资源搜索，并阅读相关书籍，对绘本进行深入研究了解，扩大绘本的阅读量。然后，通过阅读、筛选、整理完成了已出版绘本的资源库，为教师教学提供基础。最后，本着"求质不求量"的原则，每个主题分别选择了 10 本左右的精选教材，梳理出每本书目的关键词，教材内容丰富，作者的涵盖面十分广，呈现出多元文化。在使用上，教师从学生实际出发，从资源库中自主选取教材来进行教学，真正做到因材施教。部分未被教师选取的教材，将发给家长，作为课外阅读的推荐书目，达到课内外的结合。

(2)开发个性绘本

巴南小学作为一所以区名来命名的公立学校，地处巴南文化中心，毗邻巴文化公园、巴南文化馆、巴南博物馆，不管是从区域文化还是巴南人民的托付，都有责任和义务来传承和弘扬巴文化和民族精神。巴南承载三千多年的厚重历史人文，形成了山水文化、农耕文化、民俗文化、商旅文化等诸多文化形态，也有"三过家门而不入"的大禹，宁献头颅不舍城的巴蔓子将军，固守钓鱼城独钓中原三十六春的余玠，"革命军中马前卒"邹容等大贤高德和仁人志士，还孕育了冯时行、刘春等一大批文化名人。依托这样的特色资源和优质文化，在借助大量优秀的作品丰富课程教学以外，学校教研团队还积极开发了个性十足的教学资源。英语、语文、美术教研团队群策群力，开发了《巴蔓子将军》绘本故事，以此作为资源讲述巴国故事，传承巴文化，让学生更加直观地感知巴文化，弘扬巴人精神。

(3)巧用网络资源

除了纸质绘本书籍教材以外，学校积极利用网络资源，收集整理了大量数字绘本。一是电子绘本。利用网络途径，收集了很多电子绘本，更加方便快捷。2020 年新冠疫情防控期间，我校遵循教委"停课不停学"的要求，运用网络电子绘本为德育工作的开展提供了很大的便利。二是有声绘本。利用喜马拉雅 APP、央视推出的"云APP"，既减轻了家长的负担，在保护学生视力的同时，又让学生的道德认知和情感得到提升。三是视频资源。为了激发学生兴趣，让低年级学生感受动态绘本，完成了一部分绘本视频资源,让声、画、文有机结合,实现统一。在使用上,网络资源作为教学的辅助,多用于课堂的展示、导入激趣,同时也方便了家长。

☆案例二 重庆市北碚区朝阳小学

家国教育之"五爱"系列课程以"家国情"为目标,以"爱家、爱校、爱乡、爱国、爱党"为路径,通过课程去浸润、去培养具有家国情怀、责任担当、创新精神和实践能力的优秀公民。

《五爱课程》分《家训风尚》《金色朝阳》《碚城故里》《胸怀祖国》《童心向党》五个单元,爱家扬风尚、爱校添光彩、爱乡展荣耀、爱国育情怀、爱党立信仰。通过课程实施情怀育人,加大情感共鸣,培育文化自信和民族自豪感。

第一单元 "爱家庭"主题课程

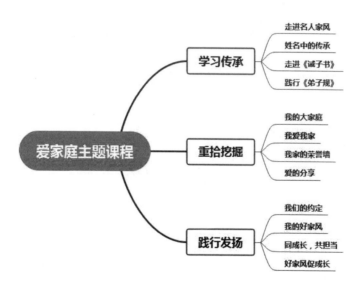

爱家庭主题课程示意图

朝阳小学通过深入挖掘、整合家庭优质教育资源,建立起了"学校引导、家庭互动、家校共育"的学校德育新格局。学校从"学习·传承""重拾·挖掘""践行·发扬"三个层次,针对不同年段的孩子进行广泛搜集优秀家风家训案例、书籍,以各种丰富多彩、形式创新的家风家训活动,精选教育内容,组织学生从中汲取精华。

在家庭中,引导家长了解如何去挖掘和制定自己家庭中优秀的精神品质,形成家风家训,并将优秀的家风家训案例整理形成案例集,以引领更多的家庭学习。其次,学校还为家庭提供活动方案,指导家长在家庭开展家风建设活动,引领家长以身作则,与孩子共同遵循,将优良家风全面发扬。

第二单元 "爱学校"主题课程

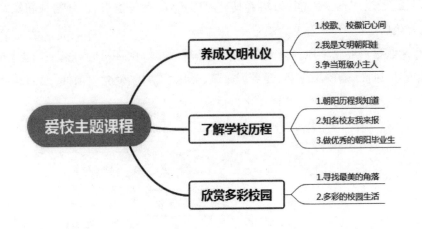

爱学校主题课程示意图

这一主题,共分为三个板块。第一板块是"养成文明礼仪",将常规训练常态化,餐桌节约、文明有礼、自护守规、劳动光荣等系列教育在每天的常规检查,每周的五星评比,每月的主题教育中落实、评价、推优。学校的各类活动,将爱校教育融入其中,如在一年级的爱校教育课程中,将养成教育、爱校教育及学科知识融入"节日"中。开发了"走走节""朋友节""文具节""水果节""植物节"等"节日"课程。在"过节"中训练礼仪、习惯,并随机整合学科知识,让学生在玩中无意识地学习知识、训练规则、爱上学校。幼小有效衔接,浸润爱校、爱班、爱同伴的情感。第二板块是"了解学校历程",通过校徽、校训、校歌等载体,营造底蕴深厚的校园文化。制作带有学校视觉识别载体的服装、纪念徽章等识别载体,直观形象。通过组织参观校史馆、进行校史介绍,帮助学生了解学校的辉煌历史与光荣传统,加深对学校的热爱之情;通过各种宣传媒体向学生展示学校在教学、科研等方面所取得的成果和荣誉,增强学生的学校荣誉感和自豪感;通过举办校友讲座、校友访谈等活动,使在校学生切身感受到校友们爱国爱校的赤子之心和浓厚的母校情结,为在校学生树立良好的榜样。第三板块是"欣赏多彩校园",明丽的校园环境让学生们享受其中,寻找校园里最美的角落,拉紧了心的距离。参与多彩的校园活动,培养小主人翁意识,增强集体荣誉感,让每个朝阳学子都能绽放光彩。

三单元　"爱家乡"主题课程

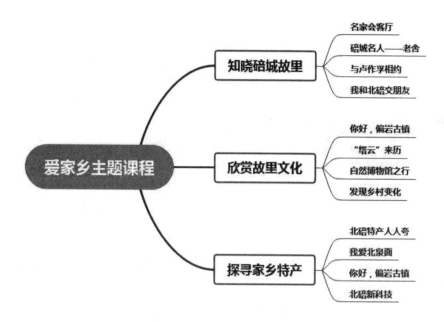

爱家乡主题课程示意图

爱家乡教育课程主要分为三个板块:知晓碚城历史、欣赏故里山水、探寻家乡特产系列活动课程。知晓碚城历史课程,主要以年级为单位,开设专门的活动基地,并结合学生的年龄特点和认知特点,分别开展名家会客厅、碚城名人老舍、与卢作孚爷爷相遇等主题德育活动。欣赏故里山水课程,主要结合学校的研学课程,根据不同学段学生的年龄特点,围绕不同的研学主题开展活动。"你好!偏岩古镇"活动课程,通过走近古镇,了解古镇文化,学习传统工艺品的制作,从而热爱家乡的传统文化。"金刀峡探险"活动课程,通过亲身体验,感知大自然的鬼斧神工,产生热爱自己家乡的自豪之感。"缙云之约"系列活动课程以"亲近缙云山"为主题,组织学生开展了解缙云山的动植物种类、制作植物标本、缙云山登山等活动,引领学生了解大自然、亲近大自然、热爱大自然。"探寻家乡特产"系列活动课程,通过开展家乡特产品尝会综合性学习活动、我爱北泉面主题班会和走近槽上萝卜研学活动,让学生通过分享、品尝、体验,感受家乡的美食,增强对家乡的自豪感。

四单元 "爱祖国"主题课程

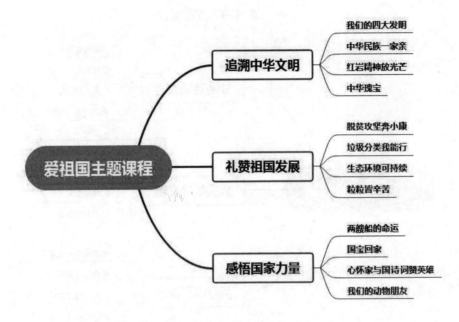

爱祖国主题课程示意图

"爱祖国"主题课程主要围绕"追溯中华文明""礼赞祖国发展""感悟国家力量"三个目标设计和实施课程与主题活动。开展了以"家国文化"为核心,"政治时事"为切入点的"我的家,我的国"系列活动,引领学生立强国之志,尽爱国之责,做时代的追梦人;围绕传统文化开展了"曲艺·雅韵""相约中国节""农耕文化""小神农识百草"等为主题的课程整合周,培养学生的民族自豪感和综合实践创新能力;疫情期间,开展了"我身在家、我心向国"德育主题活动,让突如其来的灾难成为教育资源,将灾难的危害及人民的抗争作为课程,给孩子们上一堂生命大课、生活大课、成长大课,引导学生关注社会、敬畏自然、学习榜样、坚定信念,厚植家国情怀。除此之外,我们结合校本读本《"五爱"课程读本》,实施了《我们的四大发明》《我们的动物国宝》《中华民族一家亲》《国宝回家》《红岩精神放光芒》《脱贫攻坚奔小康》等主题课程的学习和探讨。

五单元 "爱党"主题课程

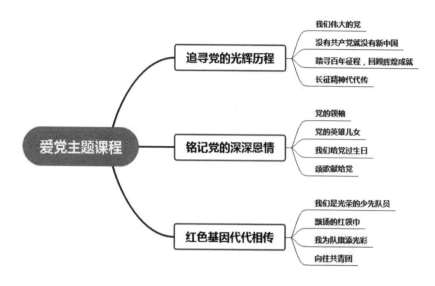

爱党主题课程示意图

"爱党"主题课程主要围绕"追寻党的光辉历程""铭记党的深深恩情""红色基因代代相传"三个目标设计和实施课程与主题活动。开展了以庆祝中国共产党100周年为切入点的"红色基因代代传,同心向党迎华诞"系列活动,从主题升旗仪式、主题班会中追寻党的历程,用红色的历史激励学生从小立志,身体力行,用实际行动为党百岁华诞献礼;"妙笔童心赞英雄"主题活动,学生们用画笔书写描绘古今中华诗词宝库中的无数英雄人物,传唱经典,致敬英雄。开展"沉浸式学习党史,踏寻党的百年征程"主题活动,"学党史 知党恩"庆祝建党100周年党史知识竞赛,"唱支山歌给党听"庆祝建党100周年合唱展演。让学生们在一次次经典诗文朗读中,在一幕幕历史场景体验中,传承红色基因,发扬长征精神;养成文明习惯,争做时代新人;身心兼修,成人成材,坚定信念,通过深入了解、学习中国共产党自诞生以来领导中国人民为了实现中国梦的探索史、奋斗史、创业史和发展史,学习先行者们从实践经验中提炼出来的立国、兴国智慧。

课程资源开发与利用

"五爱"课程资源的开发,我们遵循开放性、针对性、实用性、个性等原则,以"课程实施情怀育人"为目的,深入挖掘和整合各类资源,以"挖掘家庭教育资源""整合场馆名家资源""融合网络信息资源"为途径来进行课程资源的开发和利用。构建了凸显校本特色的育情、立德课程群。

1.挖掘家庭教育资源,建立"学校引导、家庭互动、家校共育"的学校德育新格局

家长是孩子的第一任老师,也是学生的学习同伴。一直以来,学校重视与家庭的合作,与家长一起构建教育命运共同体。家长们的工作形形色色,各类资源丰富多彩,每个家庭的教育理念、管理方法也各有不同。有效开发家庭资源,才能让学校,家长、学生共同成长和进步。

家风家训是我国传统文化和传统教育的重要组成部分,良好的家风家训是一种无言的声音、无字的典籍,能够潜移默化地影响孩子的心灵与品格养成,对于优化当前学校德育教育,落实立德树人根本任务具有重要作用。

朝阳小学校深入挖掘、整合家庭优质教育资源,让家训文化走进家庭,规范行为,纯化风尚。"学校—家庭—社区"三点连线,多空间,多主体立德树人。从"学习·传承""重拾·挖掘""践行·发扬"三个层次,分年段、分主题创编《家国教育课程之五爱读本》。从内容、目标、方法上由浅入深。低段:阅读名人家训,和家长一起了解自己家庭中传承下来的家训。中段:弘扬家传的家训文化,在家庭里缺失的品德、习惯中提炼家训。全家共同诠释家训内涵,通过歌曲演唱、诗朗诵等形式展示我家的家训。制定家训文化落地的《家训亲子公约》。高段:家长、学生、教师共同讲述家训成长故事,以生动的形式展示家训文化影响下的成果。每个家庭签订《家训行动公约》,促进家庭成员共同遵守规则,家校协同,合作共育。以各种丰富多彩、形式创新的家风家训活动,精选教育内容,组织学生从中汲取精华。

在家庭中,引导家长了解如何去挖掘和制定自己家庭中优秀的精神品质,形成家风家训,并将优秀的家风家训案例整理形成案例集,以引领更多的家庭学习。其次,学校还为家庭提供活动方案,利用爸爸妈妈讲堂展示优秀案例,指导家长在家庭开展家风建设活动,引领家长以身作则,与孩子共同遵循,将优良家风全面发扬。

真正使家训课程落地生根,形成"家校共育"的学校德育新格局。

2.整合场馆名家资源,拓展"家、校、场馆、大自然立体化"的育人空间

传统德育课程仅限于学校、书本、课堂,学生学习空间窄化。未能整合学校、场馆、专家名人等各方面资源,学习空间有待进行开放、立体的整体构建。我们必须拓展育人空间,形成家、校、场馆、大自然构成立体学习空间,让学生们在玩中学、探究中学。将课程内容与现实生活充分联系,在真实场景中真实学习。

开发了基于国家课程的跨学科整合研学周课程,将学科知识与校外研学相整合,带着教科书领着学生到大自然、场馆、社区等地去"旅行"。

(1)年级基地主题研学课程。充分利用市内外、国内外基地开展研学旅行。聚焦学生真实问题,综合运用学科知识解决问题。分年级分时段,全员参与,形成了序列化德育基地教育体系,更赋予传统教育活动层次性和生动性。如二年级的教育基地为"作孚园",参观作孚园、红楼,观看录像片,了解家乡历史,"数家乡的新楼房"等丰富多彩的活动,给学生进行了生动的爱我北碚的教育;五年级教育基地为"歌乐山红岩烈士纪念馆",观看"红岩魂"形象报告会录像,在"11·27"纪念日前后祭扫红岩烈士墓,组织开展征文活动,掀起了"学英烈,见行动"的热潮,对学生进行革命传统教育。

(2)学科整合式主题研学课程。在国家及课程中拓展出一个主题,融合多个学科进行校内外跨学科课程整合研学旅行。升华国家课程的学习,弥补在校内学习中时间有限,问题没有充分解决、知识还需在实践中运用和检验等问题,带着问题到大自然、场馆、社区、工厂等实践场地进一步深化学习,并运用学科知识、方法综合解决疑惑、问题。目前已开发出了15个跨学科主题研学课程。在整合周中,各个学科围绕同一主题开展教学活动,并用一到两天的时间,到研学基地开展校外实践。如农耕文化主题,我们走进农博园,让学生体验劳动;大自然的声音主题,到缙云山植物保护基地和护林专家对话,感受大自然的美妙;海洋馆主题、动物园主题,走进场馆和动物互动,享受和谐之美等。

开发了以"爱国"为主题的运动会开幕式系列活动,浸润家国情怀,培育民族自豪感,让运动会也成了育人育德课堂。2016年"大美重庆,魅力山城"、2017年"大美民族,多彩文化"和2018年"大美中国,山河秀丽"开幕式活动中,一个班代言一个省市、一个区县、一个民族,充分展示祖国美、家乡美、民族美。

学科知识与生活实践有机融合,引导学生带着教材到大自然、场馆、社区等校外场地旅行,是为学生的学习提供真实场景,让学习真实发生。它能拓展学生学习视野,丰富学习资源,让学生爱学、会学、学会。整合场馆名家资源,拓展"家、校、场馆、大自然立体化"的育人空间,让跨学科学习成为现实。

3.融合网络信息资源,形成"老师推荐,学生自主选择"的学习新模式

数字化时代,网络资源十分丰富。电子阅读成为孩子们喜欢的方式,如电视类节目、电影、抖音、微信、QQ、网站平台等,网络信息资源种类繁多。我们必须提倡绿色上网,就需要我们对这些网络资源进行甄别、筛选,把我们觉得好的,有利于学生健康成长的网络资源推荐给他们,让他们自主选择进行学习,丰富学生们的知识库。

2020年初,疫情到来之际,学校化危机为契机,充分利用各类疫情网络信息资源,以"宅家立国,学科育人"为主题,以互联网思维重塑教学内容,重构学习方式,再造教学流程,开发和实施了疫情下的家国教育课程,落实课程思政理念,推进家国教育。整体设计了"学科教学+主题活动"的"N+1"疫情下家国教育课程。开发了"N"个以疫情为学习资源的学科全息育人课程,"1"个以德育主题活动为实施方式的创新思政课程。通过线上、线下混合式学习,实现了学生"宅家学习"的逆成长。

在"中国精神 有我接力"的班队主题活动中,通过百度、抖音等软件查找中国精神的代表人物,分享视频、图片等方式感受其精神品质。通过观看电影《夺冠》谈中国女排精神。通过观看电视类节目《平凡匠心》《中国故事》等体会祖国的强大需要一代代中华儿女的传承接力。

除此以外,"五爱"课程的党史学习沉浸式体验课程,一年级入学季"节日课程"、中华优秀传统文化系列课程之家训文化、中草药、二十四节气、古诗词创意学等课程,乡村振兴面貌新家乡美课程等都充分利用各类资源,发挥了课程育人优势,提升了育人质量。

"五爱"课程在学校资源、家庭资源、社区资源、场馆资源、名家资源之间建立链接,对线下线上和课内课外的活动资源进行全面的整合和架构,重构学习同伴,教师、家长、场馆、社会组成学习共同体,互为学习同伴。发挥校内校外优势资源,共学互研,凝聚成强大的学习力量。将立德树人根本任务落实在了育人方式的变革上。

☆案例三　重庆第二外国语学校

五彩周末生活教育实践活动示意图

　　重庆第二外国语学校五彩周末生活教育活动实践课程主要分为家庭生活教育、社会生活教育、职业生活教育。家庭生活教育主要是培养学生的家庭生活中的良好习惯和生活技能，让学生通过家庭生活教育活动提升个人的道德素养，尤其是在活动中实现爱国、敬业、诚信、友善等社会主义核心价值观以及公民个人层面的价值追求。社会生活教育主要是培养学生在社会实践和志愿义务等活动中的社会责任感，让学生在社会实践中体会自由、平等、公正、法治，培养学生公民的意识。职业生活教育期望通过职业体验、职业规划和社会实践，培养学生将自己的职业与国家发展和中华民族伟大复兴的中国梦联系起来的理想与追求，培养学生的家国情怀，让学生在未来成为建设富强、民主、文明、和谐的社会主义现代化中国的重要力量，成为社会主义的建设者和接班人。

表 2-8　五彩周末生活教育实践活动课程内容

社会生活课程	家庭生活课程	职业生活课程
绿化南山植树活动	元宵节包汤圆、饺子活动	走进二外星光大道
学雷锋,社区文明宣传	端午节包粽子活动	"二外好声音"比赛
清明节悼念英烈	中秋打糍粑活动	二外梦想剧场
游古道,美化古镇老街	彩色包子,"多才"人生	小品、卡拉OK模仿秀
亲近自然,放飞理想	腊八节煮腊八粥	歌舞联欢庆国庆
"卖报"人生	鸡尾酒、果盘的制作	新年篝火化装舞会
公益环保活动	五一节自制火锅	六一游园,知识竞猜
"感恩母亲"广场演出	烧烤秀活动	皮影的制作与表演
禁毒社区宣传	学生美化宿舍	慰问盲哑儿童
《关注地球变暖》宣传	涂山野炊	环保时装秀
"反对邪教"社区宣传	家庭小制作	个人才艺大赛
参观三峡博物馆	生活技能 叠军被比赛	年度表彰晚会
参观少管所	课本剧创作	陶艺比赛
重阳节慰问敬老院老人	灾难教育	快速阅读与记忆
慰问盲校学生	饮食营养与健康讲座	古筝弹奏与欣赏
参观科普中心	摄影知识讲座	趣味运动会
参观洪崖洞	女子防身术	影视配音表演赛
参观重庆科技馆	生活技能 缝纫	跳蚤市场
参观古镇磁器口	一元钱生存体验活动	播音与主持基础
参观三毛广场	手工布艺画	魅力职业大考场

课程具体开设如下：

表2-9　五彩周末生活教育实践活动课程(一)

周次	活动安排	周次	活动安排
1	《教师礼赞》网页大赛	11	慰问盲哑儿童
2	参观峨岭菊展	12	团队拓展训练
3	中秋打糍粑活动	13	"11·27"悼英烈诗朗诵活动
4	学生美化宿舍活动	14	参观三峡博物馆
5	歌舞联欢庆国庆	15	小品、卡拉OK模仿秀
6	重阳节慰问敬老院老人	16	走进二外星光大道
7	魅力职场大考场	17	新年篝火化装舞会
8	鸡尾酒、果盘的制作	18	创作课本剧
9	手工制作活动	19	腊八节煮腊八粥
10	公益环保义卖活动	20	足球表演赛

表2-10　五彩周末生活教育实践活动课程(二)

周次	活动安排	周次	活动安排
1	闹元宵玩花灯	11	端午节包粽子活动
2	年度优秀留宿生表彰活动	12	时装秀
3	植树护树活动	13	"卖报"人生
4	参观影视城,客串表演	14	学生个人才艺大赛
5	清明节悼念英烈	15	游古道,美化古镇老街
6	手语舞《万爱千恩》	16	航模制作
7	陶艺比赛	17	"二外好声音"比赛
8	亲近自然,春天南山放风筝	18	六一游园,知识竞猜
9	师生消防演习	19	趣味运动会
10	生活实践,五一自制烧烤	20	期末复习

表2-11　五彩周末生活教育实践活动课程(三)

周次	活动安排	周次	活动安排
1	叠军被比赛	11	园博园赏菊展
2	布艺制作	12	影视配音表演赛
3	环保时装秀	13	"11·27"经典烈士诗诵读
4	中秋打糍粑活动	14	参观重庆科技馆
5	二外梦想剧场	15	趣味体育活动
6	参观洪崖洞	16	《关注地球变暖》社区宣传
7	重阳节敬老献爱心	17	参观古镇磁器口
8	劳动竞赛活动	18	迎新篝火晚会,化装舞会
9	琴棋书画才艺展	19	健身操比赛
10	课本剧创作	20	腊八节篝火晚会

表2-12　五彩周末生活教育实践活动课程(四)

周次	活动安排	周次	活动安排
1	元宵节游园活动	11	法纪教育参观少管所
2	表彰年度优秀留宿学生	12	五一节自制火锅
3	校园环保活动	13	参观科普中心
4	校园植护花树	14	端午节包粽子比赛
5	趣味运动会	15	"二外好声音"比赛
6	服装设计时装秀	16	六一游园活动,有奖竞猜
7	手工工艺十字绣	17	制作工艺品 陶艺比赛
8	灾难教育	18	禁毒社区宣传
9	参观抗战遗址博物馆	19	乒乓球、篮球比赛
10	校园摄影展	20	慰问盲校学生

表 2-13　五彩周末生活教育实践活动课程(五)

周次	活动安排	周次	活动安排
1	科技制作小发明	11	播音与主持基础
2	参观南山风景区	12	各类球赛
3	月圆中秋打糍粑 中秋文化	13	传统教育参观红岩纪念馆
4	生活技能/缝纫、内务整理	14	学生个人才艺大赛卡拉 OK 模仿秀
5	重阳节敬老献爱心	15	时装秀
6	皮影的制作与表演	16	烹饪才艺比赛
7	市场调查活动	17	陶艺比赛
8	剪纸艺术	18	禁毒社区宣传
9	参观科普中心	19	腊八节篝火晚会
10	摄影知识讲座	20	期末复习

表 2-14　五彩周末生活教育实践活动课程(六)

周次	活动安排	周次	活动安排
1	元宵化装舞会	11	定向运动与户外拓展
2	学雷锋社区文明宣传	12	参观古镇磁器口
3	快速阅读与记忆	13	女子防身术
4	涂山野炊	14	端午节包粽子
5	学生个人才艺大赛	15	祭奠抗美援朝英烈
6	学生宿舍内务比赛	16	六一义卖活动
7	风筝制作比赛	17	古筝弹奏与欣赏
8	感恩母亲广场演出	18	环保时装秀
9	参观园博园	19	各类球赛
10	饮食营养与健康	20	期末复习

注:课程(一)(二)适用于初一、高一年级

课程(三)(四)适用于初二、高二年级

课程(五)(六)适用于初三、高三年级

学生课外选修课调查问卷表

_____级____班

※选出你最喜欢的选修课课目：(在喜欢的科目□内画√)

□1.现代礼仪与口才

□2.饮食营养与健康

□3.汽车文化与营销

□4.形象设计与魅力提升

□5.陶艺

□6.模联

□7.舞蹈

□8.足球

□9.摄影艺术

□10.职业生涯发展规划

□11.管理与人生

□12.居家生活美学

□13.女子防身术

□14.插花艺术

□15.播音与主持基础

□16.武术

□17.管乐

□18. DIY

□19.电影精品读解

□20.快速阅读与记忆

□21.新闻采访与写作

□22.课本剧欣赏与表演

□23.诗歌鉴赏

□24.小家电维护

□25.动漫

□26.篮球实战攻略

□27.瑜伽

□28.英语应用文写作

□29.中国古典园林艺术鉴赏

□30.定向运动与户外拓展

□31.广告艺术鉴赏

□32.古筝弹奏与欣赏

□33.学生棋社

□34.跆拳道

□35.机器人应用与操作

□36.布艺手工制作

※写出你最喜欢的选修课课目：

1._____

2._____

3._____

4._____

5._____

6._____

重庆第二外国语学校学生发展中心宿管科

课程资源开发与利用

重庆第二外国语学校五彩周末生活教育实践活动课程以五彩周末活动为载体,通过社会实践、校园艺体、参观游览、手工制作等活动,培养学生的家国情怀、审美意识、生活和创新能力,让学生在奉献感恩中健康成长。

(1)本地文化资源

学校坐落在重庆美丽的南山风景区中,有丰富的自然资源和人文资源。其中有著名的重庆抗战遗址和抗战博物馆、涂山寺、三毛故居等,可以充分利用这些资源,让学生了解抗战文化,了解中华民族的奋斗精神等。

(1)植树活动

每年植树节,周末留校师生都会在学校、在南山、在涂山湖植树并挂牌护树。特别是把宿舍区所有的废地"盘活",变成一片片绿色果园。

通过植树活动,学生认识到地球就是我们的家园,植树造林、绿化环境的意义,理解和坚持绿色发展理念,从而自觉投身到生态文明建设之中。

(2)义工活动

南山是重庆的肺叶,美丽的风景和清新的空气吸引了不少游客到南山旅游。为了给游客留下南山美丽的印象,学校周末留校师生不定期开展"清洁南山,我行动"活动和学雷锋活动,将游客留下的垃圾清扫,还南山美丽。在每年的三月,学校定期开展"学习雷锋,传递文明"活动,带学生到社区举行学雷锋活动、做文明交通岗、搀扶老人过马路、到涂山湖和古道老街清扫地面垃圾、到商场义务服务等,这些活动已成为学校五彩周末的传统项目。

(3)祭奠英烈

每年清明节,抗战胜利纪念日,重庆"11·27"纪念日,学校周末留宿师生怀着无比崇敬的心情,到重庆各地烈士墓前,向革命先烈敬献花圈,表达深切的哀悼之情。学生在深受革命传统教育的同时,明白了"落后就要挨打"的道理,更坚定了为实现中华民族伟大复兴而努力学习的信念。

(4)快乐节日,美好生活,端午节中秋节是中国传统节日,在重庆第二外国语学校,那不但是令人快乐的节日,更是同学们展示厨艺的舞台。老师同学们买回食材,亲自包粽子,打糍粑,卤鸡翅,一起品尝亲手制作的美食,一起享受快乐。同学们感慨:端午节真好,中秋节真好! 二外真好!

2.社会实践基地

重庆第二外国语学校为了更好地实施课程和开展活动,先后与敬老院、特殊学校、福利院签订协议,建立五彩周末生活教育实践活动基地。

每年的六一儿童节,为了让儿童福利院和特殊学校的孩子们过上快乐节日,老师和同学们总会赶在六一儿童节和盲人节前,积极捐款捐物,举办跳蚤市场爱心义卖,利用筹集的钱购买礼物,带着礼物到福利院和盲校去慰问看望孤儿和盲童们,让孩子们感受到家人的温暖,度过一个特别而温馨的节日。

每到重阳节学校都会组织师生到敬老院开展送温暖,送欢乐活动。其中最感人的是与袁婆婆的故事。学校组织师生每月去看望、照顾残疾孤寡老人袁婆婆,不仅给她送油送米送生活必需品,更重要的是给她带去了快乐,这个行动一直坚持到老人去世。

3.教师资源

学校五彩周末生活教育实践活动课程能够得到顺利的实施,是学校有一大批教师、职工的无私奉献和积极参与,正是他们的多才多艺,使五彩周末生活教育实践活动丰富多彩。

(1)体育教练

充分发挥学校作为重庆市足球基地学校和篮球特色学校的优势,组织学生开展球类活动,锻炼学生的身体,培养学生敢于吃苦、敢于拼搏的品质,促进学生快乐地成长。

(2)全能艺术家

每年的元宵节、国庆节、中秋节、元旦节,在二外这个温暖的大家庭,有着不一样的快乐! 在二外这些"全能艺术家"型的老师的策划下,同学们走进二外星光大道,走进二外梦想剧场,走进化装舞会;创作课本剧,唱出二外最美歌声,点燃篝火狂欢,既享受着节日的欢乐,又提升了综合素质。

(3)缝纫大师

有时,在讲台上叱咤风云的老师又变成了技艺高超的"缝纫大师"。学校购买了4台缝纫机,利用周末活动时间,在"大师"们的带领下,学生个个都成了生活能手,他们把旧衣服旧裤子进行裁剪,然后缝纫成一个个美观实用的环保袋、书包、袖套等,变废为宝。还把废旧物品变成一件件神奇的"时装",学校的"模特"们穿着自己设计、自己裁剪的"时装",闪亮登台走秀。这就是重庆二外周末留宿生自编自演的环保"时装秀"活动。

(4)农业专家

有时,老师又变身为"农业专家",他们带领周末留宿生们,把学校的荒地开辟出来,做成菜园和果园。同学们从开荒、栽种到收获,见证了菜苗的成长,见证了果树从开花结果到果实成熟收获。

(5)高级烹饪师

有时,老师们又变身为"高级烹饪师"。每到"五一"劳动节,是同学们快乐的节日。"高级烹饪师"带领同学们一起做美食,烧烤、火锅、包饺子,在劳动中享受快乐,在快乐中享受美味。在快乐的劳动过程中,同学们充分体验了"劳动创造世界"的真谛。

(6)十字绣大师

充分运用老师的手工特长,有老师会十字绣,我们买来材料,师生一起挑灯夜战,耗时几个月终于绣成了一幅十字绣,用"雪松风骨,南麓荣光"向母校80周年校庆献礼!

4.家长资源

借用学生家长做蛋糕优势,有学生家长提供蛋糕食材,孩子们一起制作了10层蛋糕,为建党100周年献礼,同时当月过生日的22个小寿星给自己制作了小蛋糕,孩子们玩得欢也吃得香甜。

5.社区资源

重庆二外周末留宿生拉横幅,布展板,到社区进行"我低碳,我环保,我时尚""戒烟禁毒""崇尚科学,反对邪教""学习雷锋,还原人性真善美"等主题社区宣传。宣传活动包括宣读倡议书,专题展览,现场咨询,知识抢答和自由演讲几个部分。

参考文献

[1]张忠华.教育学原理[M].北京:世界图书北京出版公司.2012:410.

[2]班华.现代教育论[M].北京:人民出版社.2001.

[3]周玫.德育与班级管理[M].武汉:华中师范大学出版社.2011:47.

[4]詹万生.整体构建德育体系总论[M].北京:教育科学出版社.2001:307.

[5]檀传宝.学校道德教育原理[M].北京:教育科学出版社.2003:93.

[6]易连云.德育原理[M].武汉:武汉大学出版社.2010:133.

[7]胡厚福.德育学原理[M].北京:北京师范大学出版社.2002:216.

[8]檀传宝.德育与班级管理[M].北京:高等教育出版社.2007:203.

[9]侯秀,郭霞.当前我国德育内容研究现状探微[J].新课程研究(中旬刊),2014(05):78-79.

[10]黄向阳.德育内容分类框架——兼析我国公德教育的困境[J].全球教育展望.2008(09):48-52.

[11]高雅.中国德育内容体系及德育课程设置[J].魅力中国,2017(03):31-32.

[12]刘济良.德育原理[M].北京:高等教育出版社,2010:143.

[13]孙培青.中国教育史渊修订版冤[M].上海:华东师范出版社,2010:380.

[14]陈墨,纪云.中学德育[M].长沙:湖南教育出版社,1991:245.

[15]张华.课程与教学论[M].上海:上海教育出版社,2000:191.

[16][美]泰勒.课程与教学的基本原理[M].罗康,张阅,译.北京:人民教育出版社,1994:50.

[17]钟启泉,王霞,王文静.课程与教学论[M].上海:华东师范大学出版社袁2008:72.

[18]中华人民共和国教育部.关于印发《中小学德育工作指南》的通知[J].中小学德育,2017(09):4-9.

[19]教育部基础教育司.中小学德育工作指南实施手册[M].北京:教育科学出版社,2017.

[20]李臣之.校本课程开发[M].北京:北京师范大学出版社,2015:120.

[21]杨英,李永桃.论德育内容的发展趋势——丰富性和融合化[J].现代中小学教育,2002(11):11-14.

[22]中华人民共和国教育部.普通高中思想政治课程标准(2017年版)[S].北京:人民教育出版社,2018:6-7.

[23]左菊,孙泽文.课程内容选择:取向、依据及其环节[J].教育与职业,2012(12):135-137.

[24]李晓辉.大学生社会主义核心价值观教育的背景及意义[J].中国成人教育，2015(150)86-87.

[25]邵静.校本课程中开展中华优秀传统文化教育的意义[J].教学月刊:中学版，2015(10):55-57.

[26]江山野.简明国际教育百科全书窑课程[M].北京:教育科学出版社,1999:73.

[27]李臣之.校本课程开发[M].北京:北京师范大学出版社,2015:124.

[28]张传遂.课程与教学论[M].北京:人民教育出版社,2008:165.

[29]查慧.构建"一校一品"冶德育特色思考——基于重庆市全善学校"尚善教育"冶实施的调查[J].重庆与世界,2018(6):74-76.

[30]孙泽文,叶敏.课程内容的构成要素、组织原则及其结构研究[J].内蒙古师范大学学报(教育科学版)2013,26(02):60-63.

[31]重庆市第九十五初级中学校.立己立人尽善尽美[J].中国德育,2020(16):2.

[32]高德胜.生活德育:境遇、主题与未来[J].教育研究与实验,2012(03):5-10.

[33]费勤芳.校本德育课程与学科内容统整的实践[J].小学阅读指南(低年级版),2021(10):50-51.

[34]杨浪浪,牟莉华.新时代背景下学校德育建构的思考和实践——以重庆市人民小学"童年·成长"德育课程群为例[J].教育家,2021(04):49-51.

第三章

校本德育课程的管理

第一节　德育课程管理概述

一、德育课程管理的含义

德育课程的目的强调把社会倡导的思想观念、品德标准、法治思维转化为受教育者适应社会所必需的思想、道德、政治、法纪和心理素质。因此,德育课程的管理,即包含对影响德育课程实施的教育主体、教材编订、组织评价、监督检查等一系列要素的领导和控制,实现对德育课程与学校其他德育活动的有效组合,使学校德育活动有序且高效实行。中小学德育教育的有效实施需要抓实德育课程管理,其重点在于化解德育课程自身资源的有限性与课程管理任务庞杂性之间的矛盾,把德育课程资源实行优化配置,以最小的消耗实现最大的成效。

德育课程管理的价值可以通过物质价值、精神价值和人性价值三个方面来体现。首先,就物质价值层面而言,科学方法能够有效地加大德育资源合理配置力度,使资源浪费达到最小化,同时完成治理。二是从精神价值层面上看,活动中学生不仅能有效地塑造精准三观,而且参与主体还能获得相应收益。德育课程管理者能够经常在管理过程中找出任务上存在的误区并加以修正再加以提高,逐步组成了一个科学齐备的德育课程管理系统。三是从人性价值层面上看,人性能够将精神和物质等外部呈现,人性价值还能在某种程度上为精神价值和物资价值所整合和沟通,转化为良性人性。

二、德育课程管理的理论基础

(一)政策理论

近年来,党和政府颁布一系列政策文件指导德育课程管理的实施。2014年,教育部颁布《教育部关于培育和践行社会主义核心价值观进一步加强中小学德育工作的意见》，提出要充分发挥课程的德育功能，"推动学科统筹，特别是加强德育、语文、历史、体育、艺术等课程教学的管理和评价，提升综合育人效果"。2017年，教育部根据国情和教育发展状况，全面实施《中小学德育工作指南》，强调将中小学德育工作的要求贯穿于学校管理制度的每一个细节之中，对中小学德育工作的各个方面作出规划和指导，指出做好中小学德育工作要把握"四个基本原则"。其一是要坚持正确方向，要加强党对中小学校的领导，贯彻党的教育方针，坚持社会主义办学方向，牢牢把握中小学的思想政治与德育工作中的主导权，一定要确保中小学校成为坚持党领导的坚定阵地。二是要坚持遵守规律，符合学生的年龄特点、认知和教育规律，注重学习阶段连接和统一，且强化道德的实践、行为习惯与情感培育，努力加强德育工作的吸引力、感染力和针对性、实效性。三是坚持协同配合。发挥学校主导作用，引导家庭、社会增强育人责任意识，提高对学生道德发展、成长成人的重视程度和参与度，形成学校、家庭、社会协调一致的育人合力。四是坚持常态开展。推进德育工作制度化常态化，创新途径和载体，将中小学德育工作要求贯穿融入学校各项日常工作中，努力形成一以贯之、久久为功的德育工作长效机制。《中小学德育工作指南》立足推进学校治理现代化，就推进德育课程管理目标、方案、标准等做出了明确要求。2020年，全国中小学德育工作会议在上海召开，会议立足"十四五"时期德育工作改革发展，进一步探讨了全科德育课程育人相关事宜。

（二）系统管理理论

系统管理理论就是将系统理论运用于组织管理活动之中，通俗地说，就是系统化地管理活动并在某一特定活动范围里形成统一标准和规范。从表现形式上看，系统管理理论主要包括围绕目标管理对象，吸收同类或同类领域的优点，并与具体行为相结合，形成管理规律的原理和规则。就其内容而言，系统管理理论有两类：一类是一般系统论的，它主要注重理论本身的系统性，也就是依据同一管理规范来行使管理权力；控制论主要强调规范的强制性是指对管理对象具有强大控制力。所以，把管理理论应用到组织结构管理中，可以有效形成系统化方法，为后续管理工作发展提供了明确方向。课程管理作为一项系统活动，在搭建学校德育课程管理体系的过程中，要以系统的思想和技术为基础，对课程管理目标、内容、结构、实施和评价进行系统的规范和分析。系统管理理论可以对管理对象进行综合的分析，按照相同的标准来处理不同的情况，保证活动的科学性。所以，以系统管理理论对学校德育课程管理进行分析,将其作为学校德育课程管理的理论基础,非常必要。

(三)课程管理理论

把课程作为管理对象来开展管理活动就是课程管理,其理论是一种综合性的理论,而且是管理学和课程论相互融合,再形成的理论。课程管理理论认为,课程的实施过程是课程管理的重点,其重点表现在:第一,先要保证课程管理者与政策规定之间的协调性与交流,把老师与学生的要求和相关政策规定相互融合,充分地协调彼此之间的关系,使之具有一致性。第二,是规定教师自身权利的范围,让教师明白职责规范并在执行过程的每一个环节给出有意义的意见。三是重视学生在课程管理中的重要地位,并必须使学生理解学习的含义,并在此基础上进行有关管理环节及内容的修改完善工作。这说明课程管理理论实质上就是将学生需要与课程管理实施整合在一起。也就是说,现行课程管理的理论基础建立在人本主义基础之上,课程实施与管理的最终目的就是人的价值的实现,在理论上反对"灌输式教学"的传统模式,这一理论专家认为,课程在开发学生智力之余,应该更加注重学生兴趣、爱好、理想与价值观,必须不断地发掘学生精髓,塑造完善的人格可以实现人性的主动扩展,从而达到一个更高层次与境界。在德育课程管理中运用课程管理理论,这有利于"以人为本"教育理念的实现,可以促使学生和受教育者产生学习积极性,进而自觉投入到德育学习中去。建立在人本主义基础上的课程管理理论具有两大特征:其一,内部动机是学习的保证,所以中小学德育课程的内容必须与学生感兴趣的方面一致,才能有更多的机会去培养学生的学习兴趣。其二,教师在实施教育时,不应单一地、死板地解释书本,不应限于书本教材,从而忽略了学生的发展与成长。而要在德育课程的实施与管理中给予学生更多关心,以学生为本,去推进人本主义,实现在学校中,让学生完成人性化的教育。在不断地尝试探索过程中发现,"以人为本"的课程管理理论能够加强学生的主体地位,使学生与老师都站在一个相对平等的地位去交流学习德育,共同进步。这理论的提出不但能够调动学生的学习积极性,也能够督促学生和老师进行自我提升,实现德育教育的初衷与目的。

(四)思想政治教育管理论

思想政治教育管理是指思想政治教育领导部门、主管机构以及其人员,运用计划、组织、指挥、协调和控制等管理手段,对思想政治教育资源进行有效整合,以达到思想政治教育的目的,完成思想政治教育任务的创造性活动过程。[1]思想政治教育主要强调教育的政治性,其教育内容会随着时政情势的变化而变化。教育工作者要结合党和国家所倡导的思想政治教育内容开展相关教育教学活动。习近平总书记指出,思想政治教育管理要做到"因事而化、因时而进、因势而新"[2]。这就意味着,思想政治教育的管理,一是强调要在解决思想政治教育目标稳定性与思想政治教育环境变化性的矛盾中,积极应诉时代要求、回应时代需要,也即所谓"因事而化"。二是强调思想政治教育管理要紧扣时代主题,把握时代脉搏、回应时代呼唤。及时根据党和国家最新路线方针政策调整教育内容,精准把握教育时机,确保工作时效。三是强调要引导学生正确认识世界历史发展大势和中国发展趋势,学会结合国内外大事认识中国特色社会主义制度的显著优势,从而坚定"四个自信"、积极投身于新时代的伟大斗争、伟大工程、伟大事业和伟大梦想之中。由此看来,不论是思想政治教育管理本身的运行逻辑,还是管理所要达成的目标都与德育课程管理存在高度契合或一定相似性,德育课程管理在目标设定、内容选择、价值追求上都应当从思想政治教育管理理论中寻求参考和借鉴。

三、德育课程管理的历史沿革

（一）统筹开展（1950—1984 年）

新中国成立后,相继颁布了一系列关于基础教育阶段课程计划与标准、教材开发与管理的政策性文件。1950 年 8 月,教育部颁布了《小学课程暂行标准(草案)》和《中学教学暂定计划(草案)》。1963 年 7 月,中共中央颁布了《全日制中小学暂行工作条例 (草案)》,其中明确规定了全日制中小学必须按照教育部规定的教学计划、大纲和教科书进行统一教育教学。1978 年 1 月,教育部颁布了《全日制十年制中小学教学计划试行(草案)》。上述文件的制定,标志着我国已经制定了在中小学实施中央管理课程、统一编制和使用国家课程的政策。直到 20 世纪 80 年代初,从 1981 年 4 月颁布的《全日制六年制重点中学教学计划试行(草案)》到 1985 年的第二批教学计划试行,我国仍处于由国家统一管理和组织的"完全国家课程"阶段。

（二）统分结合（1985—2012 年）

1985 年 5 月,为进一步深化教育体制改革,中共中央颁布《关于教育体制改革的决定》,提出了"简政放权"和"分级管理"的课程管理改革措施。1986 年 4 月,《中华人民共和国义务教育法》政策文件再次提出"地方负责、分级管理"的规定。同年，教育部成立了我国第一个权威性的教材审批机构——全国中小学教材审定委员会。1999 年 6 月，《中共中央国务院关于深化教育改革全面推进素质教育的决定》提出建立新的基础教育课程体系，试行国家、地方和学校课程。该文件的制定，除了国家课程的主导地位外，还扩大了学校课程和地方的权力。2001 年，教育部印发《九年义务教育小学思想品德课和初中思想政治课课程标准（修订）》，对德育课程结构、课程内容、课程理念等内容进行优化，进一步强化素质教育的重要地位。2005 年，教育部颁布《关于整体规划大中小学德育体系的意见》，意见明确了中小学阶段德育课程的内容设置，强调小学阶段以公民基本道德素质教育为基本内容，中学阶段以提高学生思想道德水平为基本内容，并对课程标准做出明确要求。2010 年 4 月，教育部颁布了《关于深化基础教育课程改革进一步推进素质教育的意见》，明确指出我国基础教育课程改革正式进入总结经验、完善制度、突破难点、深化推进的新阶段。同年 7 月，《国家中长期教育改革和发展规划纲要（2010—2020）》正式颁布，作为我国指导全国教育改革和发展的重要纲领性文件，亦是为我国基础教育德育课程改革的不断深化指明了方向。

（三）统筹为主，统分结合（2012—今）

2012 年，党的十八大报告围绕全面实施素质教育，深化教育领域综合改革时指出，要把立德树人作为教育的根本任务，培养德智体美全面发展的社会主义建设者和接班人。这为德育课程管理改革提供了根本遵循。2014 年，教育部发布《关于培育和践行社会主义核心价值观进一步加强中小学德育工作的意见》，提出要加强网上德育课程建设，推进德育工作信息化，还指出要进一步开发有效的地方课程和学校课程，开展学科德育精品课程展示活动，为课程建设提出新的目标。2016 年，中办、国办联合印发《关于加强和改进新形势下大中小学教材建设的意见》。从政策层面对课程管理的机制和体制作出部署，坚持统筹为主、统分结合、分类指导的管理思想。2017 年颁布的《中小学德育工作指南》进一步优化了德育课程设置，将生产劳动、社会实践纳入其中，并强调要切实加强与家庭教育、社会教育相契合，进一步指明了德育课程管理方向。近年来，为了更进一步地贯彻落实立德树人这一根本任务，国家还对意识形态强的道德与法治、语文、历史等三门课实施"统编，统审，统用"。新型课程管理体制的建构，表明我国课程管理制度愈加健全与完善。

第二节 德育课程管理体系

一、德育课程管理要素

（一）德育课程管理职能

就全国而言,课程管理职能主要是制定国家基础教育培养目标、课程计划框架和课程标准的宏观政策,监督地方文件政策和学校文件政策的实施,内容涉及课程与教材开发与管理、基础教育课程评价等相关政策执行情况。地方层面课程管理职能主要是严格实施国家课程计划和课程标准,制定实施国家课程标准的具体方案和发展高质量的地方课程,结合地方课程实际和发展的需要,合理地实施课程计划。国家课程管理职能主要表现在课程评估、课程改革与教材建设等方面。各省级教育行政部门要制定并组织落实区域内各期课程计划及具体措施,并向教育部备案。与此同时,各地教育行政部门对校本课程的开发与实施,应严格把关,精心指导。

课程管理是课程管理机构和权力分配, 也是课程管理组织应该遵守的管理规范和章程。因此,课程的管理方法与方式是国家课程方案执行中的一个重要载体和核心问题。按照现行制度,课程管理的三个方面是:计划和指导,监控和评估,控制和审查。其中规划引导指我国课程管理以课程政策文件,指导纲要,法律法规等政策文本制定为主。课程政策制定是课程管理的重要内容,而另外两种管理方式对课程管理有着重要影响。课程政策是国家课程的顶层设计,不仅体现着课程政策的思想与精神,而且还具有权威性、长期性、稳定性等特点。

（二）德育课程管理内容

德育课程管理的内容可划分为课程的生成,课程的实施,课程的评价。学校教学管理的重点主要集中在课程实施上, 而学校与教师更为关心的问题就是如何把指定的教学内容按教学大纲要求高效无误地向学生传授。教学管理实际上所管理的就是教学技术，或者还可以叫做教学艺术。基于此，课程管理应体现为课程生成，课程实施与课程评价三个方面是学校应该全程参与到课程编制，课程实施，课程评价与课程改进中，学校已经不是指定课程的实施者，但对课程的编制、实施到评估的主体权责得到明确赋予。三者起同步功能时，课程管理便贯穿于课程制定、课程实施、课程评价三个层次。学校与教师持研究之态度管理课程，旨在选取适当之教学内容、适当之教学方法、实施有效之课程评估以使课程运作更具有科学性。整个循环过程旨在促进学生、教师、课程和学校等各方面共同成长。

(三)德育课程编订与实施

学校德育课程在德育中处于基础地位，班级作为学校教育教学中的一个基本单元，是师生进行一切活动的基本组织，班级管理在学校教育教学过程中起着决定作用。管理方法应灵活多变、异彩纷呈，为每一位学生提供施展才能的机会，引导学生创建多姿多彩的班级文化、全面展现学生一技之长、发展学生个性、开发学生才干。具体的做法是开展各种活动，寓教育于活动之中，让学生主动积极地发展自己，给他们以思考，创造，展示，获得成功的契机。学校德育工作以学生群体为主体，需要管理者在德育课程的组织与引领过程中关注时代变迁给学生思想心理带来的冲击，进一步了解学生的真实需要(心理难题、政治诉求、道德困惑、社会责任感、爱国主义精神与时代使命等)，有针对性地选取典型材料编入教材。

德育的最终目标在于培养具有社会责任感、爱国热情的人。心理学研究表明，情感因素在教育过程中的作用十分重要。成功的教育一般取决于特定生活环境的内部气氛，取决于教育者和受教育者之间的某种情感态度。德育始终是人与人之间情感互动和交融的过程。离开了情感教育的深刻性，一切煞有介事的道德教育终将归于失败。可以说，成功的道德教育始终离不开成功的情感教育。因此，推进德育课程的有效实施，必须从提高学生的道德水准着手，才能更好地发挥德育在学生成长与健康方面的积极影响作用。在实施过程中，应当全面贯彻党的教育方针，把马克思主义基本理论与中国传统文化相结合，挖掘优秀文化资源，使学生在深厚的文化魅力中增强对主流道德观的认同感。

(四)德育课程评价

这一体系核心就是一个旨在培育全面发展的人的体系。在马克思主义看来，社会发展即人类发展,整个人类社会的进步与发展都决定于人类自由自觉全面发展。所以教育的终极目标就是要对个体的智力、体力、心理及心理素质产生影响,把个体培养成全面发展的人。德育以育人为根本宗旨,以学生全面发展为本。"以人为本",其核心在于发挥人的主动性。现代德育不在于控制人、制约人,而在于创造有利于人成长的条件。德育课程管理体系的中心是学生,注重对学生的尊重和关爱,重视学生思维健全人格的培养,强化社会责任感与时代使命感。"以人为本"作为一种思想理念,运用到学生德育管理工作中,将大大提高学生德育工作的针对性和实效性。因此,要更好地帮助学生根据自己的需要获得理解和接受,引导学生自主学习,促进学生自我意识的形成。

(五)德育课程政策指导

随着社会经济的不断发展,教育事业的不断改革,我国对德育课程的管理实施也陆续出台了一系列政策,多地也进行了有益探索。2001年6月,国家教育部印发的《基础教育课程改革纲要》,对我国的课程改革具有重要意义,为基础教育发展的总体规划提供了更加具体的指导性建议。这些政策保障体系的建立与完善,对我国的课程改革与发展起到了极其重要的推动作用。此外,教育部还以文件形式推出了一系列推进措施,2005年,在上海教育部科学研究院的基础上,教育部成立了教育部基础教育监控中心,对教育宏观发展进行监控。北京市政府在学校管理中也采用了监测和评价的方法,并且采取了一些措施来保证学习状况监测的有效性。北京市学生学习状况的监测与评价是其中的重要环节。2016年5月,国务院教育指导委员会印发《国家义务教育质量监测方案》转变教育管理方式,改进教育教学,将升学率作为监测学校和学生的标准加以纠正,全面提升基础教育质量。2017年,教育部对所有三门课程的教材进行了检查验收,基础教育课程教材专家工作委员会组织专家严格落实政治审查、纪律审查、专题审查、综合审查"四审"制度,确保教材的政治性、理念性、科学性。

二、德育课程管理基本原则

(一)重视德育课程管理

确立以人为本的德育观是解决德育问题的关键,需要颠覆过去那种只注重知识学习的思想,要把德育培养放在同等重要的地位,注重学生学习的全面发展。以人为本,运用各种形式、各种途径来引导他们树立正确的人生观、世界观和价值观。破解这一难题,一是立足德育课程,引导学生在平时的教学与管理中形成正确的社会主义核心价值观;二是利用校内学生组织的活动和宣传等媒介,逐步提高他们的是非价值辨别能力,使他们在面对选择时有正确的价值体系作支撑;三是教师要积极主动地关注学生生活,坚持以人为本,在不知不觉中宣传健康的生活观。

(二)课程管理要紧密联系生活

2019 年发布的《中国高考评价体系》中指出,要高度重视学生"能力与素养"的培养,尤其重视考查学生在实际应用情境中解决问题的能力。这就要求教师在教学的时候需要紧密地联系生活实际,关注学生在解决问题中的思维、创新能力的发展。通过各种生活化教学方式建构学生的知识体系,培养核心素养。因此,德育理论必须结合实际,尤其重要的一点是要加强在校学生的情感道德教育。在学生思想价值观还没有完全形成时,必须指导学生遵守基本的道德规范和中小学生行为准则。应该设立有关的讲座来介绍有关的知识与概念,通过案例教学等方式对小学生进行道德教育。德育教育应该和当前社会生活息息相关。让学生从日常生活中出发,感受身边的事物。就德育课堂而言,把当下社会热点、焦点问题拿出来进行探讨,指导学生对现实情境进行正确的价值选择与道德判断。

(三)发挥教师示范作用

教师在进行德育教学时,其言谈举止会被学生注意到并模仿着学,所以教师首先应该有丰富的德育教育经验并能随时注意到学生动态的变化,从他们的言谈举止,神情变化等微妙之处,去把握他们学习的需求。学校在开展德育工作时要注意把握德育的内容与途径。强化对德育工作者的教育,提高德育队伍素质,针对学校德育教育队伍建设,一方面需要促进教师政治、道德素质的培养,只有将政治素养与职业道德有机结合起来,才可以为广大师生提供优越的服务。德育教育工作者的政治素养和水平是极其重要的,它直接影响着学校德育教育的方向,所以要通过各种形式和手段来持续改进。另一方面要以培养教师敏锐的洞察力为目标,能敏锐地察觉学生思想上的变化,从而教育出有正确是非判断,能抗拒物质与金钱诱惑的高学历高素质人才。同时还应提高德育教师的道德品行和人格魅力等综合素质。另外要提高德育教师专业性方面的业务能力。只有将理论与实践相结合,才能真正帮助德育工作者开展工作。德育教师没有高超的思想政治理论知识是无法回答学生面临的种种复杂思想问题的,也无法帮助学生形成良好的道德意识和道德品质,更不可能指导学生建立完善的人生观价值观。就不可能面对现在网络信息的泛滥和各种思想的冲击,加强对问题的讲解,理解,更好地进行传道授业,促使学生得到更全面的成长。

(四)构建完善的德育管理激励政策

德育激励有正向激励与负向激励之分,在德育课程管理中,应以正向激励为主、负向激励为辅,谨慎使用负向激励。把"赏罚分明"这一德育激励标准融入教职工考核、班级文化建设等工作之中,促使教师、学生树立正确的行为规范,形成自我管理和约束习惯。班主任老师在教学中要重视制度落实,对制度所确定的激励措施应该有效兑现,营造一个优良的制度文化环境。我们要以合理的奖励机制促进德育教育工作者工作积极性的提升,进而间接地提升德育教育成果。又可以完善形象奖励制度,整理展示最新德育成果,使广大德育教育工作者切身感受到"育人者"的责任感;二是在信任激励机制构建中,社会和管理层应该给予德育教育工作者更多的关怀和信任,接纳他们在教学过程上的缺陷,表彰他们在教学上的革新;应健全德育教育成果评估机制,使德育教育工作者得到公平的岗位培训和升职机会,这样才有助于培养一支负责任的高素质德育队伍。

要注重差异化的激励措施,要"因人施教""因时施教"、因情景施教。班主任老师对学生实施德育激励时应该关注学生个体之间的差异,应该对学生的各个方面都有所了解,并及时地与学生做好思想上的互动,从而有的放矢地实施德育工作。如对性格内向而又不求上进的学生,应给予更多的鼓励,以培养他们的信心、勇气等素质,并在鼓励中提高他们的信心与积极性;对个性较开朗的学生,在给以与其行为相匹配的动机的同时,更重要的是培养他们一丝不苟,严肃认真的良好习惯,并抓住其开朗性格这一特点来帮助和带动其他同学一起进步。对不同年级学生应结合他们所处年龄阶段的特点,符合其心理发育规律并加以启发与鼓励,继而增强德育工作实效。对低年级学生,尝试采用单纯、直接的激励方法,用面对面的方式给予赞扬或鼓励,更有利于学生理解和更好地激励;对高年级学生可酌情采用形式更多样化、引导性更强的激励方式和有针对性地交流。另外,要根据学生的学习、练习等不同情景,给以不同的标准和形式进行奖励,教师不应因学生的成绩问题影响他们劳动表现上的奖励。为此,我们需要结合素质教育理念这一基本要求,不断优化与创新德育工作,这样才能够在提升班级德育质量的同时,推动学生思想道德修养的全面提升,更进一步地推动学生全面发展。

三、德育课程管理实践要求

(一)德育课程实践的意义

德育课程对学生形成正确观念、磨炼意志、全面提高综合素质具有重要意义;就是要培养他们艰苦奋斗,乐于奉献的精神。德育课程建设要坚持把德育放在首位,把社会主义核心价值观贯穿教育教学始终,遵循德育规律、符合人才成长规律的有步骤的思想政治教育、道德教育、法制教育、职业生涯和职业理想教育、创新创业教育等,开展艺术教育和心理健康教育,促进学生全面发展和综合能力养成。首先,要确立符合国家政策,符合实际的德育课程管理目标。确立德育课程管理目标应以我国政策方针为理论基础,并在对当前形势进行科学分析的前提下,牢牢把握教育新势态和今后发展走向,做到科学、合理制定目标,从而提高德育课程实效。学校应该从本地实际出发,对有关政策文件进行深入解读,并把两者有机地融合起来,确立一个适合本土发展需要的德育课程管理目标,为了更好地推进德育课程落实,进一步提高受教育者的思想境界与职业操守,为社会与企业提供更多的合格工匠式人才。其次,要确立符合社会需求的德育课程管理目标。应当把握教育领域发展契机,既从施教者视角出发,对德育课程设计和课程实施方法进行理性谋划,又从管理者视角出发给予统筹性引导。以适应社会需求为出发点来确立德育课程的目标,并对德育课程与课程管理的发展定位做进一步的调整,才能从根本上促进人才培养质量。

(二)德育课程管理实施

一是理论实际相结合。首先是在学校德育课程的书本中多选取有利于学生心理素质和道德品质提升的内容,学生的内心往往最能被这些内容所打动,且能与学生产生情感上的共鸣,对学生提高心理素质能力、养成良好的道德品质有着很大的影响。其次要贴近于实际,走出书本才能带来最真实的感受。要让学生切实体会从而才能达到教学目标,就有必要让他们去了解到鲜活案例中反映的生动道理,要让他们在真实的情境中、在现实的生活中去体会。二是德育智育相结合。注重学生在道德行为上的改变,而不是德育课程考核中的结果,让学生获得发展是德育教育的终极目标。就评估对象而言，由对受教育者成果评价的过分重视逐步转向重视过程；就评估主体而言，主要是自评和互评，突出以人为本，激发学生和教师两者的积极性；从评估内容看，更注重全面考察评估对象；从评估方法上看，普遍更重视质性评估并实施定性和定量两种方法。三是对本校德育课程开发要体现学生全面发展的目的性原则。学校德育课程要求在办学核心理念的指导下，依托优势德育课程资源对学校德育课程计划进行整体建构与整体创造，也就是学校德育课程需紧紧围绕学校培养目标、办学目标，进行顶层设计和主题提炼。

（三）制度建设和质量监管

强化制度建设与质量监管相结合，将德育课教学工作列入学校教育质量评估重要指标并定期评估。教科室、教务处、德育处要充分发挥德育工作的中心作用，定期组织开展全校性的教学观摩活动和教学研究活动，教科室要结合示范校特色项目加强课题研究，潜心实践，循序渐进，不断总结和推广教学成果，在教学与管理中渗透德育元素，贯穿每节课。搭建教学交流平台，经常进行学科研讨和公开课展示，激励中青年教师积极参加省、市教学科研项目的学习，努力提高教科研水平，逐步形成一支骨干教师队伍。

（四）加强德育课程的统筹管理

主要指德育理论课和德育实践课的统筹。德育课程和课外活动均包括学生活动，区别在于德育课程属于课程，它涉及的实践活动具有课程意义，列入学校课程计划是学校指定教育中的一个重要环节，课外活动指教学计划、大纲之外的活动，与课程内容相辅相成，从指导教师的角度以及从时间、场地到内容上存在着一定的区别，所以它又被视为"第二课堂"或"第二渠道"的一种。德育课程是一种长期的教育活动，它具有系统、组织、规划等特点，应有一定的课程结构及相应实施规范，同时课外活动更具有自由性，更能彰显出学生主体性。德育课程范围比课外活动要宽泛得多，课外活动范围只是课内和课外活动，德育课程范围的确立并不存在课内外之分，即可在课内外进行。德育课程不仅是教育的思想，更是将学生生活经验直接融入学校课程视野范围内，突出以人为中心的实践活动，这一促进人全面发展的积极教育因素，与学校课外天然影响下存在的课外活动，有本质区别。因此，应当加强两类课程的有效统筹，既体现德育的理论性，也更加注重学生的实践性。

第三节 德育课程管理的主体

一、德育课程管理主体的职责及依据

(一)管理主体职责

学校课程管理的主体就是中小学校对课程管理按模式与主体意识进行发挥与开发的系统观念以及教师与学生主体性的体现。其基本思想之一就是以中小学为课程管理主体,要考虑到不同地区,不同的课程政策,进一步地结合本校的条件,培养目标,综合考量区域之特色、学生之需求、家长之期望等相关要素,进而透过学校课程整体之规划及修正来建立合理之架构,生机勃勃的课程体系和教学局面应以促进师生主体性的构建、发挥和发展为目标。学校课程管理,从其设计、实施、评价直至后期管理,均应体现积极性、自主性、创造性等诸多特征。在这两方面,特别重要的是,学校应创造性地推行课程行政管理制度;另一方面应根据学校自身条件自主性地开发和管理校本课程。因为我国土地面积宽广,造就了不同的地方文化,经济与教育基础也都不相同,所以不同地区的学校办学条件就有了很大差距。在这种情况下,学校必须充分认识到自身的办学条件,并结合当地的实际情况,制定符合自身发展方向的课程。

同时,随着时代的进步和社会的发展,学校也需要不断更新自己的发展理念和管理制度,以适应社会的变化和教育的需求。只有真正掌握了先进的课程理念和管理制度,才能够构建一个富有弹性和活力的课程体系,使学生得到更好的教育和成长。因此,在学校课程建设方面,注重提高主体性、创新性和实践性,是十分重要的。

学校课程管理的职能与宗旨就是要以教师与学生为主,从课程设计、实施、评价与管理等方面构建,发挥和发扬学生主体性等。该类别本体性结构包括意向性结构和认知性结构。教师和学生对课程管理的感受、意愿构成了意向性结构,以学校为主体构成了课程管理动力系统。并且把认知性结构直指课程设计、实施、评估和管理所需的知识、技能、能力和智慧诸要素,得出了学校是课程管理主体的结论。所以教师与学生都需要具备与之相适应的课程认知基础与主体意向。另外,学校课程管理价值性结构中,还包含了真善美和自由等方面的追求。课程管理主体即教师与学生既要生存在课程管理系统之中, 又要根据自身本体意义追求超越、自律与完整,才能实现课程管理价值性存续。

在课程管理系统方面,教师和学生均须在某种价值的指导下建构、扮演和发挥主体性。他们不可能单纯追求自我为中心,我行我素,而是表现为积极性、自主性、创造性。学校课程管理的实践性结构包括以上特质,这是学校课程管理中主体性最根本的表象。学校课程管理的本体性和价值性形成实践性的内在基础,即以课程管理主体性的建构、发挥和施展为重点。各学校在课程管理系统所展现之主体性程度亦会有差异,且各学校在执行课程管理时之主体责权依据亦不相同。所以,学校课程管理主体性的构建,发挥和发展是一个不断向可能主体性层面推进的过程。学校课程管理的目的在于通过对教师与学生在课程设计、实施、评价与管理等环节主体性的指导与激励,促进学校课程管理主体性的发挥。

(二)管理主体的原则依据

学校课程管理主体性原则指导着学校在其课程管理过程中的基本行为准则。这些原则是学校组织课程管理活动所必须遵循的基本规范, 以确保课程管理的有效性、合法性和合理性。主体性原则包含三个方面:

本体性:学校课程管理应该侧重于学生的发展目标,强调对学生创造力、思辨能力以及实践能力的培养,让学生逐步成为自主学习的学生以及终身学习的学生。

价值性:学校课程管理应该遵循道德伦理,尊重学生的个性和人权,积极推进平等教育和多元化发展,培养学生成为有社会责任感和公民意识的人才。

实践性:学校课程管理应该紧密结合实践,注重课程与现实问题的联系,鼓励学生在参与实践活动中巩固已学内容,全面提高自身素质。

学校课程管理的本体性原则是指把学校课程管理看成是自在、自为、有自己存在方式和发展规律的活动。一是学校课程管理即课程管理,它属于教育管理范畴,不应片面追求以经营经济和处理政治问题为手段的管理课程。二是学校课程管理和课程行政从课程管理系统上看既有联系又存在差异, 不能机械地照搬课程行政管理学校课程的思路和模式。三是学校课程管理与学校内部其他工作的管理不同，校长和管理者不能以学校内部其他工作管理理念和模式去管理学校课程。

学校课程管理价值性原则是把学校课程管理看成是价值择取与实现的过程。一是学校课程管理是为人服务的事业，师生主体性的建构、发挥与施展是根本目的。二是学校课程管理把课程的超越性、自律性和完整性作为价值追求，学校课程管理的主体性要表现出明显的时代特征。次者，学校课程管理中权责共有，也就是管理主体间关系上的民主，在此，民主作为一种精神和生活方式强调了权力和责任共有，尊重他者，受他者尊重之相同。

学校课程管理实践性原则，就是根据上述本体性和价值性原则，构建、发挥和发展学校课程管理中主体性的一个实践性过程。将学校课程管理作为一种主体实践活动，其意义体现在学校不仅要培养师生的课程主体意识、课程认知技能等，而且要组织师生积极参与学校课程设计、实施、评价和管理并在实践中不断建构、发挥和发展学校课程管理的主体性。

二、学校主体

学校课程管理的核心职能是协调、优化并整合国家、地方、校本三类课程，以确保它们在学校内得以实施。此外，学校课程管理的职责还包括以下几点：

一是制定校本教育课程计划和课程大纲；二是制定或选择合适的教材和其他教育资源，如师资力量、教学设备和课程补充资料等；三是就课程实施情况提供指导和监督；四是评估课程效果，及时做出改进。

管理内容部分应该包括：设计和规划课程(学校课程管理人员需要制定有关教学计划、课程结构和教育规划的政策和指南)；监控课程执行(学校课程管理人员需要监督学校教学过程中的各个环节，确保教育活动与教育目标相一致，并运用合适的评估工具检查各个环节的效果)；协调和整合课程(学校课程管理人员需要协调和整合不同种类、不同来源的教育资源，以确保在学校内配置均衡，同时还要确保课程内容能够与社会发展同步)。

(一)学校主体的构成

课程管理的责任，就是学校教学管理者，包括校长和全体教师，在课程实施中必须承担的责任。为确保课程管理有效实施，学校课程管理职责应符合国家和地方制定的学校课程管理有关任务和要求,校长和有关人员应切实履行课程管理职责。学校课程管理的职责决定着学校的基本任务。按照国家关于学校课程管理的根本任务,就是要统筹、优化、融合好国家、地方与学校三个层次,以及不同类型课程之间的校际关系。确保国家课程和地方课程有效落实,校本课程合理开发。由此明确学校课程管理的具体责任:一是根据教育部和省(自治区、直辖市)课程计划的有关规定,结合当地社区和学校自身的实际情况,制定学校学年课程实施方案,报县教育行政部门备案。二是以教育部下发的学校课程管理文件为依据,结合本校实际,编制校本课程供学生选择。各校的校本课程开发方案按规定的期限报县一级教育行政部门批准、受理。高选课程应采用经过国家一级审定或者省级评审的教材。选用教材应贯彻民主的原则,组织师生代表参加,通过多种途径听取学生家长的意见。对国家和地方课程计划实施中出现的问题,应及时向上级教育行政部门反映,并建设校本课程内部评价机制。凡根据上级教育行政部门规定,结合学校实际,对学校全部课程进行管理,尤其是对教学、评价和检测以及校本课程资源的开发利用的自我监控。

(二)教学是课程管理的主要途径

学校要抓住教学活动这一中心,优化组织与管理。就学校课程教学活动开展的根本任务与形式而言,学校课程管理主要由以下几部分组成:第一,编制国家课程与地方课程的实施方案。学校课程管理首先以确保国家课程文件得以实施为使命,因此,学校对国家课程和地方课程进行管理,实施规划是必然的。主要途径有课程设置、课程安排、课时规定的确定与统筹安排。课程实施计划通常采用《学校年度课程实施方案》。这类编制工作体现在一个学年内各年级课程门类、课时分配、课程总表和作息时间表。第二,负责管理国家课程,制订地方课程标准以及质量要求。其主要内容是国家课程,以地方课程标准为诠释与研究对象,确立学校的培养目标与学生素质发展目标体系以及校本课程发展项目与标准,指定具体教学目标、课程实施要求和评价建议,管理课程编制。

(三)过程监督是德育课程管理的有效抓手

主要是对课程实施进行组织、编排与调节。不论是管理国家课程或管理地方课程,都需要管理整个教学过程。它包括管理教科书、精选教学参考资料、编写教学参考资料、各课程教师配备、教学活动组织安排、教学工作常规等教学基本环节的日常管理以及课外、校外活动的安排、组织和指导等。此外,课程实施中教学设施的管理也至关重要。主要包括教学仪器、器材和图书资料的配备、保管、维修和更新以及设施管理制度的建立、健全和执行、检查等。课程评价在课程管理中有其独特价值,主要涉及国家课程及地方课程的有效实施评估、校本课程的开发、教材的开发利用等方面。具体内容是制定课程评价管理制度和课程评价标准,主要是课程计划、课程标准、教材、教学各级评价制度和标准,每门课程的实施评价指标体系、课程运行的阶段性评价等。

三、教师主体

在课程管理的实施中,教师是关键主体,直接影响着课程实施路线,决定着课程功能转向,成为课程价值与目标实现的决定性因素和本质性力量。教师课程管理能力包括课程理解能力、课程设计能力、课程实施能力、课程评价能力、课程开发能力和课程研究能力。意识主导行为教师的课程管理意识不仅影响着教师对整个教育活动系统的认识与理解,而且也影响着他们对整个课程系统的知觉。完整意义上的课程意识包括课程主体意识、课程整体意识、课程生成意识和课程行动意识。

(一)立足主体意识,主动有所作为

所谓课程主体意识就是在课程实施过程中对主体生存状态所具有的认识以及能够科学地处理课程主体之间关系的意识。教师和学生是课程主体组成中最为关键和积极的要素,脱离这个要素,课程实施不但无法开展,就连价值也无从谈起。课程主体意识塑造、准确认识课程,抓住课程本质即所谓的课程理解能力,就是教师对课程文本和信息进行诠释、领悟和感悟的能力。课程认识是全部课程活动开展的基础和前提,没有对课程实施主体的认识,便没有正确的教师观、学生观,也不能正确处理课程主体及其他课程要素的关系。不理解课程目标、课程设计和实施都将失去方向。准确地认识这门课,需要政策依据、理论依据、现实依据。所谓政策依据,主要是指国家为了确保我国教育的基本性质以及人才培养质量规格而制定的教育方针与政策,而学科课程标准则是衡量课程认识程度最为直接的标准,同时还要依据学科课程的理念与设计意图,课程目标与建议等。

必须认识到教师是课程主体的生存价值。教师是课程主体,是课程的设计者、组织者、实施者和评价者,虽然享有彻底的课程管理权,但课程管理成效也体现着国家、地方、学校在课程管理方面的成效,同时又限制了以学生为中心课程实施的成效。应该认识到,学生才是课程的主体,具有自身的本质和存在价值。一位教师有怎样的学生主体意识才会将学生看成是怎样的个体。课程价值的实现归根到底要靠学生作为主体,离开了学生参与就很难生成课程价值和突出学生发展。

(二)树立整体意识,系统把握课程

约束的开放性也决定了课程设计者必须时刻以开放的心态去考察课程设计。近几年来,一大批校外教育资源引进到学校中来,家校合作、校社合作等办学模式,得到了广大教师、学生和家长们的热情欢迎。课程制约的复杂性和多样性以及课程实施过程中的不确定性决定了课程设计者必须在课程设计中不断地进行创新,这是因为课程实施过程中任何两个情境都不存在同一个问题。只有有了课程的整体观念,才有可能使课程要素组合达到一种动态的平衡,才有可能寻求到理想化课程的实施效果。

确保课程设计的执行效果旨在提供一个执行的预设方案,但是一个良好的设计并不等于一个良好的执行,一个良好的方案只有被有效地执行才能实现其课程的预期价值。教师课程实施过程是一个课程转换过程,它需要教师有规范和提高的本领,能够对照课程设计和实施及时地规范和调节达不到预期目的的各种课程行为。它需要教师有评价和反思、不断总结经验、吸取教训、促进课程能力发展的本领。课程实施能力主要是建立在教师课程实践基础之上的,而教师课程经验只有通过不断地实践和反思才能内化到课程智慧中去,并在课程实施过程中不断地作出努力。

(三)强化生成意识,致力活化课程

课程生成意识是在课程设计或者实施过程中冲破“法定知识”约束,预设程序约束而产生新课程内容和课程操作程序。教师课程生成包括内容生成与过程生成两个方面。内容生成同样呈现出多样化的特点,具体表现在以下几个方面:一是对预设内容进行深度加工。教师以学生的需要和现实为出发点,将预设内容加以补、删、重新组合等加工,让内容更有针对性和时代感。在教学情境下产生内容。预设教学内容总是与真实教学内容不一样,它几乎建立在教师对于课堂的认知基础之上,真实教学内容则由教师和学生共同参与进行直播。所谓过程生成,就是不同于预设过程的课程实施的真实过程,它往往出乎人们的意料,甚至设计者也能预见到学生所做的一切,而对教育情境产生影响的各种因素防不胜防,社会因素等随时可能渗透到课堂中,政策变化、气候的变化等,均是可能改变预设过程的因素。好的过程的产生需要充分调动课程参与者的学习主动性、积极性、能动性、创造性,能充分显示出一个老师的教育机智,能完善、补充或修正预设过程的不足。如果课程管理能力不强,没有及时开发和利用课程实施过程中的积极因素,就极有可能产生消极影响,从而导致课程实施出现意外状况,难以达到预期的效果。

应发挥导向功能,搞好课程评价。评价能力是教师课程能力的重要组成部分,它是教师对课程认识在价值观中的体现。评价以沟通和促进为目的,教师评价其课程是教学反思行为中普遍存在的现象,它能够满足教师"反思性成长"需求。评价别人重在共享其评价标准、教育理念,为教师"教"或者学生"学"提供价值借鉴,从中对教学行为进行必要思考。或是总结经验,或是借鉴教训,从而为课程实践的不断完善打下基础。

(四)增强行动意识,促进成果生成

教师需要通过实践经验来习得自己的专业技能和知识,并将这些理解应用于课程行动中,以达到课程目标并创造价值。此外,教师的专业发展也必须与课程行动相结合,因为教师的课程理解和实践经验都会影响他们的专业水平和表现。教师应该在实践中运用课程行动意识来提高自己的职业能力。最后,课程行动意识是教师职业发展的核心,它可以提高教师不断学习和适应变化的能力,在提高学生学习成果的同时,也能够增强教育行业的社会价值。

教师要树立行动目标意识,即为课程设置明确的目标和要求,这样课程行动才不是盲目的,而是有针对性的,并且是有效的。

教师还应该树立行动有理有据的自觉性,寻找并设定课程行动的理论和现实依据。同时,要理解并掌握行动效率,避免无效、低效或错误的课程行为,保证课程的正向效应。另外,教师在课程实施中也必须具备一定的课程研究能力,在实践过程中不断总结经验,提高实施效果。最后,作为课程管理客体,教师还应该充分理解课程管理者(如校长、领导等)的意图,并与之相一致,配合并顺应管理工作。如果发现与管理者意图不一致,教师则需要进行交流与沟通,调整自身行为以符合管理要求,或者要求管理者调整管理意图,保证课程实施的有效性和正确性。

四、学生是自我教育管理主体

组织行为学家赫尔雷格尔认为,学校学生权力是指学生对学校行政人员和学术人员通过制度和法律规范发挥作用而形成的影响。当前,同学们凭借学生会、社团组织等能不同程度地发挥自己的优势特长。但是,我们还应清楚地认识到学生权力能否得到切实实现还缺乏有关法律法规作保证。课程管理权作为学生权力组成中的一个重要组成部分,事关学生自身利益能否实现,它既标志着学生这一群体权力体系是否发育完善,又是其他权利能否得以实现的根本所在。

(一)德育课程管理尊重学生主体性

德育课程是为学生服务的教育课程,因此学生应该是最有发言权的。学校应该赋予学生适当的课程权力,以使他们有机会参与决策和课程制定过程,从而能更好地满足学生的需求和期望。在德育课程实施中,学生可以提供有关自己日常经历和实践方面的建议,这些建议可以对德育课程有所改进,从而使其更加符合学生的需要。此外,学生也可以通过发表意见和提供反馈,帮助评价德育课程的有效性并提出改进方案。学生在学校德育课程管理中可以与其他权力主体相互制约。学生参与德育课程的决策过程和结果,可以提供对课程设计、实施和评价的独特视角。学生的看法和建议是德育课程管理中不可或缺的一部分。学生发表意见的方式有很多种,例如可以在讨论会上提出自己的看法和建议,参加工作组。同时,学生也可以通过向教师或管理层提出问题、投诉或反馈,使管理层更好地了解他们的需求和要求,以实现为学生服务的目标。

(二)加强自我管理提升德育素养

随着中小学教育模式的不断改革,学生参与德育课程管理已经成为培养德智体美劳全面发展的优秀学生的重要手段之一。通过发挥学生参与的主动性,可以有效地提高师生之间的关系和教学效果。学生积极参与德育课程管理,不仅可以锻炼他们的规划、自主安排和管理能力,还可以提高他们的综合素质,包括知识储备能力、语言沟通能力、动手操作能力和综合协调能力等。

在学生参与德育课程管理的过程中,他们需要做好如下几点——参加课前准备:在德育课程开展前,学生应该认真准备,并尽可能多地获取相关信息,这样有利于他们更好地理解德育活动的目的和意义,进而更好地发挥作用。参加课后整理:德育课程结束后,学生需要对所学内容进行总结和反思。这样,他们可以更好地发现问题和不足,并且吸取经验和教训,从而更好地完善和提高自身的综合素质。培养责任意识和主人翁意识:在德育课程管理中,学生需要承担一定的责任,对自己的工作内容负责。这样可以培养他们的责任意识和主人翁精神,从而更好地发挥自己的作用。

(三)注重学生德育主体"个性"

坚持"个性"是德育课程管理中学生主体作用的发挥,是德育中学生和教师处于同等重要位置的特殊主体。它不仅关注课本,关注教师,更关注学生个性。实际上,坚持个性,就是要反映主体和客体相互转化的适当关系。坚持德育个性同样是创造性人才培养的逻辑起点与内在要求。坚持德育工作的个性,就要求发挥人的主动性,从思想上"松绑"而这正是培养创造性人才的起点。若学生在道德行为上得到承认,赞扬与肯定,并产生一种积极愉快的心情,则会在今后的学习中主动重复。学生在完成道德行为后,要及时进行表扬,以增强学生在思想上、行为上的积极作用,抑制消极作用。

(四)加强对学生的积极评价

我们应该关注学生的德育评价,还将学生评价给学生自己,以评价推动德育实践。例如,建立学生的个人德育档案、德育银行等,囊括了学生在学校的学习、纪律、活动和生活各方面内容,并科学地设置了加分、减分项,增加成果的运用,让学生的德育分值由他们自己掌握,并且逐步使其学会对自己进行评价,使其对自己有一个正确的认识——认识到自己的缺点与不足,并且在以后的实践中也逐渐地对自己进行约束、监督。由此进一步促成其良好素养的形成与全面发展。

第四节 德育课程管理实施

一、德育课程管理实施总体设计

(一)设立专门机构,统筹课程管理

清晰的主体与合理的组织架构对落实课程管理显得格外重要。鉴于德育课程管理的全局性、系统性和复杂性,应在主管校长负责制基础上建立专门化的课程管理机构并进行全校课程规划、审查、协调、执行和监督等有关事项总负责。课程管理机构包括课程管理委员会及其所辖课程管理中心,课程管理中心根据各学校情况按学科方向分为多个管理组。课程管理机构的人员构成主要包括行政人员、教师、课程专家、行业专家、学科专家和学生,而其中非行政人员并不仅限于学校内部,它可以与学校的定位相结合来选拔校外专家与企事业的员工,在员工的参与方式方面,可以分为专职和兼职。此外,员工管理呈现出变动性和弹性化的特点,这意味着员工在工作中具有一定的灵活性和适应性,能够根据具体情况做出相应的调整。课程管理委员会负责宏观性和决策性的课程事务管理,包括拟定学校德育课程规划的共同原则和发展特色,审议与德育课程相关的教务法规,对德育课程管理中心制定的课程设置和调整方案,以及课程管理专项经费支出计划进行审议等。可以看出,课程管理委员会对于学校的整体课程规划和管理起到了重要的决策和协调作用。课程管理中心则负责全校范围内的微观课程管理事务,包括课程数量与学时控制、课程衔接、课程内容、教学手段与方式、师资与资源建设等方面。在中观层面,课程管理中心还需要建立完善课程管理制度,建立课程体系,优化课程结构等。可以看出,课程管理中心是具体负责课程运作和实施的机构,对于实现学校的整体课程规划和质量保障也起到了至关重要的作用。

(二)以课程群建设为抓手,实施课程管理

建设德育课程群,是实施课程管理行之有效的途径与抓手。课程管理中心按学

科分类直接与课程群挂钩,课程群负责人兼任课程管理中心课程专家库成员。管理中心在中、微观两个层面承担的课程管理事务由课程群牵头具体落实和执行。同时,通过对各个课程群领导在课程管理实践过程中出现的现实问题与不足进行归纳整理,并直接回馈到课程管理中心。该直线型循环式管理有利于促进课程管理效率与改善效果,其关键点在于课程群创新建设。

选择德育课程群带头人要将学科素养,以教学经验、教学水平、教研教改能力、管理责任心为标准。可以根据学校中层领导干部的遴选标准确定带头人的任职时间和基本要求。年度考核在课程管理中心和学院的配合下进行。任职期间,带头人应享有利用学校或学院分配教学经费的权利,德育课程管理中心分配课程管理专项经费可由各院校统一统筹合理支出,以更好地开展课程群建设。

德育课程群的构建应实现全员化、动态化、持续化、创新化。所谓全员化,就是凡是承担授课任务的老师均要参加到课程群中来,相反,凡是课程均要有老师到不同的课程群去进行教学。教师根据自己可以承担的课程科目和课程群负责人提出的相关要求,自愿选择并提出申请,经课程群负责人同意后签订协议进入相应课程群,同一教师可以同时担任不同课程群团队成员。动态化是指课程群建设呈动态化发展特征。一方面,由于岗位与岗位的变动、教学方向与研究兴趣的改变、课程群建设的需求等主客观因素的影响,课程群中的教师是流动的,但是通常都会将学期或者学年作为调整的期限。另一方面,将沿着学校与学院两方面的发展规划与改革方向及课程群在构建与实施过程中存在的实际问题对课程群规模与重点进行相应调整。所谓持续化,就是课程群建设这一需要群策群力不断向前推进的项目,必须有长远的建设思想和中远期规划,制定相关路径与保障措施,以保证课程群的建设能够稳定、持续性地进行。所谓创新化,就是要结合自己学校的特点,从培养学生的综合素质入手,进行多样化德育课程群建设;以知识能力融合性发展为主线,建设"大思政课"属性课程群;以复杂问题解决综合能力与高级思维培养为核心,进行高阶性与挑战度并重的特色课程群建设。

(三)落实主体赋权,实现角色转换

德育课程管理的关注点在于教师和学生。作为德育课程管理实践的执行者,教师承担着重要的责任。他们需要充分调动自己的积极性,与学生一起参与课程管理,建立主体赋权和角色转换的机制。这样,被管理者可以成为管理主体,真正实现德育课程管理的自主性。

在德育课程管理中,教师需要扮演引领和指导的角色。他们应该根据学生的特点和需求来设计富有启发性和趣味性的课程内容。同时,教师还需要鼓励学生积极参与课程管理,让学生有机会表达自己的观点和想法。这样可以增加学生对德育课程的归属感和认同感,提高他们的自我管理能力和价值观念。德育课程管理的核心是教师和学生的合作。只有通过双方的共同努力和携手合作,才能创造一个良好的德育课堂环境,促进学生的全面发展。唯其如此,课程管理才能真正付诸实践,乃至到无为而治之地步。

教师是德育课程管理的实际执行者,为了确保其有效实施德育课程,我们需要给予他们适当的参与权、话事权和培养他们的自主管理意识。这有助于教师在课程管理中发挥更积极的作用。将教师纳入课程管理者行列:为了鼓励教师参与课程管理并发挥其积极作用,我们应该将教师作为课程管理组织架构的一部分。这样,教师就可以在课程设计、实施和评估中发挥作用。提高教师参与实质性水平仅仅将教师纳入课程管理组织架构还不够,我们还需要提高他们的参与实质性水平。我们可以通过提供必要的培训和支持来确保教师理解德育课程目标和他们在其中扮演的重要角色。给予教师话事权:尊重教师的看法和反馈,让他们有参与的渠道和权利。我们可以建立一个反馈机制或征求教师的意见和建议,以便他们可以更全面地参与课程管理。培养教师的自主管理意识:鼓励教师独立思考和创新,通过授权和赋予自主权来支持他们。这可以提高教师的责任心,使他们更有动力实施德育课程。

要重视全体教师的课程意识和课程思维,从经济收益和情感满足双向渠道建构有效激励和保障机制,以指引教师归心,其在课程目标制定、课程编制、课程实施、课程评价等各个方面都参与到课程管理过程中,切实推动着教师从被管理者到管理者的角色转换。

应赋予学生课程教学的知情权、评议权,激发参与热情,学生以直接体验者的身份参与课程管理,不仅可以完善课程管理制度,使管理更有针对性,同时加强学生自我管理的意识。一定要让学生充分参与,并拥有知情权、评议权。首先要扩大参与渠道,应结合学生的特点,拓展学生、教师与教学管理部门间的互动。其次是进行以学生定位为主要内容的课程地图建设,促进全学分管理,同时采取一系列促进学生课程权力实现的举措,如增加课程信息公开度、公开学生选课权。并且期望能透过相关制度与规范化建设来协助学生切实参与到课程的组织、建构和评估中,提供依据与保证。

(四)借助新媒体平台,增强德育课程管理效能

德育课程管理还应借助网络载体之长。现代社会显著的特征之一是网络信息化,青少年通过网络接触到各种新鲜事物与前沿信息,因此接受与利用网络的比重更大。把网络技术以及互联网手段运用在德育课程实施过程当中,可以大大地促进学生接受课程,也可以使其更好地对接时代发展。所以学校一定要对自己的教育方式与载体进行创新,充分地利用网络这一载体有效地进行德育教学。在互联网技术的支持下,积极推行网络化德育来透视学生实际的思想品德需求,增强德育课程实效性。青少年主观意识较强烈,他们把课堂上所学与实践进行比较,筛选认为是错误的材料。因此在实施网络德育时,应尽量避免强行灌输式的教育,更要以讨论交流的形式引导其做出正确的抉择判断。

对网络德育课程的实施成效给予足够的关注。注重网络德育传播功能的发挥,并根据受众反馈情况随时对传授方式进行调整,从而形成一个良好的反馈机制。如果不考虑效果堆砌式地在网页中悬挂各类德育内容,这种网络教育和课堂灌输没什么两样,甚至会使学生反感。因此,运用网络开展德育活动应注意德育趣味性与思想性的兼顾。坚持以政治思想理论探讨为德育活动的主体,以其他德育活动为育人、陶冶情操、共同作用的重要途径,积极探索对学生进行德育教育的途径和载体。

结合网络教育特点开发线下德育课程。网络的虚拟化让人能够自由地表达自己心中的想法,所以有时网上的想法会更真实。学校德育工作者应吸取这种真情沟通,将心比心、诚心沟通的心声,才能收到较好的德育指导效果。德育工作者可适时选择一些社会热点问题借助网络进行研讨,并在研讨中帮助同学们厘清思想问题,增进道德认识,提高辨别是非的能力。一句话,德育课管理工作者应学会运用网络这一功能强大的信息系统对学生进行思想品德教育,引导学生端正思想。

二、德育课程管理监督反馈

(一)构建监督机制

以制度为规范,让德育课程有规律可循。制度作为行为准则既具有约束作用,又具有某种激励作用。所谓制度的约束功能,就是人与人之间在特定范围内共同遵

守的行为规范和对特定边界内人的行为的制约作用。而制度的激励功能则在于对遵守者给予一定的报酬,激发人在规范范围内理性地进行活动。应注重把握管理机制的整体性与统一性,以国家为导向,建立科学有效的监管委员会工作机制。在这一过程中学校应扮演好各个年级角色,应根据国家政策、法规、学校本身的综合能力以及现实条件制定出一套可行的德育课程管理机制。这一管理机制会贯穿于学生整个学业生涯和学校教学、科研、建设的各个环节中。这不仅要向学生传授理论知识,而且要教学生建立良好的思想品德,迎接社会的挑战。要强化中小学各年级、各阶段联动机制,促进德育课程整体设计、整体管理,切实增强德育效果。

(二)着力推进德育课程监督机制的实施

对德育课程实施效果进行监督,旨在找出课程实施中出现的问题与弊病,并通过对监督效果进行分析与优化,找到较好的课程管理方案使整个德育课程走上良性循环之路。应当指出:课程管理改革应以学校实际为出发点,以社会需求和学生生活为纽带,统筹兼顾而不游离于本体之外,应使德育课程整体实施更接近于学生需要,更契合国家与社会的发展需要,更突出德育实效。目的是为了实现德育课程实效,给予德育课程管理者适当的回报,进而带动其工作积极性和主观能动性。德育课程管理者信任激励制度的实施是指在精神层面上给予德育课程管理者更多的关注和重视,正视自己所处的位置及工作中存在的问题与失误,从正确与科学的高度给予协助,使管理者受到激励而得到工作上的荣誉与归属。又要适当给予物质与精神奖励,不定期召开研讨会、德育贡献评比会等,改变原来认识上的误区,较好地确立对德育管理的重要认识。

☆案例一 重庆市渝中区人和街小学校

1.课程的实施

本课程实施分以下四个阶段进行:

第一阶段:明确责任

(1)明确角色

①借助道德与法治、少先队活动课,集体朝会及各学科课堂,讨论交流分享有关责任的名人名言、典型案例、教育故事等,使学生明白什么是责任,为什么要有责任,播下责任的种子。

②利用"微视频微队课"资源,结合"我的责任我担当"中队主题队会,通过儿歌创编、合办小报等活动,明确自己在不同场所所扮演的角色,渗透角色意识。

（2）确立目标

①在"我是明责小主人"导行册上选择责任内容作为挑战目标。开展班级岗位竞选活动,申请自己的岗位,明确自己的岗位职责。

②举行"校园责任公区认领仪式",认领班级责任公区,明确集体责任与个人责任目标。

（3）编写计划

通过班队会,从"对自我的责任、对他人的责任、对集体的责任、对家庭的责任、对社会的责任、对国家的责任"等方面制定"责任在心　担当在行"责任目标计划书,树立责任意识。

第二阶段:践行责任

（1）践行"对自我的责任":开展"走进伟人"读书活动,举行"我的责任榜样"讲故事比赛,根据导行册选定的挑战目标,践行自我责任。

（2）践行"对他人的责任":读、讲有关责任的故事、名言,在生活和学习中,主动为需要的人提供帮助。

（3）践行"对集体的责任":履行岗位职责,维护公区清洁,做好班级校园扫除等集体事务。

（4）践行"对家庭的责任":开展"家长进课堂""'五个一'活动"和"讲家风故事"主题队会等活动,培养家庭责任意识。

（5）践行"对社会的责任":开展"学雷锋""红领巾讲解员""劳动基地体验"等社会实践活动,培养社会责任。

（6）践行"对国家的责任":开展"迎国庆"主题活动、少代会、入队仪式、"寻访家乡美"研学实践、"11·27"革命传统研学旅行,培养爱国情怀。

第三阶段:评价总结

（1）导行册评价:坚持每学月在"我是明责小主人"导行册上进行评价,请见证人为自己达到的挑战内容签字,对达成情况进行自评、他评和互评,促进责任目标达成。

（2）小程序评价:借助"劳动创造美"微信小程序,教师、家长、学生互动点评,提升履责能力。

(3)计划书评价:通过中队主题队会,依据目标计划书,总结自己的达成情况,自我评价。

第四阶段:表彰激励

(1)班级表彰:创设"班级责任之星展示窗",分享学生践行责任的典型故事和图片,每月达成目标的学生,在展示窗集中展示表彰。

(2)学校表彰:一学期结束时,汇总四个月的责任挑战及表现情况,导行册目标挑战成功,学校授予"责任之星"称号,并颁发证书。

2.课程的管理

(1)校级管理层面:学校组建了以校长负责,德育校长主抓的责任教育校本课程研发团队。以教师培训为抓手,以"全体班主任,抓普识教育""新入职班主任,抓人格培养""青研班班主任,抓思想培养""骨干班主任,抓引领作用"四个层级分层培养。

(2)年级管理层面:在学年初开展年级大教研活动时,组织老师学习《"责任教育"年级特色活动方案》,了解此活动的目的、意义、内容、方式。在校德育团队带领下,年级教师共同推进责任教育活动循序渐进地开展,引导学生认识自己的角色,明确自己的责任,学习榜样,践行责任,从认知到行动,落实责任教育。老师们处处用自己的责任行为为学生树立榜样,全员教师全程参与,深度卷入,做学生责任成长阶段的见证人和引路人。

(3)班级管理层面:班主任与班级所有任课教师共同协作,培养班级学生的责任意识。利用钉钉、微信等工作平台,做好班级管理的长效沟通。各学科在课堂管理中达成共识,在培养学生创新精神和实践能力的过程中,促进其责任品质的提升。

☆案例二 重庆市万州区清尔中学

1.课程实施

(1)实施原则

①生本性原则。

由于国家课程的统一性、规定性和单一性,往往顾及不到每个学生的兴趣爱好、实际水平和发展需求,因而长期以来作为受教育者的学生,很少有选择什么样的教育的权力。开设校本课程的终极目的是改变学校教育远离学生生活实际、发展水平、发展需求的课程运行模式。《中国传统文化经典诵读》的开发就是充分尊崇和满足学生需要，以学生素质发展、个性和人格得到更充分，解放发展和健康为目的的，在详尽的实践过程中，我们要始终坚持以学生需求为本。

②趣味性原则。

指校本课程的开发要照顾到中学生的心理特点，课程的内容要丰盛多彩，富有吸引力，使学生产生深刻的兴趣。课程的实施过程中，我们还要时时关注学生的学习感受、兴趣、欢乐，真正让学生学有所乐，学有所得。

③教育性原则。

古诗文和所有的文学体裁一样，具有认识、审美、娱乐和教育的功能，所以《中国传统文化经典诵读》校本课程的开发与实践必须考虑其教育功能，要能通过诵读经典诗文、净化孩子的心灵，陶冶孩子的情操，培养孩子的道德修养，提高孩子的审美情趣。

④整体性原则。

作为一门校本课程，它的开发实践是学校的一项基本校策，是学校个性化课程的重要组成部分，它涉及各个年级、各个学科、各位师生，所以，在实施过程中，我们必须兼顾全体，以低起点、高规格、抓全面、促个性作为指针。

⑤差异性原则。

在实施本课程的过程中，我们必须考虑实际的学生层次性、差异性，对学生，我们强调面向全体，但也不能忽视由于受个人修养、禀赋、醉心制约而呈现的水平参差不齐的状况，给予例外的学生以例外的要求和切合实际的指导。

(2)实施形式

青少年天性好动，喜欢嬉戏，纯正的背诵很难让儿童接受，必须采取开放多样的形式来实施校本课程。我们主要用诵读、赏析、竞赛、表演汇报四种形式。

①诵读：由老师根据实际情况统一安排诵读内容，学生选择喜欢的方式诵读。包括集体诵读、指名诵读、接龙诵读、男女生对读等。

②赏析：教师选择内容(内容大都为柔美的、经典的段篇)组织学生听录音或听范读欣赏其文字的柔美，从而让学生感受到文字之美，声音之美，意境之美。

③竞赛：老师安排某一时间，在班内、班与班之间，或者年级之间开展诵读赛，

例如"古诗诵读擂台赛""大家来背《三字经》"等等。

④表演汇报：利用大型节日或班队会的时间将诵读作为一种节目让学生在舞台上展示表演。比如安排"读书会""诵读会"等等,让每个学生有机会汇报展示自己的背诵、朗读才能。

（3）实施要求

①《经典诵读》课程要以学生活动为主,不能上成语文课或者语文活动课。

②充分尊崇学生的兴趣,切忌强制性要求学生背什么、背多少。

③尊崇学生的个体差异性,对例外的学生提出例外的要求,不能让学生感觉诵读是一种负担。

④实施过程中,要结合实际选择恰当的方法,灵敏安排内容和教学过程。

⑤诵读应结合实施计划,有步骤、有计划、有组织地进行,切忌无目的地读和背。

2.课程管理

（1）创新实施思路

学校经典诵读课程实施的特点是:立足实际,坚持校本,自主开发,敢于创新。充分思考国内当前校本课程和经典诵读教学存在的不足, 依托 "校本课程再概念化"的理论依据,是实践的创新,同时也提出自己的理论创新;充分挖掘和利用学校特色和积淀,开发校内外各种课程资源;充分体现以发展学生为本的课程价值观,体现了作为校本课程和活动课程,促进高中生对中华文化经典的学习,实现课程目标,发挥了课程功能;体现语文学科教学特色,与学科教学相辅相成,促进语文教学;体现基于学校的行动研究,体现实事求是的精神。

（2）充分体现课程开发实施中学生的主体作用

学生是课程的管理、开发、实施、评价的主体,课程推进的"诗吼文啸""班级实施"和"成果展示"三个阶段,由于学生的主体作用,课程具有持续的丰富的生成性,由于每一个班级和每一年的学生不同,课程又呈现出源源不竭的生命力。

（3）充分挖掘课程资源

依托教师资源,让语文教师积极参与,激发教师兴趣,发挥教师特长,指导学生高水平完成本课程;充分挖掘家长资源,家长在服装、道具、化妆、物资、表演、宣传等方面给予充分帮助和指导;充分挖掘社会资源,与泉州市歌舞剧团、高甲戏、梨园剧团、木偶剧团，文化馆、艺校，以及文艺界的校友充分联系，获得帮助和指导。比如有的同学因为妈妈在高甲戏团，成果展示的当天就带了团里的四个专业化妆师来；比如向艺校借相应的演出服装；比如聘请丰泽区文化馆馆长、播音主持等级考试国家级考官前来指导并担任现场评委。

(4)积极探索校本课程实施的评价

一是对课程本身的评价。建立一系列评价指标体系。如课程目标与课程计划的评价、课程准备与投入评价、课程实施过程评价、课程实施效果的评价，通过对课程实施过程和效果的评价，反思课程方案的合理性和实施的科学性，提高课程设计质量。二是注重对学生的评价。学生为评价的主体，将评价手段和方式由单一的静态评价变为多元的定性的动态评价，坚持发展性、科学性、适用性、动态性原则。三是对教师发展做出评价。注重评价教师参与的热情，指导的水平，取得的进步，预期的进步。四是评价形式，学生自己对照参加本课程以来的变化，自己对自己评价；教师根据学生在学习中的表现、投入程度及运用技巧的能力，给学生合适的评价。教师可以用档案袋、成绩表等方式做简单记录。

参考文献

[1]谢婧,黄孙庆.构建以人为本的高校德育课程管理体系的思考[J].高教论坛,2009(9):117-119.

[2]魏晓宇.黑龙江省普通高校德育课程管理问题研究[D].黑龙江大学,2021.

[3]陈万柏,张耀灿.思想政治教育学原理[M].北京:高等教育出版社,2015:268.

[4]习近平.习近平谈治国理政(第二卷)[M].北京:外文出版社,2017:378.

[5]哈斯朝勒,郝志军.我国基础教育课程管理政策分析及改进建议[J].当代教育与文化,2019,11(4):39-44.

[6]栾凤霞.班主任说班集体[J].新课程.小学,2016,000(2):P.206.

[7]霍莉娜.思政模式下高校德育管理问题探究[J].未来与发展,2021,45(12):90-94.

[8]聂晓锐.高中生物学生活化教学的应用研究[D].伊犁师范大学,2021.

[9]丁霞.中等职业学校德育生活化教学探析[J].克拉玛依学刊,2009(6):2.

[10]佘双好.高校实践德育课程建设的基本内容理论依据和现实策略[J].江南

大学学报(人文社会科学版),2004,3(5):5.

[11]张相学.学校课程管理主体论的涵义、困惑与实施[J].当代教育科学,2009(24):4.[22].

[12]金东海.论三级课程管理体制中的学校课程管理[J].西北师范大学学报(社会科学版),2004,41(003):100-103.

[13]冯光伟,冯一帆.教师课程管理能力提升之路径分析[J].天津市教科院学报,2021,000(001):64-68,82.

[14]王安涛.学生如何成为德育的主体[J].考试(教研版),2008(10):1.

[15]王雪.应用型高校课程管理的现状调查与改进策略[J].宁波工程学院学报,2021,33(4):118-123.

[16]于晓骁.高校德育管理工作中的问题与对策研究[D].吉林大学,2024.

第四章

德育校本课程实施

第一节　德育校本课程实施理论

一、地方化理论

　　德育校本课程普遍是指围绕当校当地产生的德育现象,为其编制的教育课程。相对于统编课程和全国德育课程来讲,校本课程,具有本地性,对学生的德育教育影响力高,说服力强。从古代教育到现代教育的过程中,地方文化对于当地学生的品质都具有不可磨灭的影响,对于中小学生的人生观、世界观、价值观的形成产生不可磨灭的作用,所以在校本课程的编制上地方文化是不可或缺的。

　　德育校本课程的特殊性决定了它从本质上是一门复杂的课程,需要我们对它进行细化,用学生善于接受的方式去教授我们所要传达的内容。余秋雨曾说过:“只有用乡民们熟知的语言去表达,文化才能够迅速传播。”以此类推,对于学生,只有用学生熟悉的语言进行传播,才能达到文化传播的最佳效果,这就是德育校本课程的地方化理论。单一的课程的学习是一个枯燥的过程,在复杂的教学过程中融合着多方面的知识,很容易使学生产生疲惫,那么在课程的开展过程中,我们把当地的文化进行多方位、立体化的收集、融合,加入知识海洋中去,那么原本单调的课程就会变得生动起来,从地方文化到中国文化,从书本知识到全面知识,课程的开展过程是一个从具体到整体的过程,学生的认知水平和能力也是一个由小到大的过程。随着地方化德育校本课程的开展和学习,学生们会发现,自己生活了许多年的地方,有着自己从不熟知的德育故事,在熟悉的环境中,学习自己熟悉的德育知识,相较仅在书本中学知识,前者会有事半功倍的效果。

　　德育校本课程就是德育课程的地方化,简单来说就是让德育课程走向更贴近学生的生活,德育知识不再单纯是书本上的文字,而是让学生从身边的事情中去学习德育知识,打破了课堂与生活的局限,使两者更好地融合起来,让学生在生活中学习,在学习中生活,两者紧密连接,不可分割,学生在生活中学习可以大大提高学生对语言课本学习的积极性,增加对德育知识的兴趣,同时也能够更好地带领学生走向学习的课堂。

德育校本课程的地方化,需要收集整合地方化的复杂资源,并对其加以利用,使德育教育更加系统化,以中华文化为基础,地方文化为点缀,两者相结合,全面发展,实现德育教育系统发展;德育校本课程的地方化,就是实现德育教育的人性化发展,让学生离开书本的束缚,通过自己的所见所闻去真实了解文化的底蕴,学习知识的内容,掌握道理的精髓,通过自己的真实体验,获得真知,建立起自己的人生观、世界观和价值观;德育校本课程的地方化,也在一定程度上提高了教师教育的创新能力,德育校本课程的地方化不仅让学生从书本上走到实践中去,也让老师从书本知识的教授过渡到了地方的实践中去,也为教师的教学提供了新的思路和无限的资源,更能够提高教师的创造力和创新能力。教师在参考书本知识的基础上,结合了地方特色以及学生的环境因素,开发出更适合学生的课程和教学方法,可以克服教师教学的单一性,也可以提升教师的成就感和责任感,同时在教学上也会产生新的收获,学生对于知识的接收效果更好。所以,德育校本课程的地方化是必要的。

德育校本课程的地方化理论是需要结合时代因素、现实需要、社会因素以及人文教育需要等条件来进行开拓和研究的。首先,我们需要时刻跟着时代的前进步伐,让学生在传统德育校本课程地方化的基础上,进一步了解新的时代需要,根据新的地方特色来发展新时代的德育校本课程。其次,在不同时代,不同地域,有着不同的地方特色和形势,德育校本课程的地方化必须要根据实际出发,结合实际需要来确定和规范校本课程的开展,才能够达到理论联系实际的最佳效果。再次,社会因素也是影响德育校本课程地方化的重要条件,社会的局势以及发展水平都是影响课程开发的现实条件,要紧跟社会的脚步,在校本课程的编制充分体现地方化的基础上,更能够表达社会所倡导的内容,传播正能量理论。最后,德育校本课程的地方化理论最终的教学目标是在课程的实施过程中,学生都能够有所成就,在德育学习的进程中,能够轻松地吸收知识,以有趣和容易接受的方式学习到更多的道理,最终在每个学生人格的形成当中起到坚实的作用,使学生能够在德育校本课程的地方化中,塑造良好的品格和人生观、世界观、价值观,成长为具有良好品格的人。

二、"以人为本"理论

义务教育阶段的学生身心发展处于稚嫩的阶段,社会接触面较窄,交往人员和环境较幼儿时期趋于复杂化,同时学生的生理和心理发展状况更加复杂,思辨能力还较低下,处于不稳定阶段,个人情绪和行为方面容易受到外界和他人的影响,在这个青少年成长的重要时期进行德育校本课程的实施,以人为本的学生观可以成为我们进行德育教育的指导理念。

德育校本课程要坚持以人为本的理念,注重学生的进步,把"人"作为德育教育的中心,教育学生、关心学生、引导学生、帮助学生,把德育教育和学生的幸福紧密联系在一起,实现学生的独特价值,使其能够健康地成长,使教育成为"人"的教育。德育是对学生的思想道德进行的教育,要充分体现对学生的学习和生活方面的关心和重视,同时在道德上进行教育,注重每个学生的不同发展,善于挖掘和发现学生的潜质。随着现代科技的发展和时代的进步以及人性思想的觉醒,"以人为本"的德育校本课程发展理论成为必然趋势。

人的发展是最根本的要求,既要以人为中心,那德育校本课程就必然不再是单纯引导学生进行学习的工具,而是为学生提供实现自己人生价值和提高道德水平的途径。提升学生自身的发展水平,是对学生主体的肯定,学生是德育校本课程教育的主体,学生的成长与发展是至关重要的,德育是一种价值取向,是培养学生尊重和爱护别人的一种思维方式,存在一定的规律性,对于学生本身,也存在一定的阶段性、规律性和发展性。首先,学生的成长是存在阶段性的,每个阶段有不同的需求。以人为本,需要切实关注学生不同阶段的不同需求,以此来更好地设置课程配合学生的学习,使学生更好地吸收德育校本课程的精髓。其次,学生作为一个独立的个体,学生的身心发展具有自身独特的规律性,教师在尊重学生自身发展的基础上,在恰当的时候对学生进行德的熏陶,使德育校本课程的教育发挥良好的效果。最后,学生是发展中的人,人的身心发展是有变化的,随着时间和年龄的增长,学生的成长是显而易见的,用固有的眼光去对待发展中的人是不可取的,要时刻关注学生的发展和进步,最大限度地发挥学生主体的主观能动性,激发学生对于德育校本课程的兴趣,培养学生的创造性思维。使学生成为一个真正意义上的有良好价值观念的人。

德育的目的就是培养学生成为德育的主人，培养出具有自主道德观念和具有高尚品格的学生。学生作为德育的主体，不能死板地接收道德知识，而是要学生通过德育校本课程的教育，达到自我发展和生存的目的。德育校本课程的教育可以培养学生的意志力、创新能力和良好的道德品质以及独立的人格和良好的道德意志。学生接受德育校本课程之后，应该能够做到直面困境，勇于面对社会上的道德障碍，正视矛盾冲突，解决道德层面上的困惑，让学生学会判断是非，提高学生的判断能力、批判意识和选择力，培养正确的人生观、世界观、价值观，在未来的社会生活中可以做到直面人生，创造美好生活。

德育校本课程以人为本，承担起了教育学生的任务，引导学生进行正确的道德认知，帮助学生树立正确的道德观念。德育校本课程教育要做到以学生为中心，帮助学校建立起完善的教学系统，建立能够帮助学生健康成长的德育模式，真正做到帮助学生成长、解决学生的实际困惑、维护学生切身利益，此外，还要做到在关心学生学业的同时，更加关心学生的进步，加快学生发展的步伐，尊重学生的人格和个性，像对待家人一样对待每一位学生，尊重每一位学生的差异发展，让学生在学习中成长，在成长中感知德育的力量。

德育校本课程的开展，应该充分体现人文关怀和道德情感两方面的理念，仁爱思想从古至今都处于重要地位。在当今时代，社会的发展和进步在于新时代青少年的进步，中小学德育教育中，校本课程占据很大的空间，在青少年身心发展迅速的时期，更应该培养学生善良、有爱心的道德品质，产生更高价值的人生观念，唤醒良知，塑造完美的人格，使之成为一个具有主体意识、创新思维、道德高尚的成熟的人。

三、体验式德育理论

体验式德育是通过对实践中产生的问题进行分析和解决，从而产生主观能动性，产生情感和意识的一种过程，需要把内在需求和外在需求结合在一起的一种有机教育形态。体验式德育的主要目的是培养学生的综合能力和整体素质，强调学生从课本回到生活中，增加参与感，在体验中自觉感悟，在感悟中内化提高个人综合素质。体验式德育以一种全新的模式，让学生的德育学习更加贴近现实生活，以体验式德育活动为载体，引导学生亲身经历德育活动中的感受，从德育场景中自主进行实践和自我反思,从而将自身的感悟体验内化为道德认知与道德品质。体验式德育在学生行为养成教育上占有重要的地位,对于传统的德育教育有着明显的效果,并且可以起到调整学生学习行为、丰富学生实践经验的作用。体验式德育可以促使学生在实践中反思德育过程,最终达到在德育实践中规范道德行为,自主提高综合素质的目的。

体验式德育教育应该做到体验、分享、认知、内化相结合,做到寓教于乐,符合广大德育工作教育者的施教方式,在中小学德育教育工作中发挥最佳作用。所谓教育的根本性任务是"立德树人",所以德育对于身心发展处于初级阶段的中小学生来说,是非常重要的,面对现代德育的舆论导向和社会现状问题,我们的体验式德育要始终围绕着社会主义核心价值观和关注学生身心发展的核心来开展,确定在发展德育教育的基础上,校内外教育相结合,关注学生成长,培养学生自主发展能力和独立创新水平,尊重学生的体验式发展,拓展德育的教育方法,创新体验式德育过程,从而做到真正提高体验式德育的普及水平和实行程度。

学生的体验式德育教育,最直接层面上来讲可以提高学生的实践技能,帮助学生在学习中养成良好的感悟能力,形成正确的道德意识。在深层次上,学生拥有了正确的道德意识,可以在实践中更好地发挥自身的主观能动性,让学生在实践中进行感悟,从而促进学生的德智体美劳全面发展。体验式德育教育更利于学生养成良好的道德行为和道德品质,在个人的人生道路上发挥着极大的作用。有研究表明,经常进行体验式德育活动的学生,相对来说更加具有逻辑和道德思维,通常都在班级里担任着一定的职务,这些学生表现出强烈的责任感和担当意识,自主生活能力也更强,更愿意做一些助人为乐的事情,善于帮助他人、服务社会,并且拥有较强的抗挫折的能力,在日常生活以及社会实践中表现出积极乐观的态度,并且在工作以及学习中更能够适应陌生和艰难的环境,具有较强的生存能力和拥有吃苦耐劳、谦虚、品德高尚的优秀品质。

体验式德育教育也更加能够增强学生的实践能力和创新能力,学生进行体验式德育活动有助于学生进行各种社会实践活动,这一定程度上激发了学生的自主活动能力和积极性,同时也锻炼了学生参与实践的能力和从实践中感悟道德的能力,提升了学生的道德水平,并让学生能够在实践中找到自主学习自主感悟道德的乐趣,从而能够更好地发挥学生的创新能力,促进学生各项能力的全面发展。体验式德育教育也是在一定程度上为学生营造了良好的社会环境和学习氛围，让学生在充满德育活动的环境中自觉感悟和学习，可以使学生充分体会到德育活动中的道理，能够做到共情，从而增强学生的道德意识。

四、内化提高理论

内化本身是指学生能够通过在实践中认识到的事物在感悟中形成自己的认知理论，德育教育的内化是学生在学习实践活动中通过自己的努力将所学到的德育知识感悟出属于自己的道理和行为，从而达到道德的新境界，这样才能达到学生道德信念的内化提高效果。作为德育教育工作者，在学生发展德育提高道德的过程中，要做到遵循学生身心发展的规律以及道德信念之间相互作用的规律，掌握道德内化提高的基础，从而提高学生的道德认知，充分发挥教育的催化作用，激发学生的内心情感的存在，排除学生形成道德情感的干扰因素，磨炼学生意志，从内心深处培养学生坚韧不拔的意志，以此来彻底达到学生道德水平的内化提高效果。德育的内化是需要通过顺从、认同、内化这三个阶段的，即德育的内化是要把社会的道德行为规范转化为学生自身的内在道德需要，成为学生自身所接受的道德观念，并且要使学生养成良好的被社会所接纳的道德行为，从而使学生能够自主地、积极地追求道德信念。这一目标的达成需要施教者与受教者达到统一的思想认知，才能够取得良好的教育成果，即要使学生对于社会道德行为规范认同和接纳，并且能够且自觉积极地去追求道德行为规范，施教者所传达的德育教育才能够真正地被接纳和吸收，并且在学生的内心深处形成自己的道德认知，提高自己的道德认知水平，这就是我们所说的德育教育的内化提高。

德育教育的内化需要学生在德育教育活动中通过实践对所经发现的道德认知进行筛选，并且能够做到吸收和接纳，从而转化为属于自己的道德观念，成为引导自己情感、行为、认知的内在力量。德育内化提高的过程是具有阶段性的，首先，中小学学生通过对于课本的学习和实践的积累已经具备一定的自我认知和社会环境认知的能力，以及能够明辨是非，这就对学生的道德认知内化提高奠定了认识基础。认识水平越高，认知范围越全面就越能够理解道德行为的科学性和实践性，这就是德育内化的基础。学生在这一阶段通过教育者的引导领先作用和自身的主动认知能力可以获得教育内容的全面理解。其次，由于道德的认同和理解是道德内化的基础,因此对于道德的认同和接受就成为道德内化提高的前提。在第一阶段学生的内化加入自己客观的理解,那么在第二阶段,学生就要通过自我意识的觉醒来进行道德认知和学习。在道德认知的过程中,学生要从自我的角度出发,考虑社会道德规范是否符合自己的认知水平,如果不符合,那么则需要教育者通过施教来助推学生的认知过程,帮助学生在德育教育活动中提高自己的水平,使学生在道德认知和全面素质方面上产生新的理解和进步,从而做到真正的内化提高。最后,在实现对道德的认同和接受的前提下,进一步促成学生道德认知的升华和提高,认同和接受在一定情况下具有不稳定性。要想使教育内容真正内化成学生自身的整体素质的一部分,就必须进行最终的教育,使学生的思想得到升华和提高,形成一种固有的道德信念。道德信念是一种主观的精神力量,也是一个学生真正获得道德认知的标志,是学生树立正确观念的前提,进而促使学生形成更好的道德行为。在学生道德认知的内化过程中,学生自身的道德信念起着关键作用,学生具有坚定的道德信念,就能够积极主动地汲取道德方面的知识和内容,自觉地进行自我吸收,从而加速道德内化的过程,最终提高自身的道德认知水平和全面整体素质,使自己拥有正确良好的道德观念。这就是所谓的德育教育的内化提高过程。

五、具身德育理论

具身德育是相对于传统的离身德育来区分的,指出了身体因素和人的周围环境之间的相互作用对于德育教育的重大影响,是不可替代的,能够有效地达到知行合一的效果。道德是存在于人的身体和环境以及社会文化的相互作用之中的,身体、社会环境、社会文化可以为学生的道德认知提供很好的理论和实践支撑,道德本身就是一种具身的、情景化的精神社会活动,是在身体和环境的作用中产生的。具身德育考察的是身体的行为方式,以及学生的道德行为对于自身的发展和成长产生的作用,反之,道德也会对身体的行为和心理产生感知。具身德育强调的是学生的个人实践和身心发展对于道德认知的作用,道德行为和意志也和学生的身体和环境具有很大的关系。

具身德育理论探究和构建的是道德心理和身体行为的具体关系及其作用,解答了道德心理机制和具体身体行为的关系问题,并且在中小学学生的心理发展规律基础上,遵循青少年的认知特点和心智发展特点规律,来制定和探索有利于青少年健康成长的新实践方法。传统的灌输式、说教式德育教育已经不能满足当代社会背景下的青少年学习。当代教育要求培养德智体美劳全面发展的学生,传统的教育方法已经远不能适应新时代培养人才的需要。具身德育教育的出现,从思想上根本变革了传统德育教育的路径,具身德育教育从学生自身的身心发展特点出发,遵循青少年认知发展特点和心理成熟规律,从个体的认知、心理需求、道德行为和道德意志出发,主张使学生沉浸在共情式、体验式、模拟式的情景当中,调动学生的感知器官,开展身体动作和情景模拟互动活动,使学生从内心深处主动产生出积极的道德认知,从而促使学生在生理和心理上感悟出具身教育的优势,达到知识和行为相统一的效果。

具身德育在中小学教育中具有广泛的应用和深远的启示。第一,学生的感知觉器官都要参与到德育教育当中,具身德育教育理论十分重视感知觉经验对于德育的作用,抽象的书本知识难以对学生的道德产生稳定的认知、情感、意志以及行为,只有最具体的实践中的感知觉经验以及身体环境社会因素的相互作用得来的经验和形成的道德认知才能对学生的个人成长和自身道德积累以及良好道德行为的养成产生重要的影响。因此,在青少年的德育教育中,说教式、灌输式、机械式的德育教育往往不能产生预期的效果,而学生参与式的、互动式的、感知觉经验式的、实践式的德育教育则能够更好地达到最佳的效果。这种具身德育教育能够充分调动学生的所有感知觉器官,从而达到良好的实践和具身经验,以此在德育教育中发挥良好的作用。第二,情感上的内化和提高即最深刻的情感体验是学生道德的基础。近年来,学生的情绪和情感体验日益受到更多的社会关注,道德的情感体验更需要具身性的实践。在道德教育活动中,要充分重视学生的情感体验性,避免对学生只进行灌输式的情感缺失性的说教教育,要对学生进行具身的情感体验,使其能够积极主动地进行具身德育活动,增加学生对于德育教育活动以及情感体验的认同、理解和共情。第三,心理模拟和动作模拟以及身体参与对于具身道德教育具有重要作用,心理模拟过程可以为学生提供具体化、情景化的具身心理体验过程,从而产生道德认知。劳动和实践的参与可以为学生提供具身实践经验,在动作模拟中产生的道德体验和经验是其他行为不可替代的。身体的实践参与也与道德的认知产生具有紧密关系,学生的道德认知、道德情感、道德意志以及道德行为都与学生的身体实践以及心理参与活动具有深刻的联系。第四,具身德育教育能够做到遵循青少的身心发展规律,传统的、说教式、灌输式的德育教育势必需要变革,具身德育教育能够充分遵循学生成长规律,制定合理的德育教育方法,在实践化、情景化的教育中使学生产生自我道德认知,在学生认知发展规律的基础上,采用多元德育教育方法,使学生在德育活动中更快更积极主动地获得道德认知、道德情感、道德意志和道德行为。

第二节　德育校本课程实施原则

一、科学性

德育校本课程的实施具有科学性。在当代社会,对于中小学生的生活和学习要求更加严格,为了给中小学生营造良好的学习和生活氛围,满足青少年阶段成长的需要,学校必须要重视德育校本课程的开发与实施。在传统教学课堂当中,教师对于学生的重视仅限于学习成绩方面, 可能造成德育方面教育的严重缺失,这些现象非常不利于中小学生身心素质的全面发展。在当代社会,文化多元化的融合下,中小学生在精神和行为方面都出现了较大的变化。青少年处于身心发展的重要阶段也是不成熟阶段,学生的思想行为极易受到外界环境的影响。这时需要德育教育给学生进行精神上的引领和疏导,以免学生误入歧途,由此引导学生形成正确的人生观、世界观、价值观,能够身心健康、茁壮成长。中小学生正处于成长的关键时期,教师对学生的引导尤为重要,我们要紧跟习近平总书记提出的实现全面素质教育的口号,学校和教师都应该转变管理观念,改变班级管理方法,充分实现德育校本课程的科学性,才能使学生成为校园中具有良好品性的人,社会上拥有健全人格的人。

德育校本课程的科学性也恰好体现了德育课程教育"以人为本"的理论,只有真正关心学生的身体和心理健康发展,时刻关注学生身心的动态变化,才能真正培育出善良、优秀、具有良好品质的学生。德育教育是一门学科,更是一门育人的顶级艺术。把握好德育教育的科学性,需要掌握科学的方法和原则加以贯彻。

首先, 德育校本课程实施的科学性需要坚持疏导的原则和方法对学生进行教育,在德育校本课程开展的过程中,教师需要对学生循循善诱,引导和疏通学生的心理,用道理说服学生,以德服人,从提高学生的道德认知水平入手,全面提高学生的综合素质和道德认知素质,使学生逐渐成为一个拥有良好作风的优秀学生。还需要启发学生的主动性,使学生自觉提高,采用鼓励式教育,多从正面积极引导,让学生能够自觉提高道德认知,履行道德规范,提高自身道德水平。

其次,德育校本课程实施的科学性需要坚持始终做到严格要求学生,课堂严肃对待学生,并且要做到充分尊重学生的个性发展和不同特长。在德育教育过程中,要始终贯彻充分尊重每一位学生的不同发展和不同要求,以及严格对待每一位学生的身心发展和成长的原则,使学生能够信任并且积极配合教师的教育活动,从而使教师对学生的影响潜移默化地深入到学生的思想和精神世界。每一个教师都应该尊重、爱护、关心、信赖学生,这是作为一名优秀教师的基本要求,也是能够做到时刻恪守岗位的基本条件,并且在其位谋其职,身在教师岗位就应该做好教师的职责。对于学生,教师既不能放任不管,也不能过于控制。因此,对于学生既要时刻严肃对待高要求,又要充分尊重学生的想法,这样才能够做到科学地管理学生,科学地进行教育,科学地开展德育校本课程,把学生培养成具有正确价值观的人才。

最后,德育校本课程实施的科学性需要坚持因材施教的原则和方法。在德育校本课程的实施中,要始终坚持因材施教的方法,从学生的个人发展情况和发展程度高低出发,尊重学生的不同个性和个体的差异性,针对学生不同的年龄和个性以及不同的思想认知水平和道德基础素质,采用不同学生不同方法的教育原则,这样才能使每一个学生都能得到对自身来说最适合的最好的教育,成为各行各业的人才。例如,对于顺从型的学生,应该采取鼓励性和夸赞性的方法,温柔对待,使学生感到教师的亲近,从而对于学习更加的有兴趣;反之,对于性情顽劣的学生,需要采用严慈相济的方法,既要让学生感受到教师的威严,又不能使学生过分害怕教师和学习,让学生在鼓励中逐渐树立起自信,对学习产生兴趣,从而能够更好地进行教育,这就是因材施教。因材施教的原则充分体现了德育校本课程的科学性,在学生不同情况的基础上,采用科学的方法对待每一位学生,以达到最好的德育教育效果。

总而言之,德育校本课程的教育并非是一刀切式的教育,需要探索和研究出科学的方法和策略,针对中小学不同阶段以及道德水平参差不齐的学生进行不同的课程开展,才能够达到课堂实施的有效性、科学性。德育教育不仅是一门学术,更是一门高深的艺术,需要仔细研究,深刻渗透,参悟其中的道理和方法,盲目的说教只会适得其反,只有科学的引导和实施才能够取得理想的效果。

二、实践性

德育校本课程的实施具有实践性。实践是人们从理论到落实的重要工具,引导学生能够在德育教育的过程中充分认识道德理论,并且内化为自身的道德行为习惯,在个人的成长道路上付诸实践。实践性是德育校本课程实施的主要原则,只有通过实践,才能真正做到学生自觉主动地通过自己的努力和实践获取知识和道德情感的积累。德育校本课程的实践主要是包括目的的实践性、过程的实践性、内容的实践性、评判的实践性四方面。德育所造就的主观精神意识是以客观的实践活动为基础的。德育校本课程的实施过程中,学生应该是占据主体地位的,而教师起到主导作用,课本和道德理论知识以及实践感悟都是我们所要采用的客体,教育者引导受教育者进行客观实践活动从而感悟到基本的道德认知,在情景化中,使受教育者能动地、主动地、客观地获取知识,感悟情感,体会道德。

德育校本课程的实践性指的是学生在德育教育过程中能够通过一系列实践活动形成自觉良好的德行,提高主动践行道德规范的能力。这也是德育教育的目的,只有在学生能够进行自觉地实践并且获得真知之后,德育校本课程实施的目的才算是达成了。反之,如果学生只能停留在言论的层面,丧失实践的动力,那么所获得的理论都是浅薄的、缺乏真理性的和经验的,那德育的目的也就没有达到,这说明德育校本课程的实施所要坚持的根本性目的是实践性的。在我国的现实德育教育中,存在许多问题,德育校本课程的实施很多地方流于浅层面的开展,缺乏科学的理论指导和实践的科学运用以及前进动力,导致德育教育的效果大打折扣。

从德育校本课程的实施过程上来看,实践性主要体现在过程当中,首先,德育的实践性原则是最基本也是最根本的原则,没有实践作为载体的德育校本课程的实施,只能是镜花水月变为传统的灌输式、说教式的德育教育,是缺乏实践经验和民主体验的认知方式,是被实践经验证实的难以推行实施的德育教育。所以,在德育校本课程实施的过程中,我们既要吸取灌输式德育教育的长处,又要充分发挥道德实践的作用,将学生学到的理论知识和学生在道德实践活所积累的实践经验完美地结合起来,才能达到道德的真正教化的效果。其次,学生道德品质的形成依托于实践经验的积累,德育教育的动机从根本上探究的是实践活动的结果。学生与学生之间、学生与教师之间、学生与知识之间的实践和结合都是珍贵的,只有通过这些道德实践的经验积累，才能真正使学生感受到社会道德规范的重要性从而自觉主动地寻求道德秩序，激发学生对于德育校本课程的兴趣，引起学生的心理道德需求，激起学生对于自身道德养成的积极性、主动性和实践性，这是道德认知道德行为形成的重要条件。最后，德育校本课程实施的过程就是有秩序、有目的地进行道德实践的过程，是学生在道德实践中不断地进行冲突、磨合、再解决问题的过程，能够使学生在道德冲击和问题中不断进行思考和反思，自觉地对问题和冲突进行解决和判断，从而自主地提高自身道德认知、道德素质和道德能力，也能够在实践中不断检验学生在社会道德实践中学习和认知的效果，验证学生当前最真实的道德状况。

由此可知，德育校本课程的实施离不开实践性这一原则，德育教育的实践性从德育的目的出发，进行德育教育的实践性过程，组织丰富多彩的实践活动，在实践活动中学生能够自觉形成属于自己的道德认知，并且能够在道德行为中显现出来。所以，我们可以知道，任何一种德育校本课程教育的实施都是无法离开实践性这一特点，否则教育只会沦为空谈主义。

三、生本性

德育校本课程的实施具有生本性。生本性原则指的是以生为本，促进学生在教育中的本性发展，使学生本能地进行发展和提高，围绕学生这个教育的主体来进行教育课堂的开展、教学目标的设定以及教育目的的实现。生本性从五个方面对学生的教育进行优化，以学生的生命为本、以学生个性为本，以学生的真实需求为本，着重塑造学生的价值，在教学中发挥学生的主体作用，塑造学生的主人翁意识，在教育中使学生能够发挥主体作用。对于学生的教育，教师应该做到顺学而教、因材施教、对症下药，不能盲目、死板地引用定论和方法，要做到实事求是，一切以学生的本性为基础，尊重学生的个性和正视课堂的复杂多样性，才能真正做到生本性原则。

学生是学校和教育存在的根本，也是德育教育的核心和主体。没有学生就没有教育的存在，没有学生的发展就没有教育事业的进步，德育教育应该以促进学生的提高和发展为目的，围绕学生主体开展德育校本课堂开展和实施，逐步培养学生的进步意识，尊重学生的人格发展，使学生能在德育教育实践活动中得到良好的发展。从"师本教育"到"生本教育"的转变,是教育层面的一项重大变革,教育应该做到把学生培养成积极乐观、主动好学、拥有健康人格的人。

学生从出生就自带发展的能力,与生俱来的思维能力、语言能力、创造创新能力都是值得教师尊重的,学生的潜力是巨大的,不能忽视每一位学生的潜能,尊重每个学生的不同发展和个性成长,是教师的基本职业操守。在德育教育中,道德认知以及行为是学习的重要资源,教师应该借助于学生自身的潜能发挥,调动学生足够的积极性,激发学生的内在学习动力,为德育教育添砖加瓦,形成良好的行为习惯。"春蚕到死丝方尽,蜡炬成灰泪始干。"教师是教育的园丁,而不是拉动学生的马夫。在教育活动中,教师应该做到"小我化",不要在德育教育中添加过多个人色彩和私心,要做到把繁杂无章的、枯燥无趣的知识整合为教育的线索和核心,引导学生快乐学习,创造最舒适的学习空间,发挥知识最大的力量,使学生更加积极地接受教育。教学是一门高深的学问,教师教和学生学深刻融合在一起才构成教学,教学要求学生在教师的引导下自觉主动地进行学习活动,而非教师一味地灌输知识。德育校本课程的生本性教育要求教师摒弃只看重分数的课堂,更重视学生的发展,重视人才的培养。在班级的组织管理中,也要做到鼓励式教育,鼓励学生学习,把学生主动学放在教师教的前面,使学生养成自主学习的习惯,提高学生自觉进行道德认知和道德行为的能力,从而培养出真正具有个性发展的学生。

生本性原则要求教师比起教会学生客观知识,要更注重教会学生做人,重视提高学生的情感价值,使学生能够主动提高感悟能力,减少学习成长期的众多繁杂校外作业,把终结性评价更多地转变为生成性评价。德育教育要求关注学生的身心健康发展,提高学生的幸福感,学生能够做到在实践和课堂中掌握主体作用,自觉体验和感受道德活动,从而发挥出德育的最大作用。

四、自主性

德育校本课程的实施具有自主性。德育教育的自主性与传统的教育思维大为不同,具有一定的进步性和超前性,其中包含了自由、平等、文明、关爱、正义、理性等内容,要求学校德育校本课程的实施必须是真正意义上的德育教育,是理性的、自由的、道德的、文明的德育,坚持德育教育的基本原则。这种德育的自主性原则要求改变传统德育教育中存在的要求过高、不切实际、繁文缛节、教学秩序混乱等现象。要根据学生的现实情况，依据年龄、阶段、不同的心理状态以及学生的身心发展特征对学校德育教育的内容进行整合，把德育教育更加的系统化。改变传统说教式的、灌输式的教育方法，根据学生的身心发展特征设定不同的学习环境和教育情景，展开多样化的德育活动，加强学生自身对于道德活动的感悟、内化和提高，最终形成学生自身成熟的道德认知和道德行为。改变学生被动接受知识的现状，是学生能够积极主动地参与道德活动，参加道德实践活动，提高学生对于德育教育的自主性。

德育校本课程的实施需要尊重德育教育的自主性，德育教育的自主性应该遵循以下几个原则：第一，自由性原则。我们必须承认，人生来就是自由的，每个人都是独立存在的个体，都有其自由存在发展的理由。自由的发展能够使学生更加清晰地知道自我的状态，达到内省，也是人们对于社会行为规范的自觉认同和一种行为上的自觉。学生首先应该做到自我肯定和自我认同，才能在学习和生活中发挥出更好的效果。当学生能够根据自己的判断能力去决定自己的实践时，才能实现实践和精神上的自由，同时也会有助于自我道德的发展。第二，理性原则。在学生思维和行为自由的基础上，要遵循理性的原则。我们有判断是非的自由，同时也应该拥有明辨对错的能力，这就是理性所教给我们的。理性原则能够引导我们的思维不以人的主观意志为转移，遵循道德意志的客观性，使学生自身的道德意志存在合理且合法，使得学生在社会环境中受到冲击的自由道德意识能够在理性原则的引导下客观存在，因此，理性原则是极为重要的。第三，价值性原则，德育教育所追求的根本性目的是培养学生树立正确的人生观、世界观、价值观，所以价值追求是德育教育的出发点。自主性德育教育的价值是追求学生的个性解放，以及学生在教育活动中自主权利的落实。灌输式的教育本身就是一种对学生人性和自由的漠视。自主性的德育教育所遵循的价值性原则要求人必须要具有社会责任感和高度的思维能力，要求学生具有自身独立的是非观念和判断是非的能力，只有这样，学生才能在自主学习的道德活动中充分实现自己的人生价值和追求。第四，情感性原则。简单来说，在德育校本课程的开展过程中，教师应该时刻关心爱护学生的人格和自尊，爱学生才能教好学生。德育本身就是塑造学生灵魂的一门学科，所以必须时刻遵循情感性原则，尊重学生的个性发展必然会在情感上有所体现。教师的德育教育应该以"关心学生、爱护学生、尊重学生"为基础，充分发挥学生的自主选择和发展创新的能力。德育教育是一种精神上的洗礼,是需要学生在道德实践活动中感悟出的发自内心的情感和期待,外界因素是难以影响的。学生的道德认知和道德行为的形成是以情感性为基础的,在情感内化的同时形成公平正义的思维,对于世界以及实践活动有所判断,以此进行自身思维逻辑引导下的思考和判别,结合社会以及实际的环境情况,最后形成自己独特的道德认知、道德情感、道德意志和道德行为。以上为德育校本课程实施的自主性原则在课程开发实施中的必要性因素。

五、多样性

德育校本课程的实施具有多样性。单一性的德育校本课程对德育教育的开展和效果是非常不利的,德育校本课程的多样化依赖于德育内容的更新、德育对象思想的进步、社会经济水平以及人们精神文明的发展。所以德育教育在一定程度上必须要做到多样化开展和实施,才能满足当代中小学生在思想上的需求。教育者都熟知德育教育需要具有实践性、阶段性、生本性、科学性、自主性、历史性等原则,却时常忽略德育教育的多样性原则。而德育教育的多样性发展早已成为时代发展的需求,德育教育的多样性发展可以有效避免德育教育出现的种种问题,例如:首先因为德育的理论单一引起的理论支撑明显不足,单纯地依靠社会主义理论支撑,而忽略了德育教育发展的实践性和世界性,哲学思辨能力明显不足,缺乏哲学理论支持;其次传统的德育教育时常重视德育自身的纵向发展,而忽视德育的横向变化,德育与其他学科的联系教学对于中小学生的教育来说极为重要,尤其是德育与教育学、心理学、社会学、自然科学的联系都是教育系统中必不可少的一部分,所以这些德育与其他学科的联系融合理论都是中小学生德育教育中不可或缺的一部分。

德育校本课程针对的对象和内容是复杂的、多变的,所以一成不变的德育教育方法和内容是无法满足中小学生的心理需求和时代发展的需要的。德育教育过程的复杂问题需要有针对性地分析和研究教育对象以及教育内容之后,再选择适当的方法进行教育,而非采用单一办法来解决,这样只会凸显德育教育的弊端,并且会在德育教育中形成教师主体进行灌输的现象,忽略和打压了学生学习的主体性,抑制了学生自我能力的提高。德育教育的单一性表现在德育教育评估的单一化,具体表现在评估主体、评估指标以及评估方法的单一性。德育教育的评估主体一般是固定的部门站在固定的角度去进行评估,难免会出现忽视多角度评估的现象,评估指标是按照常规的一些法则和大纲进行评估,这些参照标准都是单一的,评估方法或以数量为准或以主观评估为准,这些方法都是单一且不利于多种方法评估的综合利用。以上种种问题都是忽视德育教育多样化的后果,此种结果明显表现为学校德育教育的教条化、刻板化、形式化,使学生对于德育内容的学习缺乏积极性和主动性,对德育教育丧失热情,甚至产生排斥抵触的反感情绪,严重则成为只关注知识的灌输而忽略学生身心发展的实际,脱离社会发展的实践性,违背了德育教育的根本目的。

德育教育的多样性是在尊重学生的发展状况基础上,适应社会经济发展实际的要求下,以德育内容和结构为依据的决定。首先,学校德育校本课程的多样化具体表现在几个方面:第一,德育教育研究和分析方面的多样化。一般表现为德育的价值理论取向趋于多样化,在吸取传统的精神文明精华的同时,接受外来西方文化的优点,融合为自身独立的理论依据。第二,表现为德育理论层次研究的多样化。对于德育的理论层次进行划分,有助于加强德育研究的丰富性,建构合理的德育教育队伍。第三,表现为德育教育研究方法和技巧的多样化。使用丰富的方法进行德育教育的研究,能够最大程度上实现德育教育的育人性和实践性。其次,学校德育校本课程的多样化还表现在学校德育教育的方法途径和技巧层面的多样性,要做到拓宽德育教育的方法和途径技巧,多层次多方面实行德育教育。注重学校德育评估的真实性、多样性、客观性,避免主观倾向影响评估结果的现象。针对不同内容、不同对象,要采取不同的方法进行德育教育,才能做到因材施教,使每个学生都能学有所得。

第三节 德育校本课程实施路径

一、全面开展德育主题教育活动

德育教育是中小学生教育的重要组成部分，道德在每个学生的人生中都不可或缺，全面展开德育主题教育活动是增强中小学生德育知识的重要途径，有利于培养学生良好的道德品质，形成正确的价值观。因此，德育主题教育活动的开展需要做到以下几个方面：

第一，充分全面提高德育教师队伍的思想文化水平。夯实以德为先的指导思想，坚定德育教育为学校教育重要任务的指导方针。首先校领导和各级教育工作者应该树立起"德育为先"的思想，以发展德育教育为首，提高学生的素质教育，全面促进学生的多元化发展，高度重视德育主题教育活动的开展和举办，制定合理可行的主题教育活动政策和计划，加强教师队伍的积极性和引导性，家校充分合作，加强领导监督，切实提高学生道德素质水平。

第二，提高学校领导和教师队伍的德育水平和能力。德育教育的单一性发展和存在的各种弊端，与教师队伍的德育水平参差不齐有很大的关系，许多地方存在德育主题教育活动流于形式化和片面化的情况，这是教师对于德育主题教育活动不够重视的结果，没有充分认识到德育主题教育活动开展的必要性和意义。教师是学校德育主题教育活动的组织者，所以在德育主题教育活动的开展和实施过程中，教师的角色尤为重要。教师应该主动自觉地提高自身德育水平，不断加强自身的道德修养，才能做到有计划、有效地进行德育主题教育活动，才能在活动的开展和实施过程中做到真正表里如一，切实提高学生的道德素质。

第三，不断加强和坚持学生的德育主体地位。无论是在任何形式的教育中，学生都应该处于主体地位，而非被动地接受知识，中小学学生是德育主题教育活动的主体,应该尊重学生的主体地位,并且发掘学生的内在潜力,使学生能够在德育教育主题活动中充分发挥自身的积极性和主动性,在自觉学习和参加实践中获得道德认知。学生能够在德育教育主题活动中积累实践经验和道德情感,有助于促进学生正确认识自己,树立自己的道德意志,实现自我的发展。

第四,德育教育主题活动应该做到学校与家庭、社会等层面的合作共赢。影响学生发展的因素有很多,学校环境只是一部分,社会与家庭环境对于学生的影响也是极为重要的。所以,单纯依靠学校的力量难以真正实现德育教育的普及,需要家庭、学校、社会共同合作,为树立学生良好的道德品质奉献力量,学校应该做到和家庭、社会方面及时沟通、汇报情况、共商对策来帮助学生提高思想道德水平,积极主动地树立自身良好的人生观、价值观、世界观。

二、精心设计主题班会活动

主题班会活动是班级管理中一门独立的学科,发挥班主任职能,切实提高学生思想素质的一门必不可少的课程。班会是一周以来班主任对于班级内学生的表现以及发展生活方面的问题和事务进行的总结,也是分配未来一周的计划的好时机,更是老师对学生进行思想道德教育的重要工具和最有效的形式。

首先,班会在一定程度上能够提高学生对自身问题以及其他问题的认知水平。从某种意义上来说,主题班会的开展一般是针对某些问题与学生进行分析,使学生能够清晰、明确地对问题有一个完整系统的了解和认识,从而增强学生在思想道德能力上的对问题的判断,提高学生明辨是非的能力,使学生能够做到分清对错、善恶以及识别美丑和是非,增强自身的道德素质能力。

其次,班会主题活动的开展可以提高学生自我教育的能力。一个有意义的主题班会的开展,从设计计划到实施,再到最后的总结升华,都需要学生的参与。学生要在主题班会的开展中占主体地位,发挥主要作用。这种活动的参与,可以提高学生的组织能力,增强创造力和活动能力,这使学生能够发挥自己的最大作用,从而在提高自身能力的基础上也能够获得成就感和自信,使得学生对自身的要求不断提高,增强自我进取的精神。

最后,班会活动主题活动的开展可以不断加强班级队伍建设,增强班级凝聚力。一个有凝聚力的班集体是需要通过全体师生的参与以及各种班级活动的开展来实现的,主题班会就是增加班级凝聚力的重要手段。多次组织得当、效果良好的主题班会的开展,能够使学生增强团结力、凝聚力,起到使全部师生团结起来的作用。同时,主题班会是一项需要师生共同参与的活动,在共同参与活动实施的过程中,可以增强师生之间的了解和互动,使师生之间的关系更加亲密。良好的主题班会活动可以对学生的思想进行洗礼,触及学生的灵魂,为学生的成长添光加彩,在学生的思想道德的渴求期注入良好道德的甘露,使学生未来的成长与发展深深铭记,留下深刻的印象。

总而言之,主题班会是一项能够教会学生明辨是非、分清对错、提高自身认识能力、开展合理教育、促进学生身心全面发展的良好活动。可以为学生树立正确的人生观念和价值取向起到良好的教育作用,抓住学生在精神方面的升华,关注学生情感变化,加以引导,使每个学生都能够在主题班会活动的开展中树立正确的道德认知、道德意志、道德情感和道德行为,促进学生的健康成长。

三、全力营造校园德育环境

在中小学德育校本课程开展的计划下,势必要做到全力营造良好的校园德育环境。一个良好的校园德育环境是所有校园德育工作开展的基础,是保障校园德育工作能够有效实施的基石。中小学时期是学生进行道德思想建设的重要阶段,因此,此阶段的校园德育工作尤为重要,会影响学生一生的成长和发展。所以,在学生发展的重要阶段,一定要为其营造良好的德育环境,使其对学生的思想进行熏陶,为学生的德育校本课程的开展创造良好的条件。在德育为首的要求下,为学生营造良好的德育环境,使学生能够从小接受良好道德的影响,促成其道德观念以及道德行为习惯的培养,使学生在耳濡目染中接受德育的熏陶,促进良好的道德行为习惯的产生和高尚的道德品质的养成。针对全力营造良好校园德育环境,我们应该做到以下三点:

第一,创造德育气氛深厚的校园的环境。我们大家都知道广为流传的"孟母三迁"的故事,这个故事告诉我们一个生动的道理,环境对于人的影响是非常深刻的,甚至于可以在一个人的成长中起到关键性作用。中小学生接触最多的环境便是校园环境,所以,我们要做到为学生提供一个良好的德育校园环境,使学生在校园生活和成长中时刻受到德育教育的熏陶,学校可以利用宣传栏、板报墙、学校广播、墙壁提示语等进行德育传播,在传统节日、集体活动以及班会中都可以进行德育活动的开展,在整个校园内营造浓厚的德育氛围,使学生在潜移默化中受到德育教育的感染。

第二,创造良好美观、干净整洁、温馨舒适的班级环境。学生的学习生活大多数时间是在班级内完成的,学生在校园内接触最多的就是班级环境、班级的老师和同学,所以,班级环境能够在潜移默化中深刻地影响着每一个学生的行为习惯和精神面貌。因此,班级德育环境的建设非常重要,宽敞明亮的教室、整洁干净的桌椅、统一美观的校服等都是班级建设的重要内容,这些环境的营造可以培养学生勤劳善良的品格,树立爱劳动、爱学习的良好品质。

第三,创设团结互动、积极向上、奋发图强的班级文化。班集体想要从松散的个人变成团结的集体,必不可少的因素就是班级文化。班级精神文化的建设影响着班级全体学生的精神风貌、班风班纪。积极向上、奋发进取的班级文化可以从无形中影响学生,带给学生正能量和积极的班风。在德育教育的开展过程中,班级精神文明建设是不可忽视的重要环节。班级精神文明是全体师生智慧的结晶,可以最大程度上调动学生的积极性和奋发性,使学生能够在班风建设过程中提升自己的参与感,自觉形成团结友爱、互帮互助的班风,这不仅有利于班集体的建设,更有利于学生个人的进步和发展。

总之,中小学生德育工作的建设离不开全力营造校园德育环境的助力,要想让学生形成良好的品德,提高自身的道德认知,就必须重视校园德育环境建设,才能让学生潜移默化地接受德育教育的熏陶。

四、精心组织开展家校共育活动

德育校本课程的实施需要家校合作共同精心组织家校共育活动。每一个孩子的成长,都需要学校、家庭、社会的共同培育,孩子的成长效果取决于学校、家庭、社会教育的一致性。如果各自为政、不团结合作,那么学生的成长过程就会有所缺失,要做到学校和家庭社会的完美合作,就要经常组织、开展家校共育活动,家校共育活动的开展,有以下三方面的要求:

第一,学校和家庭之间要达成合作共识,有统一的教育理念。学生的成长,学校和家长需要共同参与,才能真正地了解学生,走进学生的内心世界,需要积极参加家校共育活动,共享生命的成长。学校做好家访活动,向家长及时合理地传达学生情况,家长主动积极配合学校工作,督促和激励学生的学习和生活,共同合作促进学生的全方面发展。

第二,家校合作形成教育合作力。家校合作可以推进家长的素养和水平,更新家长的教育观念。学校可以提供培训机会,使家长能够通过学习接受科学的教育方式,相互间交流分享经验,达到成熟的教育水平,从而促进学生的健康成长,让学生感受到家庭与学校的温馨。家校合作不仅可以提高家长的素养,也可以提升教师的素质,促进教学效率和质量的提高,形成良好的家校关系、师生关系,为教师的合理教学提供条件,得到家长的充分信任和支持,更有利于学生的德育培养。同时家校合作也能丰富教学资源,让更多的家长参与到教育活动中来,让学生的学习延伸到家庭和社会实践上去,促进学生的主动成长,自觉提高。

第三,家校合作创建丰富平台,促进学生全面发展。学校可以通过召开家长会、举办家长开放日活动、陪读、教师家访等形式来推进家长与学校与学生之间的团结合作,家长需要参加家长会以及各种形式的家校共育活动,来参与学生的学习和生活,了解学生的德育发展状况、身心发展程度以及是否具有良好的道德素质。只有家长和学校共同关心和关爱学生,一起助推学生的学习和发展,才能真正意义上促进学生的进步,推动学生的道德品质的提高。

五、努力创新"互联网+"德育模式

在现代科学技术不断发展的背景下,德育教育的模式、方法、工具和平台都应该随之变化,现在的德育教育应该合理借助互联网科技来开展。创新德育教育模式,让德育教育工作能够更简便快捷地开展,达到更好的效果。"互联网+"是现代德育教育发展的必然趋势,随着互联网在德育教学中的使用,可以大大地提高教学工作质量和工作效率,拓宽德育教育途径,让德育教育的视野更加开阔,实现德育教育的有效创新,但是互联网和德育教育的合作,并不只是两者的简单相加,而是两者的深度融合入,才能真正发挥出"互联网+德育教育"的有效作用。对于互联在德育教育中的使用,我们要警惕本末倒置的情况,要分清楚主要和次要,针对互联网和德育教育目前存在的不合理情况,我们可以做以下三方面的努力:

第一,互联网始终是德育教育开展的有效工具,是创新的技术,而德育教育才

是我们所要追求的核心和目标。德育教育的根本目标是促进学生的发展,互联网的存在就是帮助德育教育更好地实现学生的进步,为德育教育提供一些技术保障。教师在运用互联网的过程当中一定要时刻谨记,德育教育才是核心,结合德育教育来发挥互联网的最大作用,才能最大限度地保障学生在这种创新模式下的有效进步和发展。

第二,学生在德育教育中始终处于主体地位。互联网是学生学习的信息化资源,无论任何教育活动的实施,主体都应该是学生,在当代互联网下的德育教育同样也是。互联网起到提供课程资源的作用,而学生应该充分利用互联网所提供的便利进行学习,有效打开知识面和互动范围,打破地域、语言、背景的局限,促进学生能够接触和学习到多元化的知识,获得丰富多样的资源,更有利于学生的全面发展。

第三,教师在互联网德育教育中占据主导地位。互联网是教师的教学平台与教学方式,教师在使用互联网进行教学的过程中,首先应该具备创新的意识和创新的教学素质,才能够更好地运用互联网进行教学,提高自身的德育教育的工作质量和运用现代化科学技术的水平。教师在互联网运用中要充分发挥主导作用,加强自身对于互联网资源的学习和吸收,将德育教育工作与互联网信息资源紧密结合起来,合理利用互联网教学平台发挥最良好的水平,从而增强学生对于道德的认识,提高德育教育效果。

总的来说,互联网技术为我们的德育教育工作提供了极大的便利和丰富的教学资源,有效发挥了自身和教师的作用。但同时也要为学生创建良好的网络氛围,引导学生文明使用网络,避免出现沉迷网络,影响学生身心健康发展等弊端,帮助学生建立正确的网络运用的意识,使学生能够在网络上合理有效地学习德育知识,提高自身德育素质,建立起正确的价值观,促进自身的全面发展和进步。

六、积极开展德育主题研学旅行活动

研学旅行活动指的是研究性学习和学生旅行体验相结合的一种校外的德育教育活动。与传统的德育教育模式不同,研学旅行活动需要学校、家庭、社会三方有效合作,促成学生的实践性学习。在新时代德育教育的需求下,研学旅行能够适应学生的有效学习和终身发展,提高学生的综合素质。

研学旅行能够拓展德育教育的新模式,打破形式化、理论化的弊端,通过学生的亲身实践和经验的主动积累,学习到德育知识。如果只是简单依托课堂进行德育教学,便会枯燥乏味,难以激发学生对于德育学习的兴趣和积极性,所以需要转变德育教育模式,拓宽德育教学渠道,增加教学的趣味性和吸引性。充分利用校外的资源,使学生获得自己动手实践的机会,有利于学生自己对于道德认知的感悟,研学旅行活动能够有效地将校内德育教育和校外实践经验结合起来,学生能够了解到更为全面的德育知识。研学旅行在一定程度上更加尊重学生的个人兴趣和个性发展。学生的道德发展过程应该是自主地学习,自己通过理论的研究和实践探索出认识的过程,学生从自身的实践出发,不断探索,主动建构出属于自己的道德认知,同时还可以通过集体活动,增强团队合作的能力,使学生在集体活动中得到实际锻炼,在自主发展、合作参与、创造实践的过程中,充分发挥德育教育的实效性。

研学旅行需要通过结合德育教育的主题来开展,研学旅行的根本目的是承载德育教育的任务,所以应该合理地将研学旅行与德育教育的主题融合起来,有选择性、针对性地进行研学旅行。再者,研学旅行是以学校、班级为单位开展的集体活动,需要家庭、社会各方面的配合,需要教师和学生共同合作,相互探讨,学习总结,得出真知。研学旅行活动可以有效地提高学生的创新能力和实践动手的能力,促进学生主动地将自身的道德认知转化为道德行为,对学生的道德发展具有推进作用。在评价的过程中,不能单纯地以分数或者成绩作为唯一评价标准,需要采取多元化的方式,才能够充分发挥学生的潜能,提高学生的道德认知能力和道德素质,在良好的德育教育模式下,促进学生的健康成长和全面发展。

七、切实加强学科综合育人功能

教育部已经指出,当代德育教育就是要完成以德育人的根本任务,需要做到统筹各学科,充分发挥各学科的优势,提升学科的育人价值,加强各学科之间的联系和合作,发挥各学科统筹的综合育人功能,不断提高学生在德育学习中的综合运用能力,能够运用知识解决实际问题,培养学生的核心素养,发挥出学科的教育意义。

长期以来,在德育教学过程中,各学科之间相互孤立,常常出现各学科单打独斗,难以合作甚至相互作对的情况,这会极大地伤害学生对于学习的兴趣和积极性,并且导致教育资源的浪费,使德育教育前进缓慢甚至停滞不前。现在应该加以有效改变。每一门学科都有自身所存在的意义,对于学生的道德发展和成长进步都具有不可磨灭的影响。但是,单独的一门学科影响力是极为有限的,我们在德育教育过程中,在发挥各科的独特优势的同时,需要做到学科之间相互融合,使教育发挥出最大的能量,在学生的学习过程中发挥出良好的引领作用。

切实加强学科综合育人功能。需要做到站在学生的立场上,充分发挥各学科的优势和综合力量,能够融合各学科之间的优点和长处,在教学中更好地发挥出各学科的作用,使学生在获取知识的基础上,能够学到更全面、更系统的道理。尤其是对于德育校本课程的实施来讲,各学科之间的融合发展,综合育人是非常重要的。德育教育不是一门单独的课程,也不是一名教师、一个学科就可以承担起的。德育教育相对于语数外等知识课程来说,更需要各学科知识的融合,在各个学科教学中渗透德育知识。德育教育需要使学生在潜移默化中产生属于自己的道德认知、道德情感、道德意志和道德行为,而不是教师刻板地、机械化地传输给学生固定的德育知识。所以,需要加强各学科之间的团结协作,实现优势互补,在各学科的学习中促进学生的全面发展,达到各学科之间的共赢,提高德育教育以及各学科教学的育人价值。在各学科的教学中也要做到将实践融合进去,引导学生在实践中达到各学科的融合吸收,在实践活动中实现跨学科的融合,引导学生在每一学科中都能够通过自己的感悟,体会到更多的道德知识,真正把各学科的知识与德育知识融合起来,真正了解活动的内涵和意义,实现在各科教学中传递德育知识,达到各学科协同育人的目的。

八、着实加强德育主题社会实践活动

德育主题实践活动的开展是系统地贯彻国家教育方针政策的结果。国家提倡真正做到把学生的科学文化知识和思想道德教育完美结合起来,实现书本知识与社会实践活动的融合,培养学生逻辑思维能力、科学文化知识的同时,更要锻炼学生的社会实践能力和创新能力,实现学生的全面发展。所以,德育主题实践活动的开展在德育校本课程的实施中是不可或缺的。我们要做到以科学的思想为指导,在家庭、社会、学校三方的合作中,把中小学生都动员起来,使学生能够积极地参与各项社会实践活动,引导学生在道德社会实践活动中,培养自己的道德认知和道德意识,养成良好的学习习惯和道德习惯,促进学生身心的良好健康发展。我们在德育

主题社会实践活动中,可以有几方面的内容:

第一,积极开展以学习为目标的德育主题实践活动。在此类社会实践活动中,学科学习是不容忽视的,从各学科的教学中,积极提高学生的综合素质,所有学科的教师都应该具备责任意识,能够承担教育学生的责任,在结合自身学科特点的基础上,充分发挥学科优势,寻找学科中的德育知识,与学生的实践有机结合。通过各种综合实践性学习活动,逐渐培养学生的实践能力和创新能力。并且在学生的成长中,要注重养成教育,引导学生能够自己主动地从身边小事做起,形成良好的道德行为习惯。

第二,注重开展培养人际交往能力的德育主题实践活动。培养学生能够在人际交往活动中提高自己的交际能力,与同学、家长以及社会的良好交往是学生能够健康成长的必要条件,所以要积极引导和培养学生参与人际交往实践活动,在各种活动中克服自身的缺点和恐惧,提高自己的自信心,形成正确的价值观。

第三,积极开展培养学生独立能力的德育主题实践活动。学生在德育主题的实践活动中,不仅要学会德育知识,提高创新能力,也要提高自己的自理能力。学生处在身心发展较迅速的阶段,家校应该共同合作培养学生的自理能力,使学生在德育主题的社会实践活动中能够对自己有清楚的认知和定位,锻炼学生的自理自立能力,使学生能够在生理以及心理上都有一个完整的人格。

第四,在实践活动中要长期并且经常性地开展学生心理辅导活动。着力于使学生在德育主题实践活动中能够培养自己健全的人格和形成正确的价值观,注重学生的心理辅导,开设心理健康课程,使学生在德育实践活动中能够有一个全面健康的成长,同时也能提高学生的文明程度。

第五,积极开展各种抵制不良网络主题的德育实践活动。学生正处于身心发展的敏感期,需要有正确的引导,在信息化发展迅速的时代,教学中也会普及使用网络工具,对于学生来讲,网络是便捷的、快速的,但是学生对于网络的使用应该有一定的限制,尽量避免网络的负面影响学生的健康成长。多开展网络安全知识讲座,参加各种实践活动,使学生能够正确地认知网络,从而保证学生的正确道德认知不被消极的信息带偏,能够形成良好的道德品质。

九、努力开展德育主题社会服务活动

积极开展公益类型的德育主题实践活动。学生健康成长需要知识的教化,更需要情感的升华,学生在学习知识的过程中,最重要的一点就是培养学生的责任心和奉献精神,使学生懂得应该为国家、为社会、为家庭付出自己的力量,在家能够主动做家务,在学校能够积极参加劳动实践活动,在社会也应该能够做一个有责任心、有爱心的人,才是一个成功的人。

服务社会、服务国家、服务家庭是学生应该培养的品质,学生要从小学开始培养为国家、社会服务的态度,承担起责任,尽自己的义务。学校要把公益性的社会服务实践活动列入学校各项教学计划和实践活动计划中,为各种实践活动确立主题,为学生参加实践活动、培养道德意志和道德行为搭建平台。鼓励学生积极参加各种公益性实践活动,服务社会,例如,参加各种进养老院的活动,到学校社区附近养老院进行参观和服务,使学生能够在帮助和服务的过程中自觉感悟,引导学生积极主动地形成道德行为和道德情感。

在社会服务实践活动的开展中,学校在工作中需要做到加强领导合作,形成合力,要把德育主题的社会服务活动作为学生建设道德认知和道德行为的重要载体,切实加强学校和教师能力建设,把德育主题的社会服务实践活动和学生的日常学习生活有机结合起来。在德育主题社会服务实践活动工作中一定要切合实际,务实求真,真正意义上促进学生的全面发展。做到每项活动都有主题,计划安排周详,落实快,在师生的全体参与中促进学生的健康发展。在工作中建立安全机制,确保学生在德育主题社会服务实践活动中能够安全健康地参与和感悟。同时要完善评价机制,使学生在活动中学有所得的同时,能够受到鼓励,以及对自己产生清晰的认知和定位,知晓努力的方向,也更能促进学生的自信和长足发展。

在德育主题的社会服务实践活动中,我们可以进行一些讲座活动来提高学生对于社会服务实践活动的了解和认知。例如,生命教育讲座、热爱劳动教育讲座、诚信教育讲座、社会实践体验活动知识讲座、爱国主义教育讲座、感恩教育知识讲座等。在充分吸收讲座知识的基础上,学生能够发表自己的看法,从而促进学生对于德育教育社会服务活动的分析和了解。使学生能够更好地进行社会服务实践活动,在活动中感悟道德知识,提高道德水平,促进自身的全面综合发展,提高自己的道德素质。

十、着力开发职业体验活动

学校在德育校本课程的实施过程中可以有效开发各种职业体验活动。职业体验活动的教育目的就是以学生的发展为出发点,关注学生的发展需求,尊重学生的选择权,让学生能够自主地进行选择,让学生在学习必要的职业体验活动知识技能的同时,通过各种职业体验活动的开展,帮助学生能够形成正确的思想道德观念和健全的人格和良好的品德,树立正确的职业观念、人生观念、价值观念以及劳动观念。培养学生自主规划职业的意识,同时提高动手能力、创新能力、劳动能力,促进学生的健康发展,使学生能够在体验活动中成为更好的自己。

学校开展职业体验活动是职业教育面向社会学生的要求,可以是学生了解和认识各类职业,体验其中道理,职业体验活动能够使学生感受到各类职业的特色优点,准确地找准自己的兴趣,达到自身的全面发展。职业体验活动可以促进学生培养的质量提高和精细分类化,更加专业地传输职业教育知识,使学生能够更全面地了解自己的兴趣,建立自己的职业规划。针对职业体验活动,我们可以开展以下几方面的教育:

首先,可以引导学生积极参加多类职业体验活动,丰富学生对于职业的认知,培养学生建立正确的职业观、劳动观、价值观。让学生在职业体验中增强自身的实际操作能力,帮助学生增强职业规划的意识和水平,在体验职业活动的过程中培养出良好的劳动品质和人生价值观。

其次,可以通过各种活动和知识讲座,培养学生的职业兴趣,提高学生自身的职业创新能力和科学文化知识素养。让学生通过职业体验活动,了解现代的职业项目和规划,在体验过程中激发学生的职业兴趣,培养劳动热情,提高创造力和创新力,从而促进学生的全面发展和提高。

再次,可以为学生营造良好的职业活动体验氛围,通过氛围感染学生,充分了解职业活动的本质和意义,让学生充分地融入职业体验活动中,构建良好的教育体系。学校、家庭、社会积极引导和帮助学生进行职业体验活动,达到德育教育的根本目的,加大学校职业体验活动的创新力度,增强教师的积极性和主动性,引导学生自觉参与、自觉感悟、自觉提高。

总之,学校着力开发职业体验活动的目标是培养学生的职业兴趣,使学生有系统的职业认知,引导学生进行合理积极的职业规划,促进学生的全面健康发展。让学生能够找到兴趣,实现进步,从而提高学生的科学文化知识和思想道德水平。在活动中逐步提高学生的道德认知和道德行为,为学生的成长添光加彩,提高道德素质,实现德育校本课程实施的根本目的。

☆案例一　重庆市巴蜀小学

1.课程实施

从 2009 年开始,伴随着学校律动教育的研究与发展,巴蜀小学近 12 年的"律动童年"节假日序列化课程经历了实施启动、学科共育、选点突破等过程,在不断深入开展的教育实践中,聚焦每一个教育现场,分步骤、有节奏地卷入更多的老师与家长参与实践研究。在做中学,学中悟,不断总结方法,提炼策略,由关注一个个现场创新的点,由点及面,串珠成线,关注学生的全息化生活,把每天、每月、每期、每年的活动纳入系统构建,逐步形成课程实施系统。

(1)建立课程实施团队,形成育人共同体

课程实施的内容依托道德与法治学科的教材内容,以主题化、序列化的方式呈现;课程实施的方式采用了综合实践活动学科的基于问题,探究学习的方式;课程实施还充分运用班队活动组的实践平台,由道德与法治、综合实践活动和班队活动组三个团队的人员为主要牵头,带动各学科教师和协同实施,形成节假日课程育人共同体。

(2)坚持"小中大"课堂一体化实施,助推课程落地

表 4-1

项目 节日	时间	小课堂		中课堂		大课堂		育人价值
		内容	人员	内容	人员	内容	人员	
春节	农历正月初一	开展"春节知多少"主题队会	学生班主任	"迎春节庆丰收"游园会	学生班主任班级联盟	"我爱春节"主题实践活动	学生家人	学习、继承中华民族优秀文化传统,体会师长、亲人、同学、朋友之间的无私的亲情、友情,感受传统节日习俗的丰富内容。

（续表）

项目 节日	时间	小课堂		中课堂		大课堂		育人价值
		内容	人员	内容	人员	内容	人员	
清明节	农历三月初五	"致敬英雄缅怀先烈"主题队会	学生班主任	"致敬英雄缅怀先烈"主题校会	学生班主任班级联盟	"春天的怀念"——清明节主题实践活动	学生家人	了解清明节的来历。带领学生去当地的烈士陵园参加公祭活动，让学生了解今天的幸福生活来之不易，要倍加珍惜。
端午节	农历五月初五	"粽叶飘香走进端午"主题队会	学生班主任	"端午知多少"年级知识问答比赛	学生班主任班级联盟	"粽叶飘香走进端午"——端午节主题实践活动	学生家人	学习端午节文化，激发学生的爱国热情和民族自豪感。
中秋节	农历八月十五	"花好月圆庆中秋"主题队会	学生班主任	"月是中秋分外明"主题校会	学生班主任班级联盟	"月是故乡明"——中秋节主题实践活动	学生家人	通过了解家乡过中秋的风俗习惯，激发学生热爱家乡、热爱祖国的情感，体会家庭欢乐、生活甜美的幸福。
重阳节	农历九月初九	"九九重阳敬老知礼"主题队会	学生班主任	"九九重阳敬老知礼"主题校会	学生班主任班级联盟	"九九重阳敬老知礼"——重阳节主题实践活动	学生家人	旨在培养学生敬重老人、关心老人的良好品质，让学生懂得"孝敬长辈，尊老敬老"是每个人应该遵守的道德规范。设置简单的节日探究活动，让学生感受、积淀、传承中国的传统文化。
二十四节气(春分)	农历二月初八	探讨并填写"春分计划"学习表	学生班主任	开展"春分发现"交流会	学生班主任班级联盟	"趣探春分"主题实践活动	学生家人	汲取中华民族先人智慧和传统文化的滋养，趋合时代，茁壮成长。

（续表）

项目\节日	时间	小课堂		中课堂		大课堂		育人价值
		内容	人员	内容	人员	内容	人员	
二十四节气(立夏)	农历三月廿四	探讨并填写"立夏计划"学习表	学生班主任	开展"立夏发现"交流会	学生班主任班级联盟	"趣玩立夏"主题实践活动	学生家人	着力把孩子引向生活,引向大自然,引向劳动实践,培养真正在生活中观察、体验、实践、感悟的能力,促进班级学生合作探究和家庭亲子实践,让学生在学校、家庭、社会三重生活的共同关照下,汲取中华民族先人智慧和传统文化的滋养,趋合时代,茁壮成长。
二十四节气(秋分)	农历八月十七	探讨并填写"秋分计划"学习表	学生班主任	开展"秋分发现"交流会	学生班主任班级联盟	"趣寻秋分"主题实践活动	学生家人	着力把孩子引向生活,引向大自然,引向劳动实践,培养真正在生活中观察、体验、实践、感悟的能力,促进班级学生合作探究和家庭亲子实践,让学生在学校、家庭、社会三重生活的共同关照下,汲取中华民族先人智慧和传统文化的滋养,趋合时代,茁壮成长。
二十四节气(冬至)	农历十一月十八	探讨并填写"冬至计划"学习表	学生班主任	开展"冬至发现"交流会	学生班主任班级联盟	"趣味冬至"主题实践活动	学生家人	着力把孩子引向生活,引向大自然,引向劳动实践,培养真正在生活中观察、体验、实践、感悟的能力,促进班级学生合作探究和家庭亲子实践,让学生在学校、家庭、社会三重生活的共同关照下,汲取中华民族先人智慧和传统文化的滋养,趋合时代,茁壮成长。

依托"教室小课堂"。基于行动研究的思路,参照学期课程大目标在课堂上与同学们一同制定每学月的小目标,在不同的课程中融入德育内容。教室小课堂为课程综合打下知识基础,协同实践活动,帮助儿童形成学习意识。例如,我们会开展以"花好月圆庆中秋"为主题的队会小课堂。第一阶段为活动准备。包括搜集有关中秋节的名称、由来、中秋灯谜和中秋节的传说故事等等;调查访问身边的长辈,了解家乡过中秋节的风俗习惯。第二阶段为正式开展队会课。通过队会小课堂,学生初步了解中秋节的名称、起源及节日风俗习惯,激发学生热爱家乡、热爱祖国的情感,体会家庭欢乐、生活甜美的幸福。还培养了学生搜集、整理、比较、分析和运用资料的能力以及语言概括和表达能力。

拓展"学校中课堂"。基于学生带动法的研究思路,在跨年级的中课堂中,采取德育学科人员牵头,各学科教师组成课程教师团队进行指导,高、低年级的学生一起的教学形式,通过"班级巡讲"或"主题校会",分享在课堂学习中习得的点滴、碰撞出的火花,并互相进行评价。通过共同引导建构的过程反馈与跟进,使常态化的技能锻炼成为习惯,创建学科与生活相链接的桥梁,为学生将知识运用于生活提供机会,解决了传统教学过程中知识与生活分离的问题。例如,《月是中秋分外明》校会中课堂上,学生在全校师生面前展示课程所学。通过第一篇章中秋歌赋——演,学生表演《爷爷为我打月饼》;第二篇章中秋文化——传,学生讲故事《嫦娥奔月》;第三篇章中秋佳情——寄,合唱歌曲《水调歌头》寄情,最后教师总结的方式,让学生初步懂得人类优秀文化的共性和追求美好生活的共同信念,以培育中华民族精神和传统美德。

融入"社会大课堂"。基于教育实验法的研究思路,社会大课堂将道德养成从校内延伸到校外,运用知识,完善德行。为了让学生能更全面地感受文化传承,可以邀请相关技艺传承人,联合本地文化馆等机构,充分发挥当地文化的育人功能,采取不同方式将课堂延伸到校外,让学生有机会到文化真正发生和生长的地方去。在《月是故乡明》的中秋节实践活动倡议中,我们为学生提供了主题实践活动课程菜单,同学们可以选择自己喜欢的主题活动,和家人一起实践,度过一个充实而有意义的中秋节!

表 4-2

至少选一项 主题活动	主要内容	实践分享
中秋赏月	和家人、朋友共度中秋佳节,共享家人时光。可以一起看中秋晚会、吃月饼、赏月,或共同诵读与中秋节有关的诗歌,创作属于自己家庭的中秋诗句……	可以将活动过程发群分享,作品、感言等可以在班级自主活动八分钟的时候分享,或展示在班级文化墙中。
中秋寻月	节日来了,我们的身边处处展现着浓郁的中秋节习俗文化,嫦娥奔月、各式月饼、阖家团圆……寻找这样的场景,摆一个POSS,合一张影、录一个祝福的视频传递给远方的亲人或朋友,传递真情,传播文化。	
中秋怡月	和家人一起品尝不同味道的月饼,试试用各种材料和家人一起动手制作月饼。或用传统的书画艺术表达我们对节日的祝福……	
其他(自拟)		

最后完成实践记录表,填写自己的实践收获以及来自家长的鼓励。

(3)以"项目学习"方式实施课程,激发学生探究意识

主题项目学习基于学情与课程标准,通过任务的驱动、开放的内容、多样的途径、丰富的方式,帮助学生围绕任务(问题/主题),依据评价标准以小组的方式进行自主、合作、探究性地跨学科学习。在真实生活情境中,学生遇到了一连串各种各样的问题,这些问题怎样解决?我们在课堂上学的知识能解答吗?学生发出了这样的疑惑。问题倒逼改变,教师角色转变了,教学方式也要随之改变,提高学生综合分析问题、解决问题的能力,势在必行。在专业资源的注入下,跨学科融合成为孩子们新的学习方式。在综合学习过程中,孩子们的多方面智能得到激发,对学习有了更广泛的兴趣。

以"童心向党 劳动最美"——重庆市巴蜀小学校五一节"学先锋 致成长 跟党走"活动课程方案为例。通过学校的前置课程进行调查,基于五一节学生有怎样的问题:五一节是怎么确立的?五一节有什么风俗习惯?提出问题后,学生组成项目学习小组针对问题进行实践研究,明白五一节的来历,了解五一节的时候人们会做什么,去学习榜样先锋的事迹。同学们会将整个探索的成果以工作坊的形式在劳动节当天进行发布。在学校的活动结束后,大队部还会向同学们发出《身手劳工巴蜀娃 致敬最美劳动者》的主题实践活动倡议,引导同学们回到生活中继续实践探究。

倡议内容:

表 4-3

序号	项目	实践建议
1	童心向党之劳动为家	为自己的家庭做一件事,践行劳动,劳动完后敬一个队礼。
2	童心向党之致敬最美劳动者	用发现的眼睛、真挚的感情、真实的行动慰问身边的劳动者,可以为他(她)献上一瓶水或一张祝福卡片甚至一颗糖、一句谢谢……表达感恩,为最美劳动者献礼,最后向劳动者敬一个队礼。
3	我的实践我记录	多样化成果: 1.以"身手劳工巴蜀娃 致敬最美劳动者"为主题完成一张小报,并将项目一和项目二记录在小报上; 2.为项目一、二拍摄 6 至 10 张照片,将照片制作成微视频,上传至微信视频号平台,上传时添加"#巴教村童心向党爱劳动"话题。

(4) 建设课程多平台,助力学生个性成长

建设课程多平台,让孩子们充分在各种平台上展示自己,以时间为线索,实施"日课(大型纪念日),周课(分享成长节),月课(如国庆节,五一节),期课(如开学节、丰收节),年课(寒暑假生活实践体验周)等等。通过这样的多平台搭建,保障学生学习的系列性与连续性,充分联动家庭、学校、社会,综合化实施,一体化育人。例如寒假生活实践体验周。我们会向全校同学发出倡议,公布生活实践课程体验活动内容和实践时间。

生活实践课程体验活动内容:

表 4-4

年级	实践方向	实践主题	过程体验	呈现方式
一年级	自律生活	我是时间小主人	和家人一起创意设计寒假里"一日生活时间规划表",并按照时间表开启规律寒假生活。	时间规划表
二年级	自律生活	我是时间小主人	和家人一起创意设计寒假生活时间规划表,并按照时间表开启规律寒假生活。	时间规划表
三年级	自信成长	我是情绪管理员	寻找管理自我情绪的好方法,梳理情绪管理小妙招,与家人和同学一起分享。	创意小报
四年级	自我规划	我是小小规划师	自我创意设计寒假留渝生活、居家学习的寒假生活规划表,怎样过一个快乐、充实,不给祖国妈妈添乱的有意义的寒假。	思维导图
五年级	自主学习	我是学习小达人	寻找各种网络资源,自主学习视频剪辑,通过视频发布各种自主学习的小妙招或学习成果。	小视频
六年级	自在家庭	我是幸福中国娃	和家人角色互换,做家庭小当家,设计年夜饭和除夕夜的家庭节目,营造其乐融融的家庭氛围。	食谱+节目表

实践时间和安排:

表 4-5

时间	项目	具体内容
2021 年 1 月 23 日	制定规划	与家人一起学习倡议书,讨论制定个人规划。
2021 年 1 月 23 日—28 日	实践体验	亲身参与活动。
2021 年 1 月 29 日	课程总结	召开线上师生会,总结交流体验过程和感受,并把自己的活动在班级群里作交流。班主任老师提示开启寒假生活,布置寒假作业,提示学生开学节准备工作。

在实践活动一周后,学生在班主任组织下开启线上总结师生会,分享交流体验过程和感受。在新学期的开学节上,学校还会对每个班的优秀实践体验者进行表彰,这些同学会跨班、跨年级进行自己的假期实践体验成长分享,为学生的个性成长,搭建平台。

巴蜀小学始终坚持小中大课堂一体化实践,采用项目学习的方式推进,为学生搭建成长的平台。关注每一个现场创新的点,由点及面,串珠成线,关注学生的全息化生活,把每天、每月、每期、每年的活动,纳入系统构建,逐步形成课程实施系统。

2.课程管理

(1)组建教师研修工作坊

"律动童年"节假日序列化课程卷入学校全体教师,组建研修工作坊,采取分工合作、团结协作的策略开展实施本课程。校长任坊主,统筹课程申报到实施全过程;分管德育副校长担任工作坊的专业者,承担起学校课程实施规划、组织、协调与管理等方面的责任;学校德育研究骨干教师担任促进者,制定并落实学校及课程实施方案,整合校内外教育资源,统筹协调校内外相关部门的关系,联合各方面的力量,保证课程的有效实施;学校其他教师担任主持者,在工作坊小组的带领下组织开展本次课程,各学科教师发挥专业优势,主动承担相应课程任务。学校积极争取家长、校外活动场所指导教师、往届毕业学生等有关社会力量成为课程的指导教师,协同指导学生开展学习活动。

我们不断地认识到教师工作坊具有三大实践优势。它构建起教师交互式成长环境,让教师浸润在饱和的积极信息中健康生长;它吸收多个学科的不同学习方式,在学习方式的切换中,让教师保持旺盛的学习热情,推动教师思维方式的转换;它从不同的角度发掘研修资源的价值和意义,将重复、分割的学习资源有效浓缩,大幅提升教研效率。教师工作坊激活内驱力凝专业品质,练就学习力强专业知识,提升行动力促专业能力,让教师团队从专业成长走向了生命成长。

(2)建立教师培训机制

首先,"备教学评一体化"。运用云上教育和跨学科主题协作,学科联合进行云上备课、教研学习,评价反馈的一体化实践,通过课程资源、课程实施"两结合",开发与选用适合本校学生的教学资源,引导教师在实践中改变教与学的方式,实现专业生长。

其次,学科融通,自由组合,形式多元。跨学科教师,以不同的学科视角和课堂的实践理解,自由组合研究,实操演练和网络培训一体化,培养探究意识,激发学习潜力。

再次,学科组为根,年级为干,课程为枝叶。各学科组设立可执行目标和方案探索方向,以年级为关键纽带统整教学资源作为保障,以课程研究为载体,构建自主化运行机制。

最后,科学求证,有机合作,开发工具。科学开展实证调研,实现课程研究全息化、数字化;灵活开展教师间的合作沟通,完善合作机制;学习应用科技手段,开发教学与评价工具,检测培训工作实效。

(3)强化课程评价"动态化"

"律动童年"节假日序列化课程的评价指向"生活实践",调动了各学科教师、职工、学生和家长的共同参与,关注学生身心素养及习惯养成,彰显学生在各个生活场景中的精气神,激发学生灵动的生命状态,促进学生自主发展。我们还以电子化的"巴蜀榜样章"促进学生的个性成功体验,持续开发"信息化评价平台"等评价工具,实现从知识评价走向综合素养评价,导向和推动全程、全面、全方位育人。

☆案例二 重庆市巴蜀中学

在组织开展本课程的教学中,可以根据当地实际情况,通过不同形式和手段组织好相关教学内容:

1.问题探究法

问题探究法是指教师在教学过程中立足社会现实和学生的实际,依据教学内容和课程标准,提出难度适中、逻辑合理的问题,引导学生自主学习、合作探究、寻求答案,引导学生自己去发现问题、分析问题及解决问题的教学方法。紧密联系实际,创设问题情境,开发学生思维。结合学生的生活实际和思想状况,贯穿诚信、友善、节约的价值导向,注重思想指引,同时依据学生认知水平和理解能力,设立相关知识链接,激发学生的学习兴趣,培养学生的问题意识,帮助和引导学生自觉自主学习相关财经知识,完善财经知识结构,积累生活经验,促进财经知识的形成和良好财经素养行为的养成。

2.情境体验教学法

情境体验教学法指在教学过程中创设与教学内容相适应的具体环境氛围,激发学生参与兴趣,以情境为引导使学生入情入境,以直观的形象触发学生的想象、联想,从中认识事物的本质,领悟一定的理论观点的教学方法。一是强调课程情境的优化选择,设置符合教学目的的教学内容。根据教学目的和教学内容的需要,以及学生的实际情况,精选能对学生财经素养教育有益的实例;二是挖掘情境展现的载体。充分利用现代信息技术和传播媒介向学生展示案例情境。三是避免情境的"泛化"和"神化"。情境体验法以情境为平台,诱发学生在情境中体验,在体验中提高学生的财经知识和财经意识,从而使学生的学习变得丰富而有个性,把新课程中要求学生主动参与、合作探究的新理念也落到实处。同时,在情境体验中必须引入小组讨论、问题探究、角色扮演等活动。开展多元、有效的交流活动,鼓励、引导学生通过互联网、书刊等渠道主动收集课程学习中相关议题的资料。

3.案例教学法

案例教学法是指教师根据课程的教学目标和教学内容的需要而设置的具体的教学案例,以引导学生积极参与教学活动,从而达到学生在教学活动中积极思考、探索知识和锻炼能力的一种教学方法。教学案例的意义之所以胜于教案、学案,就在于它集教案、学案的功能为一体,又以其典型性、综合性、拓展性充当着承载教学内容的主体、开展教学活动的依托、实施教学评价的形式。案例的选择需要具有典型性、现实性和针对性,案例教学的关键在于案例的优化。要注重选择展现教学目标、重点内容和学生需要的案例,然后组织学生以分析、研究、辩论等形式对案例进行深度解剖。教师视学生掌握的情况,再对案例的重难点及相关问题进行分析,进一步对知识拓展升华,这有助于课堂教学效率的提高、课堂有限教学时间与教学活动开展之间的矛盾关系的缓解。

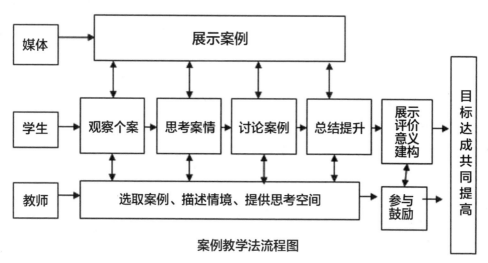

案例教学法流程图

4.社会实践教学法

创设多主题、多途径的综合实践活动。在教学活动中应充分考虑学生主动探索的欲望,在活动中探究,在探究中实施,在实施中完善,使学生真正亲身参与财经素养教育活动,实现财经素养教育由单向封闭的一维过程向双向多维过程的转变;进而使学生的财富知识、财富观、理财行为融为一体,财经素养意识进一步得到巩固;从而实现规划人生财富、打理财富的行为习惯,使学生的素养得以内在的生成。

☆案例三　重庆市璧山区北街幼儿园

1.德育课程的实施路径

(1)明确建设方向,整合德育课程资源

①广泛收集课程资源

德育课程搜集过程中,教师最有发言权,因为教师是课程的执行者,对课程内容有更多的了解和研究,自然有比较科学的甄别能力。因此,在德育课程搜集时,我们要求教师分析幼儿,分析家庭,再结合幼儿园文化进行创新思考,深入理解才能确保课程内容的科学性、适宜性。

②建立课程开发机制

德育课程建设属于动态管理,教师在实施过程中可以随时随地补充和调整,唯有建立明确的德育课程开发机制,形成课程管理体系,让德育课程的开发和实施成为一日活动的重要组成部分。课程开发过程中,老师们深入各领域,科学梳理,寻找德育课程与一日活动的契合点,确保课程的健康、适宜、有效。

(2)组织研讨活动,推进德育课程实施

①课程创新改进研讨

德育课程的实施是长期的过程,教师处于教育教学第一线,能掌握更多信息来源,因此要发挥教师的主导作用,及时开展德育课程教学评估研讨,有效推进德育课程实施。

德育课程实施中,有不少内容需要借助家庭和社会力量来展开,教师要建立研究探索的意识,对德育课程执行情况及时归结,对课程发展及时推演,才能形成积极的课程发展的方向,让德育课程持续健康地成长。

②课程潜力发展挖掘

德育课程内容没有固定的呈现方式,需要教师做延伸设计和组织,灵活运用。在这个过程中,信息技术的运用就可以支持德育课程的实施,帮助课程有效推进。

教师要建立课程开发意识,借助信息技术平台,深入挖掘德育课程资源,对德育课程进行创新和实践,给幼儿成长带来更多的支持。

2.德育课程的实施办法

《幼儿园纲要》中指出:"幼儿园的德育教育应该以情感教育和培养良好习惯为主,注重潜移默化的影响,并贯穿于一日活动之中。"遵循《纲要》理念,我们应抓住一日活动中每个可对幼儿进行德育教育的环节,将德育有机和谐地渗透在幼儿的一日活动当中。

(1)在集体教学活动中渗透德育教育

幼儿园的集体教学活动形式多样,内容丰富,是具有针对性地对幼儿进行良好行为习惯、个性培养、发展个性倾向提供锻炼的好机会,教师应根据不同集体教学活动的特点将德育渗透其中。

《纲要》中阐明德育要以情感教育为主,阅读活动、音乐活动、社会活动等都有助于幼儿情感的发展,让幼儿产生强烈的情感体验:经典绘本《有礼貌的小熊熊》《我爸爸》可以帮助幼儿尊重关心长辈;歌曲《对不起、没关系》可以对幼儿进行礼貌教育;社会活动"淘宝节""美食节"给幼儿提供合作、交往的平台,引导孩子要勤俭节约,培养幼儿的社会性。

(2)在游戏活动中渗透德育教育

游戏中幼儿会自发地扮演社会角色,实践社会行为,体验社会情感,实现认识世界、探索世界的目的。比如绘本故事角色游戏活动中,幼儿通过游戏,体验角色的内心世界,感受其美德,产生对社会角色的热爱,这些成功的体验都会促进幼儿社会情感的发展。

(3)在生活活动中渗透德育教育

生活活动中的德育教育就是利用生活常规对幼儿进行良好品德的培养。首先,在日常活动中根据幼儿的年龄特点,从常规入手,使道德教育与生活实践相结合,随时随地教育;其次,对幼儿进行德育教育以正面教育为主,用奖励的方法要求孩子,捕捉幼儿的闪光点,适时随机地进行教育;最后,家庭教育的德育渗透也能促进德育目标的达成,帮助家长了解德育教育的重要性,在家里随时观察幼儿的思想品德变化,及时采取有效的教育措施,给孩子树立榜样,以自身美好的品德来感染孩子。

3.德育课程的管理

(1)建立德育课程管理制度,形成德育课程实施细则

建立班级、年级、园级管理制度,让完善的管理制度引领教师参与课程的实施,同时为不同的教师搭建和设置不同的成长台阶,满足不同层面教师、不同个体专业发展的需求。完善《幼儿园课程管理办法》《教师集体备课制度》《教师帮扶协议》《课程实施评价制度》等。

①建立园级课程管理责任制

园长为课程管理第一责任人,分管领导主抓,保教处具体落实。

②建立班级课程管理责任制

班长为课程实施的第一责任人,明确班长在课程管理中的职责和履职条件,规范和完善班长管理权限和奖惩办法。

③建立年级教研管理负责制

教研组长为教研管理的责任人,围绕德育课程实施,每周开展开放式园本教研实施研讨活动,由各教研组长轮番主持,对教研效果进行评估和反馈。

④建立德育课程实施培训制度

建立课程实施培训制度,缩小教师对德育课程的理解和实践行为的落差。对园级、年级、班级进行不同层面的培训,为教师的专业发展牵线搭桥,搭建研究和培训的实践平台,为各层面教师架设新教育观念与教育实践行为的互动共生的桥梁,让教师真正成为课程实施的实践者和管理者,从而保障和促进课程的有效实施与教师的发展。

(2)召开德育管理例会,加强管理人员的沟通与协调

①每月组织一次课程管理例会,遇到需求时,可增加例会次数。

②定期召开园务课程研究会、班务会,各层级负责人参加,及时搜集整理问题,加强协调。

(3)搜集整理家长需求,调动家长参与德育课程管理的内驱力

组建家长德育课程研讨小组,家长学校牵头,班级家委们搜集意见,推荐德育课程实施中的家庭课程板块内容,对家庭课程开发与推进提出意见和建议,年级家委精心甄选家庭德育课程内容,在课程研发小组的指导下提炼并汇总,教师按照幼儿年龄特点引导家长具体落实,定期反馈和优化,家园的共同努力确保德育课程的有效推进。

☆案例四　重庆市北碚区朝阳小学

1."五爱"课程规划与设计

(1)课程设计目标:"爱国情"目标下的"五爱"系列课程将学校的德育主题活动、国家教材中的家国教育元素有机融合,构建了凸显校本特色的育情立德课程群。为此,我们确立"五爱"培育情怀,担当责任,实现学校、教师、学生共同发展,实现育人方式上的大胆创新的课程目标。

(2)课程设计框架:家国教育之"五爱"课程将学校的德育主题活动、国家教材中的家国教育元素有机融合,构建了凸显校本特色的育情、立德课程群。课程设计框架图如下:

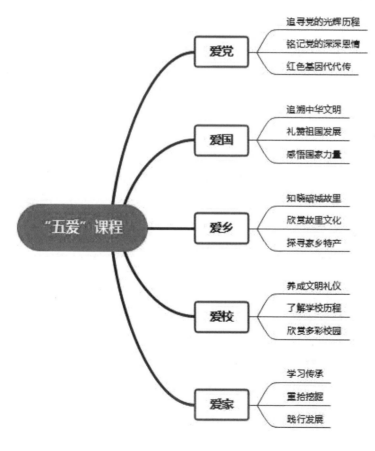

"五爱"课程框架图

2."五爱"课程开发与实施

朝阳小学家国教育之"五爱"课程,自2016年9月启动实施以来的五年里,在顶层设计层面从大到小,从爱党、爱祖国、爱家乡、爱学校、爱家庭5个方面整体规划。围绕"五爱",实施层面由小到大分5条线设计了"吾家有礼""金色朝阳""碚城故里""胸怀祖国""童心向党"5个单元的课程。

爱党:以"红色基因代代传,童心向党迎华诞"为主题的党史学习体验活动为主轴,开展了一系列的爱党教育课程。实施"学党史 知党恩"的体验课程,学校内设置五个体验活动区,以不同的形式组织学生了解党具有代表性的几个历史发展阶段,体验并感悟在不同时期共产党人艰苦奋斗、团结协作、共创辉煌的革命精神;实施"学党史 悟初心"的党史知识竞赛课程,全校利用朝会、道德与法治课学习德育处下发的"党史知识题",每班选出两名同学代表班级参加校级党史知识竞赛。实施"学党史 跟党走"的仪式教育课程,薪火相传红领巾,入队争做好少年。开展一年级新生入队活动,培养少先队员的光荣感和跟党走的组织归属感。

爱国:以运动会入场式爱国教育系列课程和《同吃国庆面》《中国骄傲,有我接力》的主题班会系列教育课程为抓手。创意设计了展示中华民族灿烂文化的入场式艺术课程。每年一个主题,"大美重庆,魅力山城"课程,由班级代言重庆各区县,展示家乡风土人情、名胜古迹;"大美民族,多彩文化"课程,由班级代言全国各个民族,展示多元民族文化;"大美中国,山河秀丽"课程,由班级代言全国各省区市,以独特的方式展示祖国各省区市的风土人情、文化特征。各班以《同吃国庆面》《中国骄傲,有我接力》为主题,开展形式多样的主题班会活动,将"五爱"校本教材的相关内容与系列主题班会融合推进。

爱家乡:对接乡村振兴计划,以家乡研学旅行和综合性学习的形式,组织实施"爱家乡"课程。根据不同学段的学生年龄特点,按不同的研学主题实施爱家乡课程:"你好! 偏岩古镇""金刀峡探险""缙云之约""探秘重庆自然博物馆",引领学生热爱家乡的传统文化,了解、亲近、热爱大自然,产生热爱家乡的自豪之感。通过开展家乡特产品尝会综合性学习课程,开展"我爱北泉面"主题班会,推介槽上萝卜、歇马柑橘、西山坪西瓜等等综合性学习活动,让学生品尝、体验,感受家乡的美食,为自己的家乡感到自豪。

爱学校:主要通过低年级入学季的"节日课程"、中年级"朝阳历程我知道"和高年级的"我是优秀朝阳毕业生"等课程来推进实施。如一年级的"开学节"课程中,将养成教育、爱校教育及学科知识融入"节日"中。开发了"走走节""朋友节""文具节""水果节""植物节"等"节日课程"。在"过节"中训练礼仪、习惯,并随机整合学科知识,让学生在玩中无意识地学习知识、训练规则、爱上学校。幼小有效衔接,浸润爱校、爱班、爱同伴的情感。

爱家庭:主要通过家风家训文化课程这个创新育人方式来推进实施。开展了"学校—家庭—社区"三点连线,多空间、多主体的立德树人文化活动。以诵读家训、提炼家训、诠释家训、讲述家训故事、创编并吟唱家训歌曲、表演家训情景剧和音乐剧等课程形式推进。每个家庭签订《家训行动公约》,促进家庭成员共同遵守规则,从简单向行为示范转化。家庭中所有成员都是受教育者,都应该践行家训文化,遵守家训文化下的"行动公约",亲子成为成长共同体。

3.课程管理

(1)成立学校"五爱"德育课程师生研发中心

学校组建了以书记、校长牵头领导,德育处干部、年级组长为核心,班主任为骨干力量,全体学科教师共同参与的"五爱"课程教师研发团队。同时,从儿童立场出发,站在儿童的视角,以儿童意愿为出发点,通过"校长直通车""红领巾信箱"等渠道广泛征集学生意见建议,师生共同开发出学生喜欢的课程。

(2)实施"五爱"德育课程质量监控与评价

学校组建班子,就"五爱"课程的实施,一方面从学生接受、有效参与、执行效果等维度对课程开发质量进行评价,另一方面从馆校联动、家校共育、研学效果等维度对课程的创意实施进行评价。根据评价结果,对参与的教师和学生分别评比并颁发荣誉证书和奖品,激励师生"教"与"学"的动力,鼓励创意开发"五爱"课程,创意实施"五爱"课程。

(3)搭建"五爱"精品课程宣传平台

为了更好地宣传家国教育"五爱"课程,学校搭建了两个常设平台:一是与华龙网合作,在华龙网设置了"五爱"精品课程展示平台,二是在学校的微信公众号上开辟专栏,介绍和宣传"五爱"精品课程。同时,还通过班级 QQ 群、微信群,集团学校、进修学院"德育之窗"等网络平台,新华网、重庆电视台、北碚电视台、《中国教育报》、《新家长报》等官方媒体,大力宣传"五爱"德育精品课程,调动老师主动实施,学生积极参与"五爱"课程的内驱力。

(4)强化队伍培训,保障师资质量

组织针对全体教师的通识培训,转化育人观念;针对德育主任、年级组长、班主任、其他课程实施教师的不同需求进行选择性培训,解决"五爱"课程实施中的真问题;在校内、区级活动中展示交流"五爱"课程,树立课程参与教师的自信心,提高培训实效。

☆案例五 重庆市大足区海棠幼儿园

课程萌芽于"幼儿园自然角建设利用"课题研究,在"小脚丫 走大足"教育活动中探索发展,在"深呼吸"自然教育中提升蜕变。

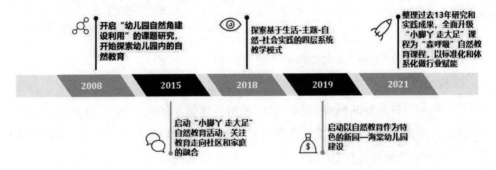

"幼儿园自然角建设利用"示意图

"深呼吸"课程将"呼吸"的愉悦情绪和"自然、自主"的游戏化精神渗透到一日生活实践活动中,让每个儿童在与自然和谐相处的活动中真观察、真操作、真表达,获得真经验,得到真发展。

1."深呼吸"——把握实施的关键

"深呼吸"关注幼儿生活的世界,充分了解幼儿已有经验,建构逻辑关系合理的主题网,采用"整全感官"学习方式,在自然环境中开展主题活动和各类游戏活动。在选择和整合相关内容时,密切关注儿童的生活和经验,以活动为载体,以环境为依托,以游戏为手段,充分利用丰富的资源,体现预设和生成的结合。教育教学过程,主要是引导幼儿围绕主题进行探究,亲历过程、整体感知、主动体验、愉悦表达和表现发展,促进幼儿认识发展(深知)、情感发展(深情)和能力发展(深度行)。

2.“精呼吸”——优化主题的选定

打破学科界限,根据五大领域的基本内容,确定主题的基本线索,展开中心内容,同时,用主题统领各领域。以明确的目标指向和发展进程,形成有机的网络化结构,体现开放性、综合性、整体性的特点。主题内容包括:生命(人、动物、植物)、物理世界(季节、日月星辰、山河湖泊、无生命的客观存在)、心灵与社会(情感、心理、人际关系、社会规则、文化传统)。主题选择的来源是基于儿童兴趣、生活经验、季节节日、重大生活事件、本土特色及文化。主题内容编排方面,一是横向同构,即同一主题在同一年龄、同一学期和一个相对时段内的横向同构渐进式主题探究活动;二是纵向螺旋,即同一个主题,小、中、大班幼儿虽然呈现出不同的年龄特点,但经验是个螺旋式上升的过程,对于同样的内容,也应根据小、中、大班孩子的学习特点和认知规律来合理架构。

3.“趣呼吸”——创新教育活动的组织

“深呼吸”自然教育要做的不是知识的传授,而是连接自然教育,让孩子在自然中重新打开所有的感官并锐化它们,连接内心,不断在自然中体会和建构自己与自我的关系,自己与他人的关系,自己与文化之间的关系,自己与大自然的关系,最终指向人的教育,让每个儿童都可以成为“自然呼吸”的独特的幸福儿童。“深呼吸”教育活动的组织充分考虑幼儿的学习特点和认识规律,各领域的内容要有机联系,相互渗透,注重综合性、趣味性和活动性,寓教育于生活、游戏之中。

一是创设了与自然教育适宜的课程环境。户外环境树木葱郁、植物品类繁多、养殖区、沙水区、玩泥区、玩石区等一应俱全;创设动植物博物馆,收集、展示幼儿亲手制作的动植物标本;在大厅处创置了二十四节气广场,让幼儿浸润在传统文化的环境中,感受周围自然变化与人们活动的关系;每个班级的自然桌,摆放着幼儿当下关注的、探究的自然物;创设自然区角,各类自然物供幼儿自主学习。

二是满足课程的实施时间。“只要开始,哪怕是关于一片叶子的探讨。”课程的生成性,决定了课程的实施随时可以开始。户外活动是最好实施“深呼吸”的时间,户外时间会根据自然教育的经验的增多而逐步增加。每周设立森林日,每学期设立森林周,保证幼儿充裕的与自然相处的时间。建立了“深呼吸”教育活动的时间更替周期,包括复苏、发芽、生长、开花、结果、成熟、凋谢/变化、休眠。

4."新呼吸"——重新定位教师的角色

优质教育的关键在于师资。每一位"深呼吸"的教师,都是儿童自然教育指导师。要让幼儿与自然产生联结,教师首先要与自然联结。在联结中观照自然中的自己,成为自然状态下的教师,那个更加真实、柔软、敏锐的教师。这样的教师对孩子的影响,胜过一切教法。"深呼吸"赋能教师的生命力,从而去培养最具生命力的儿童。在活动中,教师支持、引导幼儿活动:创设支持性环境(安全、温馨、尊重的心理环境),提供探索性材料,给予幼儿自我感受、自主表现的机会与条件。通过设置问题情景,引导幼儿质疑、争论、讨论,通过关注、肯定、鼓励、提问等多种形式促进幼儿活动的深入开展。在师幼互动中,教师是平等中的首席。支持儿童与自己喜欢的同伴,用自己喜欢的方法,探索自己喜欢的问题,投入自己喜欢的活动,用他们自己的方式去与自然和谐相处。

5."同呼吸"——密切家园共育的联系

家园共育是学前教育的典型特征,幼儿园的课程实施需要家庭助力。"深呼吸"课程通过五举措形成家园合力。

一是召开体验式家长会。安排教学活动的体验环节,让家长亲身参与体验自然游戏主题教学形式。

二是每周教学及时反馈家庭。反馈每周自然游戏主题实施情况(班级微信群+周报告),实时反馈自然主题进程。

三是每月同步家庭活动。根据不同主题设计同步观察、养殖、种植活动,增加亲子互动话题。

四是每学期举行教学开放日。邀请家长进班观摩自然主题半日活动,了解课程实施细节,并观察幼儿学习情况。

五是开展周末亲子自然营活动。由教师根据班级本周学习活动主题,设计主题式亲子自然营方案,在家委会的组织下,各家庭自主参与户外探究活动。

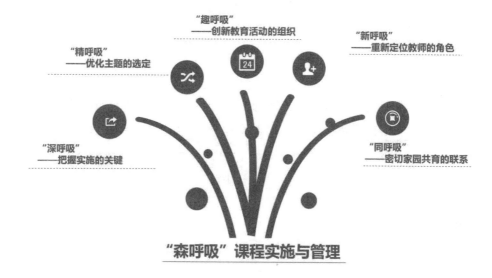

☆案例六 重庆市两江职业教育中心

课程实施与管理

1.成立模块式序列化德育工作小组,加强组织领导

组长:龚国桥、杨长宏

副组长:冯永富、胡振川

成员:周梦云、李科、刘晓燕、何立特、刘容、夏明秀、贾雪梅及各年级班主任

2.实施过程

(1)制定模块式序列化德育实施方案,开发模块式序列化德育课程

2014 年,"新时期中职模块式序列化德育工作的创新与实践研究"课题开展至今,学校德育主题教育课程已有 7 年的积淀。为更好地推进模块式序列化德育课程建设,学校对 2014 级及以后的毕业生进行了持续 3 年的跟踪调研,建立了择业就业相关情况的管理档案,就业率约 97%、创业率 50%~60%、满意率约 60%,虽然就、创业率逐年上升,但仍有努力进步的空间。同时,科技发展促进企业行业变化更替加快,对教育教学也提出了更多的新要求。学校在教育教学中融合行业用人标准和企业需求,以立足江北,辐射两江,服务重庆为基点,以贯彻落实立德树人为根本任务,以培养德技双馨的高素质技术技能人才为目标,于 2017 年制定为期 3 年的序

列化德育实施方案,在2014年课题研究的基础上,将德、智、体、美、劳五育融合开发了模块式序列化德育课程。

(2)每学期制定模块式序列化德育大纲,分年级分专题按月实施

学校专业设置分为:信息技术、财经商贸、加工制造、土木水利、交通运输等几大类,专业以理科为主,男女生比例在5:2之间。结合专业特色、行业要求、年龄性别、学习能力、心理健康等多方面因素综合分析,遵循中学生成长规律,在每学期开学之前,工作小组召开课程大纲讨论会,共同探讨制定本学期课程大纲,并制定序列化分层实施计划,下发到各年级,分年级分专业分班级开展模块式序列化德育课程。

(3)德育备课纵横结合,德育每周一课分层分类教学

开学第一次班主任工作会,学生处下发分层实施计划、主题教育提纲,形成纵向连贯式课程体系。校企联合充分利用模块式序列化德育,组织班主任对本周德育主题进行讨论,集体研讨备课。各班根据班级专业、学生情况、思想状况具象化每周一课德育目标,撰写本周德育主题教育课教案,形成横向差别化德育课程。教务处在课程安排上将每周五下午最后一节课作为模块式序列化德育主题教育课,高一、高二、高三年级统一在这一时段开展分年分层次分专业的模块式序列化德育教育课程。

(4)定期测评汇总,强化管理与提升

一是完善德育课程管理体制,建立起党政办公室—学生处—年级组—班主任四级之间各负其责又高效运行的、强有力的管理模式,在全校形成各部门密切配合、班主任和任课教师共同承担的纵横连接的德育工作体系。二是建立德育专项评价体系,实行目标管理,强化过程考核。严格督促、检查和落实,每月一小查,每期一中评,每年一大比,检测效果,巩固成绩,发现问题,立即着手解决,不断提高课程实效。

3.资源保障

(1)加强模块式序列化德育工作平台建设

不断充实完善主题教育资源库。资源库现有30多个班主任主题班会设计、30多个班主任教育教案、100多个班主任教学课件、3个班主任测试问卷等内容。涵盖了高一到高三的德育主题教育内容,为模块式序列化德育课程的有效推进提供了

交流学习平台。

（2）加强教材读本建设

一是《中职模块式序列化德育传统文化读本》。收录了中国传统节日、传统美德、经典诗文三个部分共70多篇文章。结合学校开展的国学知识大赛、朗诵比赛、故事会等活动进行学习推广，通过经典文学、精彩古文故事、通俗易懂的现代文学，对学生进行传统文化教育，提高学生的文学素养，为学生的在校学习和将来的社会接轨打下了良好的基础。

二是《安全教育读本》。通过对学生进行各种安全教育，举办安全知识主题班会、安全知识大赛，总结教育经验，开发了适合本校学生的安全教育读本，读本通过12个章节，从家庭、校园、社会、专业、运动、心理、食品、网络、交通、自然、国家等十二个方面进行了详细的讲解，班主任通过读本对学生进行安全教育。

三是《中职模块式序列化德育学生作品集》。收编了学生撰写的德育主题课程心得体会美文，收录了如全国"文明风采""老师您好 我的好老师""少年向上，真善美伴我行"等大赛的学生获奖作品，作为对学生教育的另外一个载体，学生的示范和教育更能触碰同伴心灵，引起高度共鸣。

4.队伍建设

一是定期培训，及时充电。每一学期组织班主任外出培训学习，每学期邀请相关专家到校培训，深入企业行业实践，在教育教学改革中不断更新思想观念，让模块式序列化德育课程体系更符合新时代、新形势、新要求。

二是以赛促教，锤炼业务。定期举办模块式序列化德育教学设计大赛和模块式序列化德育论文大赛，引导老师们沉入教育中去，思考教育中的难点痛点，探索教育中的方式方法，寻找教育中的规律，提高教育管理能力，为模块式序列化德育课程走实走精打下坚实的基础。

三是集体研讨，提升水平。利用每周星期一的班主任例会，对本周模块式序列化德育主题教育进行充分的研讨，以年级组为单位，按照课前讨论、集体参与、抓好落实、重视反馈、总结推广的工作思路，进行集体备课。具体做到"一定""二研""三备"。"一定"：定主题；"二研"：研读主题教育提纲，研读课件；"三备"：备班级学生、备教育重点、备教法，提高整体水平。

将德育主题教育教学设计大赛教师的获奖作品，学校论文大赛教师的获奖作品，解剖教育中遇到的问题收录，形成《中职模块式序列化德育教师论文集》。在此过程中不断总结德育主题教育经验,探讨研究新时期中职德育内容,为学校中职模块式序列化德育课程构建了丰富的理论资源。

(七)案例七 重庆市南岸区天台岗小学

1.加强组织领导,成立"天台宝贝"成长课程委员会

为保障课程实施与管理的规范、科学、有序,让课程的实施过程成为师生"快乐向上、主动发展、体验成长"的过程,特成立"天台宝贝"成长课程委员会,由学校校级领导、德育团队、市区级优秀班主任、区级班主任工作站主持人组成学校团队,还邀请校级家委会代表、关工委成员、法制副校长等社会力量参与课程设计、开发和实施中。

2.健全制度标准,形成"天台宝贝"成长课程管理办法

表 4-6 课程实施与管理

	内　容	实施人	实施时间	实施保障	
成长台阶课程「天台宝贝」	"天台宝贝"入学课程	班主任+家长	开学第一月	《天台岗小学办学章程》《天台岗小学班主任工作绩效考核细则》	《班级管理细则》《天台岗小学副班主任工作绩效考核细则》
	"天台宝贝"入队课程	中队辅导员+大队辅导员	五月、十一月		
	"天台宝贝"十岁礼课程	班主任+家委会	四年级六月		
	"天台宝贝"毕业课程	六年级全体教师	六年级五月、六月		
礼仪规范课程「天台宝贝」	"天台宝贝"一日常规微班会	班主任+班级干部	每周三午会		
	"天台宝贝"文明礼仪小课堂	德育主任+班主任	每月		
	"天台宝贝"文明礼仪训练营	大队干部	每天		
社会实践课程「天台宝贝」	"天台宝贝"假期社会实践	班主任+家长	寒暑假		
	"天台宝贝"馆校联动课程	馆校基地指导教师+学科教师	每期		
	"天台宝贝"社区志愿者服务课程	班主任+社区工作人员	每期		
榜样示范课程「天台宝贝」	"天台宝贝"争章行动	全校教师+家长+学生	每天		
	"天台宝贝"榜样人物评选	德育主任	十二月		
	"天台宝贝"榜样人物宣讲团	德育主任+榜样人物	三、四月		

(1)落实课程管理、实施责任人

根据课程开展需要,学校完善管理团队、教师团队、家长队伍、学生队伍的建设,护航"天台宝贝"养成课程实施推进。

完善学校管理团队,建设"行政领导"与"业务领导"两类团队,构建两类团队的协作机制。"行政领导"牵头落实日常常规教育与评价,"业务领导"组织推进课堂教学、活动开展。

完善教师"一岗双责",对每个工作岗位授予"行政领导"与"业务领导"两大权益,构建两大权利的责权机制。作为班级的管理者,班主任与副班主任作为班级学生养成的"监护人"负责在日常教育教学工作中全面推进课程。

完善"家长志愿者"和"家长督学团"两个组织,构建两个团队的参与机制。在课程实施过程中,家长志愿者与家长督学团全程参与,与教师共同评价,促进学生全面发展。

组织大队委和值周中队参与管理,大队委日常参与文明班级的考核、"礼仪宝贝"章的发放;值周中队轮流参与学生在校一日常规实施的考核。大队委与值周中队的设置,让每个学生都有机会参与到学校的管理与课程的实施中来。

(2)完善课程管理、考核、评价制度

管理制度。学校以《中小学德育工作指南》为指导,依据《天台岗小学办学章程》,研究制定了《"天台宝贝"一日常规》《班级管理细则》,坚持从明确工作目的、规范工作秩序入手,坚持规划工作精细化管理,落实教师职责,明确岗位责任,建立实现全员育人的具体制度,明确学校各个岗位教职员工的育人责任,规范教职工言行,提高全员育人的自觉性。

考核制度。根据课程实施需要,学校梳理课程开展流程,设计了《天台岗小学班主任工作绩效考核细则》《天台岗小学副班主任工作绩效考核细则》,对所有教师进行"月考核"和"期考核";对每个校区课程开展的"常规管理"和"重点工作"分月、分期进行第三方评价;分阶段考核团队或个人的"组织成果"和"教育成果",构建两类成果的考核奖惩细则。

评价制度。学校探索了学生评价机制,通过《"天台宝贝"成长手册》《"天台宝贝"假期体验册》积累评价,天台宝贝榜样人物评选的展示评价,导向学生的多元发展,并形成了学生过程评价和结果评价相结合的学生评价机制。

3.抓好工作落实,推动"天台宝贝"成长课程开展实施

(1)定期开展"成长台阶"课程

学校深入研究学生成长特点,根据学生成长规律制定"成长台阶"课程规范,细化活动流程,固定开展时间(九月入学课程,五月、十月入队课程,六月"十岁礼"课程、毕业课程)。每学年初将课程实施记入学年德育计划,提前规划,按时推进。

(2)常态开展"礼仪规范"课程

学校根据《天台岗小学学生在校一日常规》要求和"礼仪宝贝"培育方案,每日课间向学生发放"礼仪宝贝"章,激励学生争当"礼仪宝贝"。同时,强调文明礼仪课堂专时专用,保障礼仪课程教育时间。在重要节日、重大活动、校园典礼中,注重文明礼仪的传递,鼓励学生做文明礼仪实践者。

(3)实时开展"社会实践"课程

学校根据当前时事热点及时组织教师开展分析研讨,确定假期社会实践活动课程的主题、内容等,分年段确定活动课程开展方式,并组织学生实施。建立健全馆校联动课程机制,结合特定主题,开展爱国主义、科学技术、艺术鉴赏等主题实践活动,提升学生核心素养。

(4)自主开展"榜样示范"课程

学校分年段设计制作了《"天台宝贝"成长手册》,制定了六个宝贝在不同年段的达标标准,分自我评价、生生互评、教师评价、家长评价四个方面进行过程评价,学生每日反思积累。每年12月为校区榜样展示评选月,每一个学生均可自愿申报参加。学生梳理一年的宝贝素养成长,从班级到校区到学校评比产生出48名候选人,进行最后的角逐。全体学生参与评选过程,观看评选仪式,感受榜样风采,激励自我主动发展。

☆案例八　重庆市南川区水江镇宁江小学

学校以自主学习三线建设历史、启发思考三线建设背景及意义、引领感悟三线精神、引导践行三线精神、运用三线精神创造美好生活等活动为主要教学环节,创新构建起以"自学、启思、导行、领悟、创造"为核心的"五维一度"教学体系。用评价全程"度"量教学质量,指导在实践中感受三线历史,在体验中感悟"三线精神",在潜移默化中让学生自觉、愉快地肩负起传承"三线精神"的使命,推动教师教学方式

和学生学习方式的深刻变革,实现了"三线精神"教学优质化,促进学生全面发展。

"三线精神"学习导图

1. 坚持"五维"核心

根据小学生不同年段身心特征,采取学生喜闻乐见、寓教于乐的方式,开展以"自学、启思、导行、领悟、创造"为核心的教学活动。

(1)自学:学生通过"查一查""看一看""听一听"等形式,自主开展查阅"三线"建设历史资料,走访"三线"建设遗址,参观"三线"建设博物馆,与"三线人"谈话,聆听"三线精神"主题报告会等主题活动,自主学习"三线"历史。

(2)启思:通过"读一读""想一想"等形式,指导学生开展阅读"三线"校本课程读本,学习"三线"建设历史知识,了解为什么要开展"三线"建设,"三线"建设为什么要"靠山、分散、进洞"等主题活动,启发学生思考"三线精神"的本质内涵。

(3)导行:通过"说一说""画一画""唱一唱""跳一跳"等形式,指导学生说艰苦奋斗故事,画"艰苦成就卓越、奋斗书写人生"手抄报、黑板报和"三线"主题绘画,吟唱"三线"诗歌,参加"三线"舞蹈比赛、劳动实践等主题活动,引导学生以实际行动践行"三线精神"。

(4)领悟:通过"观一观""写一写""做一做""走一走"等形式,通过观看"三线"建设时期相关影片和纪录片,撰写影片观后感,开展劳动主题班队会、社区劳动实践,参与"三线"基地研学旅行等主题活动,引导学生领悟"三线精神"。

(5)创造:通过"讲一讲""演一演"等形式,指导学生开展"艰苦成就卓越,奋斗书写人生"主题演讲,为来校领导和嘉宾讲解校园文化等活动,带领学生走进家庭、社区、敬老院、机关事业单位等宣讲"三线精神",展示"三线"主题作品,表演"三线"

情景剧,参加社区志愿服务等形式,引导学生传承"三线精神",创造美好生活。

如:教学《华罗庚咏三线》

多去西南峥嵘地,少去江南鱼米乡。

生身故乡非不爱,更爱三线炼人场。

——华罗庚

教学时设计如下环节:

自学。①自主查阅资料,了解诗歌写作背景。②通过查字典等方式,熟读诗歌。③汇报自学情况。④弄清诗词大意。

启思。①小组合作讨论:作者在诗中为什么说要常去西南山高路险之地,而不去江南鱼米之乡过舒服的日子呢?②结合写作背景想想,他真的不爱自己的故乡了吗?他到哪儿去,去干什么呢?

领悟。①交流活动:这首诗歌表达了作者怎样的情感?②有感情地朗读诗歌。

导行。生活中我们可以采用哪些方式来锻炼自己?请举例说一说。

创造。让学生将诗歌朗诵给同学、家长、朋友听,也可讲解诗歌写作背景、诗词大意等,宣传自己习得的"三线"知识和领悟的"三线精神"。

2.评价"度"量贯穿始终

通过探索,学校初步从以下几个方面开展贯穿于课程内容、课程实施、学生学习全程评价活动:

(1)对课程设置评价:结合学生学习效果,通过召开教师座谈会、学生调查问卷、家校联系等方式,收集教师、学生、家长对课程实施的意见建议,对课程内容设置进行评价。

(2)课程实施评价:一是通过巡课、听课、查阅课程实施过程性资料等方式,对教师课程实施进行评价;二是通过学生调查问卷、家校开放日活动等方式,收集学生与家长对教师实施课程的意见和建议,对课程实施进行评价。

(3)对学生学习评价:结合各级质量抽测、学生综合素质评价等活动,从意志品质、学习、生活、劳动等方面,对学生学习过程、学习结果进行综合评价。根据平时表现、课程学习效果、主题活动展示,结合每期末学生行为习惯综合评价活动,开展教师评价、学生互评,同时综合家长反馈意见,开展好学校艺术节、科技节、体育节、文艺会演、班级主题队会、奋斗少年(班级)评比活动,适时给予表彰。

如:我校张江同学曾是家里的"小皇帝",在学校"三线精神"学习教育中,深受老三线人艰苦奋斗精神感染,积极改正缺点,立志成为国家栋梁,在校期间多次被评为"奋斗少年",通过努力成为中国某陆航旅飞行员,捍卫祖国领空。

☆案例九 重庆市南开中学

教学规划

每学期开学第三周开课,学期末考试前两周结课,根据学期长短,课时一般在13~16节课之间。每学期的第一节课,教师会和学生一起从五个教学模块中选择13~18节课,具体规划如下(以本学期为例):

表4-7

时间	课程名称	时间	课程名称
第3周	认识自我,尊重生命	第11周	人生不设限
第4周	情绪小管家	第12周	绘出最美的生涯愿景
第5周	压力山大不用怕——直面压力	第13周	人生设计师
第6周	期中考试后——学会积极叙事	第14周	破解性格密码 探索生涯舞台
第7周	我和考试有个"约会"	第15周	目标成就未来
第8周	水? 醋? 酒?——神奇的心理暗示	第16周	发现我的小确幸
第9周	走近我的潜意识——体验催眠	第17周	乐在学习的大脑

教学方法

柔性育人方式强调教育的弹性和灵活性,突出浸润式培养教育,采用柔性化管理和人文环境的熏陶。课堂教学活动中主要用到以下四种教学方法:

1.暖心活动策略

该策略是指能帮助学生进入活动主题与活动情境的各种准备活动(尤其是心理上的准备活动),其目的是营造出开展教学活动时所必需的安全、开放的气氛,调动学生参与教学活动(而不是单纯的游戏活动)的注意力和积极性。此策略的具体形式和方法包括:环境暖心、音乐暖心、故事暖心、游戏暖心等。

2.自主探索策略

自主探索策略是指学生对自己的心理健康状况以及具体的影响因素进行觉察、评估的过程,目的是帮助学生认识存在于自身的"心理真象",挖掘蕴藏于自身的"心理资源",在审视自我、评价自我的过程中,不断获得自我发现,为心理健康的积极改善做好个性化的铺垫。此策略的具体形式和方法包括:自主答问探索、画图探索、故事探索、游戏探索等。

3.体验领悟策略

体验领悟策略是学生从认知和情感层面对自我探索结果的内化过程,目的是使学生获得与积极认知和积极情感有关的真实力量。如果学生缺乏体验领悟,则很容易造成知情剥离和知行脱节的状况。体验领悟策略的具体形式和方法包括:答问式体验领悟、思辨式体验领悟、游戏式体验领悟、情境式体验领悟等。

4.行为训练策略

行为训练是在学生提高认知、产生情感的基础上,运用领悟成果,促成行为改善的过程。虽然这不是每一节心理健康课的必要环节,但却是确保心理健康课程目标在知、情、行三个维度上得以统整的最高追求。此策略包括:问题解决、角色扮演、动作演练等。

建设规划

课程以使学生获得积极体验增量, 进而促进学生心理健康水平不断提升为根本追求。为达成这一追求,课程的设计思路是:一条主线到顶点、五个领域相并列、三种体验全覆盖、三大序列有侧重、课程边界应周延。

"一条主线"即学生的积极体验增量。随着学习的深入,学生的积极体验应表现出不断累加的态势。

"五个领域"即自我意识、学习心理、人际交往、生活与社会适应、生命关怀五个学习领域,并根据课程目标构建课程的内容体系。

"三种体验"即认知体验、情感体验、行为体验。它们是积极体验的组成部分,与学习领域相结合,共同构成课程具体目标和课程实施的重要依据。

"三大序列"即教育性内容序列、预防性内容序列和调适性内容序列。教育性内容序列重在促使学生获得新的积极体验;预防性内容序列重在防范学生产生新的消极体验;调适性内容重在转变消极体验,创生积极体验。它们是针对学生心理发展的不同需求,考量学生生活学习领域复杂程度不断增加等情况,为更好地实现课程总目标而提出的课程内容分类参考。

"课程边界"即心理健康课程与其他课程的划分界限,它由三条线首尾连接,围成的区域构成心理健康课程的独特领域。第一条是学术基础线,由相关心理学知识构成;第二条是功能取向线,由认知、情感、行为三类积极体验构成;第三条是资源依托线,由学生身处其中的学习生活情境构成。

课程的评价

1.评价方式

采用等级评分的方式,评价的内容包括学生的出勤情况、课堂参与度和作业完成情况。最后综合每方面评价结果给每个学生最后总得分评定为 A、B、C 三个等级,A 为优秀,B 为合格,C 为不合格。

2.评分细则

(1)出勤情况(10%):按照出勤次数评定,全部出勤评定为 10 分,缺勤三次或三次以下并提前请假评 7~9 分,超过三次评定为 0 分;

(2)作业(20%):由老师根据作业或研究报告质量按十分制评定相应的分数;

(3)课堂参与情况(70%):综合自我评分、小组评分及教师评分的结果,得出总评分。

课程建设保障

1.组织保障:学生处具体负责学校选修课程的开发、开设和实施过程的全面指导、协调、管理,包括选修课程开发工作、学生选课指导工作、选修课程学分认定及相关学籍管理工作、学生参加选修课程学习常规管理工作、选修课程教师教学管理工作、选修课程建设后勤保障工作等相关管理制度的制定和检查落实。每学期开学初由学校学生处统筹安排学生统一按规定选课,主讲教师于每周四下午第一节和第二节进行授课。

2.制度保障:由主讲教师负责严格考勤,并以学分的方式记入学生档案。

3.人力保障:现有主研人员 3 名,组成教研组定期研讨课程的开设与实施情况。在固定主研人员的基础上,吸纳其他教师加入团队。

4.场地保障:学校配备了专用教室和专用教育设备,以保证有足够的空间和设备满足选修课程实施的需要。

☆案例十　重庆市南渝中学

学校秉承"公能"教育理念,以积极心理学为指导思想,以"系统化、层次化、多元化"为策略,以"学生、教师心理潜能激发"为目标,以特色课程、主题活动为抓手,构建"阳光心育"心理健康教育课程体系,以此创建具有南开特色的"阳光心育"品牌学校。

1.课程建设,推进系统化教学

学校坚持将心理健康教育课程面向全体学生,把心理健康课纳入常规课程,并开设了《心理学与自我成长》选修课,课程采取大单元教学形式,其主题包括认识自我、人际交往、情绪调试、学会学习、升学选择、适应社会等。

同时,各班积极开展心理健康教育班会课,初一年级主题包括悦纳自我、学业适应和情绪调适等;初二年级主题包括正确交往、学习方法、自律进取等;初三年级主题包括面对挫折、升学选择、生命教育等。通过有针对性地对不同阶段学生的重点问题进行相关知识的讲解与能力的训练,以促使班级形成良好的心理健康氛围,增强班级凝聚力。

将心理社团作为学生的第二课堂,组织开展团体辅导、影片欣赏、心理健康知识分享等活动,让学生在形式多样、内容丰富的社团课上学习更多的心理健康知识,提高心理素质,从而促进自身发展。

2.专题教育,开展层次化研究

学校每学期针对不同年级的阶段性普遍问题开展一次心理健康主题系列活动,包括团体辅导、主题讲座。多次邀请专家到学校举办心理健康教育讲座,其中,针对初一年级新生学习适应问题,西南大学心理学部硕士研究生导师徐展进行了《探索巧学妙记,提高学习能力》专题讲座,从考试焦虑、学习方法、记忆诀窍等方面展开,引导学生积极应对学习中的压力与挑战;针对初二年级存在的青春期困惑,特邀西南大学心理学部副部长、西南大学心理学部发展与教育心理学系主任高雪梅教授进行了《青春期的烦"脑"解析》讲座,从"青春期的特殊大脑""青春期的生理剧变""青春期的自我觉醒"三个方面展开,引导学生科学地认识青春期,关注自身变化,理性控制情绪,把握身体发育和智力发育的黄金时期努力学习;针对初三毕业年级的升学选择问题,特邀南开中学教务处吕律珍主任先后做《我们的南开故事》和《奋力南渝,继之南开》专题讲座,为学生讲述南渝与南开的历史渊源,帮助学生们了解南开历史,继承南开精神,启发学生们学习南开先辈们勇立潮头、敢为人先的精神,坚守自己的初心,努力追梦。

而分年级进行的团体辅导活动,初一年级的主题为"认识自我",旨在培养学生的自信和乐观;初二年级主题为"人际交往",旨在培养学生乐群和开朗;初三年级主题为"缓解压力",旨在培养学生进取和阳光的心态。

3.个体辅导,关注差异化成长

学校设有心理咨询室并配有两名心理健康教师,开展个别辅导和团体辅导,指导帮助学生解决认识自我、人际交往、情绪调适、学会学习、升学选择、适应社会等方面的心理问题。心理咨询室作为排解学生心理困扰的专门场所,为学生搭建了良好的心理辅导平台,是学校开展心理健康教育的重要阵地。2018年至今,校心理辅导室累计进行心理辅导700余次,为广大急需帮助的学生指明方向。此外还定期开展团体心理辅导,学生自愿报名参与,充分体现团体辅导的教育、发展、预防与治疗四大功能。同时还进一步完善了监测评估干预机制。根据2021年沙坪坝区心理保健所的心理普查,学校建立了南渝中学心理健康状况数据库,用以了解学生心理健康状况。配套支持的校内活动课程以现场心理辅导活动为主,现场活动包括心理沙盘、"心境卡牌"OH卡牌体验活动、"用画和心灵对话"绘画心理测试、"听见你的心声"现场心理辅导、心理学知识竞赛、治愈系粘贴画、"陌生人,我也为你祝福"卡片互动体验活动、"一花一世界"沙画艺术创作等。德育课程关注个体差异,根据学生的不同需要开展多种形式的教育和辅导,使学生的心理健康水平得以稳固提升。

4.校园文化,促进多样化建设

教学楼内设有《心理健康·画里有话》电子海报,结合学生当下的心理健康需要每周更新内容,心理漫画风格轻松温暖,容易引起学生共鸣。在学期不同阶段还会有针对性地更新心理健康教育展板,包括新生适应、备战考试、合理看待成绩、人际交往等,内容切合学生实际学习生活。图书馆设有心理健康书籍专区,每学期还会进行心理书籍推荐与展出,营造自主学习心理健康知识的良好氛围。配套支持的校内活动课程有心理健康游园会、耕读园、阳光体育等。通过课堂外游戏、田地里耕种、操场上运动等方式促进学生的身心健康发展,落实五育并举。南渝中学坚持促进学生发展心理健康教育理念,因地制宜开展校园心理文化建设,使校园心理文化积极向上,让课堂内外处处成为心理健康育人场所。

5.教师培训,促进专业化发展

学校组织班主任和学科老师进行心理健康教育培训,普及心理健康教育基本理论、专业知识和操作技能,内容满足教师需求,有效调动教师的积极性和主动性,帮助教师从认识心理异常现象、更新教育观念、调节学生心理、改进教学方法,在教育中树立和谐、平等、民主的新型师生关系。同时鼓励老师总结心理健康教育经验,提高心理健康教育业务水平,让心理健康教育老师、班主任、科任老师等最终形成完整的心理健康教育教师体系。南渝中学坚持教师在心理健康教育中的主导地位,注重培训效果内化为教师的心理健康教育能力,促进其职业成长,最终通过教师的心理健康教育推动学生的心理发展与自我成长。

6.家校联动,实施精准化策略

学校多次组织"南渝讲坛"心理健康教育主题家长讲座,帮助家长树立正确的教育观念,了解和掌握孩子成长的特点、规律以及心理健康教育的方法,加强亲子沟通,注重自身良好心理素质的养成,以积极健康和谐的家庭环境影响孩子。同时,通过"致家长的一封信"、家长会等形式为家长提供促进孩子发展的指导意见,协助家长共同解决孩子在发展过程中的心理行为问题。为实现家校沟通的便捷性、高效性,学校还特别加强网络文化建设,心理咨询室设置有心理咨询邮箱,学校公众号设有心理健康专题,并通过网络开展家长会等活动,形成家校合力,共育未来。

☆案例十一　重庆市人民小学

课程实施

1.充分发挥教师的主动性和创造性

"童年成长"德育课程群没有样本可循,教师是学习活动的组织者和引导者,需要参与课程的老师根据课程群的目标和内容进行创意设计,积极开发课程资源,精心设计活动方案,引导学生形成正确的观念,学会应有技能,养成必备习惯。

2.以活动为教与学的基本形式

通过引导学生参与各类活动来进行教学,是本课程教学的一大特点。本课程的开展主要通过体验式活动来学习,观察、调查、讨论、交流、参观、访问、制作、种植、饲养等都是学习的方式,与环境的互动、与同伴合作、和家长一起活动都可以获得对自然和社会的亲身感受和体验,获得丰富的知识和经验,以及能力的发展。

3.了解儿童,遵循学生身心发展规律

本课程范围广,涵盖1~6年级,鉴于本课程的性质和特点,教学必须以深入了解儿童为基础,了解每个阶段学生身心发展规律和实际发展水平,甚至了解学生的家庭状况才能进行。

4.全面把握课程目标

十大课程群涵盖面广,作为课程研发和实施的教师必须准确把握课程目标,不能为了活动而活动,需要引导学生在体验中收获,在活动中达成目标。

(1)详细实施建议

①理想信念课程群

理想信念课程群要把国家政策细化为学生看得见,摸得着,能体验的具体感受,这样学生才能把爱党爱国爱人民的情感转化为直接情感,可以从学生身边的榜样出发,让学生看到父母在岗位上的认真负责,看到作为党员的家人的先锋示范作用,将理想信念具象化才能真正把社会主义核心价值观内化为学生的人生目标。

②阅读课程群

阅读课程群的书籍选择要按照本课程的目标和内容来开展,可以以主题阅读的方式来体现不同年段的特点,实现各年段的目标,除了阅读以外还可以拓展到影视中的人文素养,本课程群以培养学生人文素养为核心,以阅读活动为推动,可以在一个主题下面,形式不必拘泥于读书。

③礼仪课程群

礼仪课程主要体现学生的行为,不是传授知识,可以通过一些有意思的活动强化学生对文明高雅行为的赞赏和喜爱,让学生不自觉模仿,同时通过评价和激励促进学生行为习惯的养成。

④探索课程群

探索课程要通过观察、比较、实践、实验、游戏等活动方式让学生充分体验,去发现,去提出问题。探索不仅仅限于科学范畴,它是跨学科的,体现综合性。

⑤艺趣课程群

艺趣课程以提升学生审美为目的,审美体验要通过具体的活动开展,可以通过欣赏画作、音乐、影视、建筑、照片以及生活中的各种美丽瞬间,美的设计等提升审美素养。

⑥勇气课程群

本勇气课程立足于体育类,在运动中磨炼意志,在竞争中拼搏和奋进,但是勇气不仅仅指体育中的拼搏、坚持和挑战,它也是综合性的,需要立足这个点去拓展,去综合和融合,以培养学生不怕困难,勇于挑战为目的。

⑦世界公民课程群

世界公民课程首先立足于热爱自己的国家,认可自己国家体制和文化,通过认识世界的多样性激发学生对全世界共同发展的美好愿望,着眼点不在哪个国家发展得好,而在于全球命运共同体的同呼吸共命运。

⑧劳动课程群

劳动课程要充分发挥家校社的合力,教师在学校指导,学生在家中练习,家长带领学生参与社区劳动,要把学校所学劳动技能用于实际生活之中。除了参与劳动以外,还可以讲劳动能人、劳动达人、劳动模范一系列劳动人民的典型事例,以此来培养学生正确的劳动态度。教师也要树立正确的劳动观念,以此来影响学生形成"劳动光荣 劳动伟大"的劳动思想。

⑨行走课程群

行走课程主要是实地参观,实践参与,通过亲身体验来学习。各种研学基地、公园、博物馆、展览馆、艺术馆、革命教育陈列馆都是行走课程群的场域,有目的地开展学科课程。课程的组织和评价应该和实际情况相联系,不应和其他课程一样。

⑩社会责任课程群

社会责任课程也在于学生亲自体验和参与,争当家庭小主人,完成班级小岗位,做好社会服务员,这些不仅需要学生体验岗位还需要完成责任任务。同时,需要把"与人为善"的理念放入课程之中,愿意为他人服务,愿意为社会服务,建立正确的服务意识是本课程重点。

(2)课程管理

课程依托重庆市人民小学。重庆市人民小学是重庆市一流小学,该课程立足于学校文化及德育工作的规划及设计,得到了学校的政策和资金支持,学校的支持是本课程开展的前提和保障。重庆市人民小学校拥有一支高素质和高水平的教师队伍,他们有着丰富的教育理论知识和教学经验,多次参加教育教学培训,乐于并善于进行理论总结。老师们都保持积极心态,愿主动承担任务,精诚合作,扎扎实实开展课程群的研究及实施工作。

课程特色与创新

1.课程特色

本课程以国家《中小学德育工作指南》为纲领性文件,立足国家要求,结合学校自身的文化积淀和学校精神,将散点式的德育活动进行了总体设计和规划,从学生终身发展的核心素养出发,提取关键品格和必备技能开发出十大德育课程群,涵盖"德、智、体、美、劳"五个部分。对于儿童的理解,我们在德育课程群中提出要保护儿童的天性,在实践中培养儿童的社会属性,根据这一理念,我们也着重在儿童"好奇、勇敢"的天性上给予支持和保护,而在儿童的责任和担当方面进行实践体验培养,保护儿童天性,发展儿童社会性是学校精神的内涵,把国家政策、学校发展理念和德育课程相结合,在课程群的设置上充分体现是本课程的特色。

2.课程创新点

(1)本课程创新了德育课程的开发模式,将德育日常工作与德育学科教学以及德育活动课进行梳理形成一个体系,开发出"童年·成长"十大主题德育课程。

(2)建构具有课程开发力和实施力的教师评价系统。将课程开发能力和课程实施力纳入德育工作者的选拔和考核之中,提升德育队伍的水平。

(3)建构基于学生发展的过程性和阶段性学生评价系统。从学生发展的核心素养进行评价,也从德智体美劳各个方面全面评价学生。

参考文献

[1]赖心萍.核心素养视角下小学语文校本作业设计策略探究[J].国家通用语言文字教学与研究,2022,(10):158-160.

[2]金志权.初中德育校本课程开发问题研究[D].湖北大学,2015.

[3]张艺耀.人性视野下学生全面发展观构建及其教学运作策略研究[D].赣南师范学院,2011.

[4]李亚楠.翻转课堂教学模式在校本德育课程中的应用研究[J].教育与教学研究,2016,030(004):83-89.

[5]肖永春.自主学习:道德与法治课教学的应然要求[J].教学管理与教育研究,2022,7(2):55-57.

[6]张颖.新时代大学生艰苦奋斗精神教育研究[M].光明日报出版社,2021.

[7]白传亮,谷月,翟林香.国考背景下高职教育专业课程教学研究——以小学教育学课程为例[J].辽宁高职学报,2023,25(1):48-52.

[8]许光明."双减"背景下高中班主任德育工作面临的问题及对策[J].华夏教师,2022(29):7-9.

[9]李华玮,赵绪永,连艳鲜,等.融入思政元素的生物化学课程线上线下混合式教学研究[J].黑龙江科学,2022,13(17):159-161.

[10]王克军.初中体育教学存在的问题与对策分析[J].新课程,2022(19):170-171.

[11]颜琳.高校教师责任意识培养探析[D].山东师范大学,[2025-01-10].

[12]何丽娟.初中文言文教学现状及对策探究——以曲阜市为例[D].曲阜师范大学,[2025-01-10].

第五章

德育校本课程评价

第一节 德育校本课程评价概述

课程评价是一个综合、复杂的系统,德育校本课程的评价随着近年来德育校本课程的重视而逐步发展并单列出来,必然有着其隶属于德育评价和课程评价的独特属性。对德育评价和课程评价发展的脉络梳理,有助于我们对德育校本课程评价进行更加全面、深刻的认识。

一、德育评价的发展脉络

(一)古代德育评价

我国古代最基本的道德规范就是儒家"三纲五常"伦理文化思想,这是古代德育评价的基本内容。孔子提出的"仁者爱人"的德育观和"听其言观其行"的道德评价方法体现出他既重视学生道德知识的学习,又关注学生实践中的道德情感体验和品格养成。老子的"无为"思想提倡顺应自然,教育者与对象构建平等、和谐的关系,讲究潜移默化地对教育对象施加影响,避免强行灌输。朱熹在生活中通过言传身教让学生循序渐进地养成行为习惯,不只是对学生的德行进行评价,还关注教师和学生家长的德育要求和评价。中国古代德育评价的诸多思想为我国德育评价的发展贡献了中华民族五千年民族文化的智慧力量。

(二)近代德育评价

从近代发展来看,清末时期仍是以"三纲五常"封建伦理作为学校德育的评价标准,从道德、伦理、法律等各方面形成了封建的行为准则。鸦片战争以后,随着西方思想的涌入,"鼓民力""开民智""新民德"成为教育思想浪潮,在新式学堂教育中重点激励民族气节、寻求救国之道,"德育"概念逐步独立出来,成为教育的重点和中心,通过国家经科类德育课程和德育实践类活动课程提升儿童的德育学习实效,涌现出陶行知"教人求真,学做真人"寻求"真"的德育评价,梁启超"莫问收获,但问耕耘"重视德育过程的评价,严复"信、达、雅"等教育思想家一系列的育人目标及其优秀的德育评价理念。

(三)现代德育评价

新中国成立后,我国德育研究领域不断关注和吸纳国外德育成果,在德育评价理念、评价模式、评价技术和方法等方面开始进行深入研究。我国德育事业快速发展,培养了大批高素质人才,为推动经济发展做出重要贡献。德育系统的构成要素以及要素之间、子系统之间的关系研究不断完善,理论研究与实践研究相辅相成,推动了各级学校德育工作的开展。德育评价也从最初的作为一门学科课程的纸笔测试,转化为能够更加具体、生动、形象、全面地描绘人的道德品行、政治品质、思想观念、心理素质、法律意识等方面的综合性评价。评价的形式多样,既可以是专门的学科课程学业评价、德育主题实践活动评价、社会实践活动评价等,也可以是融入其他学科课程、学生综合素质评价中进行的表现性评价、过程性评价、发展性评价等多元评价。

二、课程评价的发展历程

课程评价的历史可以追溯到我国科举考试。现在的课程评价则起源于美国 19世纪末 20 世纪初。目前比较公认的课程评价发展分为四个时期:测验和测量时期、描述时期、判断时期、建构时期[1]:一是测验和测量时期,这一时期评价的本质就是测验或测量,随着统计测量技术的发展,将测量技术运用于教育领域,选择合适测量技术测定学生的学习数据值,客观反映出评价对象的数据值特征。二是描述时期,描述时期的评价本质是描述教育结果与目标的一致程度,泰勒原理、布卢姆的教育目标分类学等是这一时期的代表。相较于测验和测量时期,描述时期的评价步骤更加清晰,操作性更强,使评价的科学性更加突出。当前课程教学改革中的"教学评一致性"和"教学评一体化"的思想就来自这一时期的评价理论。三是判断时期,这一时代的评价尤其重视评价对象价值的判断,认为评价不仅仅是评价结果对于目标的达成度,更重要的是价值判断的过程,明确了过程本身的价值也是评价的有机构成。四是建构时期,此时期的评价来源于二十世纪六七十年代对课程改革运动的反思,坚持价值多元性的理念,认为评价是一种通过协商而形成的心理建构过程,强调民主协商的参与过程。该时期的评价包容性较强,容纳多种不同的评价模式,其中苏格拉底研讨法、学生档案袋评价管理等评价模式仍广为使用。

三、德育校本课程评价的本质

对德育校本课程评价可以从两个层面理解, 一种是作为课程构成要素的课程内部评价,主要考察课程目标的达成度;另一种是站在课程之外,对课程各要素设计的科学性、课程开发与实施中取得的成效与不足进行的外部反思与评判。可以得出德育校本课程评价本质上就是对德育校本课程在德育价值上的评价的过程,也是依据德育原理和课程评价理论,用一定的方法对德育校本课程促进学生德行发展进行价值判断的过程。

从评价的类型来看,课程评价主要有两种类型,一种是对课程效度进行评价的效应评价,另一种是基于课程内在价值及其内涵研究的评价。以教育目标的实现程度为基准来评价课程目标、课程的编制、课程的实施等方面的状态,对课程的实施效果进行检验,为课程的改进做出新的决策,这就属于对课程效应的评价。[2]对课程效应的评价也可以看做是对课程构成要素的内部评价, 主要考察课程目标的达成度,一般通过将学生发展状况与课程目标进行比对来做出评判。对课程的价值评价过程,实质上是为课程评价选择一种较为切合实际的参照标准,通过对某一种价值理念及评价方法的选择,进而才能够确保对课程设置、课程的实施过程及其效果等问题做出正确的、有意义的判断。[3]这种对课程评价的维度认识是站在课程之外,对课程各要素设计的科学性、课程开发与实施中取得的成效与不足进行的外部反思与评判。

四、德育校本课程评价的目的和实践价值

(一)德育校本课程评价的目的

评价的目的就是 "人们在开展课程评价之前设想或规定的课程评价活动所欲达到的效果或结果"[4]。目的是作为行动的直接动机指引和调整各种行为,并作为支配人的意志的内在规律贯穿在人的实践中。[5]课程评价的目的直接影响评价方法的选择和评价标准体系如何建立。课程评价是学校教育过程的重要一环,其基本目的就是对课程计划、活动及其结果等进行描述和价值判断,确定课程与教学是否实现

教育目标,进而提供改进的反馈意见,更好地促进学生的发展。德育校本课程实施的效果,需要通过课程评价来全面反映。

(二)德育校本课程评价的实践价值

1.促进德育校本课程不断发展和完善

德育校本课程评价进一步完善校本德育课程的目标,使其更加科学化、合理化,使德育校本课程的目标更加符合学生的身心发展,同时能够兼顾社会、家庭、学校、师生的需求。德育校本课程评价的实施为德育校本课程在不同地区、不同学校、不同年级的开展提供详细的依据,促使德育校本课程内容不断丰富和发展。评价也使得课程教师、学校有了保障和支持,在社会各界人士的大力支持下完善了德育校本课程的建设。德育校本课程评价也使得学生从被动的被评价者转身为主动的参与者,这也为德育校本课程建设提供了方式上的保障。

2.促进学生的品格发展

德育校本课程评价突出强调学生品格发展和变化评价,不仅仅关注学生获得的成就,更重要的是关注学生的进步和在课程活动中的表现。在课程中学生是否获得了良好的体验,是否在课程中体验到了积极的情感价值。根据不同的主体特征,对学生进行个别差异性的评价。德育校本课程的评价,使得学生也成了评价的主体,在评价的过程中学生具有发言权,促进了学生自我反思的能力和认识自我的能力,从而促进学生的不断发展。

3.促进教师专业发展

教师在德育校本课程评价中充当着评价者和被评价者的角色。教师在评价中要有理有据可循,有理可依,而不是随意地进行评价,这就对老师在专业能力上有所要求,老师同时也充当着被评价者的角色。因此,教师要能够虚心接受他人对自己的评价,了解自己的不足和缺点,扬长避短,在以后的课程实施中能够有所改进。教师在课程评价的过程中,要不断地反思分析,从而促进自身专业能力的发展,提高教师的教育科研能力,为以后的发展奠定坚实的基础。

五、德育校本课程评价的难点

德育校本课程的评价相较于其他课程评价,其难点在于:一是难以对学生思想品德发展成果进行客观、全面、系统的测定和评判,也就无从精准判断课程目标的达成度。学生的思想品德具有情境性和内隐性的特点，传统德育课程知识测试无法评价出学生的道德行为和情感，学校也早已意识到这一问题，不少学校开始通过观察、记录学生的某些言行表现，进行思想品德的"等级"评定，来作为德育校本课程评价的依据，可以看作评价的进步。但由于评价的观察点往往比较集中，难以真实反映学生的思想品德全貌，因此也具有片面性。因此，德育校本课程评价环节容易成为整个课程实施中的薄弱环节，要么为了德育校本课程的结构完整，呈现几种评价方法；要么只是完成一些主观的评价，表示已开展课程评价，草草了事。二是对课程要素结构、实施成效的评价缺少标准，使作为课程实施主体象征意义的自评和反思，难以真实推动德育校本课程的继续改进和完善。因此，要结合课程评价理论，充分掌握德育校本课程评价的类型，构建德育校本课程体系，既要避免通过学生、教师及家长对德育课程的感受和建议来评价德育课程的效果，以德育课程的外部评判来取代德育课程的内部评判的错位现象，又要避免德育校本课程评价的缺失。

第二节 德育校本课程评价的体系构建

一、德育校本课程评价的核心指导思想

德育校本课程以马克思关于人的全面发展学说为指导思想。马克思主义认为，全面发展的人是"现实的个人""具体的人"的发展，主要包括人的需要的全面发展、人的能力的全面发展、人的社会关系的全面发展、人的自由个性的全面发展以及人的自身文化素质的全面发展。要使教育对象在德、智、体、美、劳等方面均得到全面的发展，德育教育是必不可少的组成部分，是人的发展的核心与关键。马克思关于人的全面发展学说是社会主义教育目的的理论基础，也是德育校本课程的理论基础，为德育校本课程的基本价值取向、基本原则、基本方法提供了理论依据，也成为德育校本课程评价的依据。

同时，德育校本课程评价要紧扣《中小学德育工作指南》等相关德育文件要求，在课程育人中，用好地方和学校课程。要结合地方自然地理特点、民族特色、传统文化以及重大历史事件、历史名人等，因地制宜开发地方和学校德育课程，引导学生了解家乡的历史文化、自然环境、人口状况和发展成就，培养学生爱家乡、爱祖国的感情，树立维护祖国统一、加强民族团结的意识。学校要认真开展学生的品德评价，将之纳入综合素质评价体系，建立学生综合素质档案，做好学生成长记录，反映学生成长实际状况。在评价层面，切实将党和国家关于中小学德育工作的要求落细落小落实，助力学校"全员育人、全程育人、全方位育人"德育工作格局的形成。

二、德育校本课程评价的价值取向

（一）坚持校本特色

德育校本课程评价要坚持校本特色，与国家德育课程既要互相呼应，又要作为

国家课程的重要补充,从地域特色、主题特色、形式特色等方面进行校本化创新开发和评价,使得课程评价更接地气,获得师生、家长、社会的情感认同。由于评价的自主性更强,评价过程要反映学校的办学理念和特色,不求"高大全",但求"精细实",追求学校资源投入、德育成效的性价比。校本作为一种内部环境,德育校本课程评价也不能闭门造车、自娱自乐,要与外部环境进行积极的交流、反馈,不断听取各级教育主管部门、教科研部门、课程领域专家、参与家庭、社会各界人士的意见和建议,不断自我反省、调试、改进。

(二)坚持多元主体参与

德育校本课程的评价由学校主导。评价主体既有来自学校内部,包括学校领导、课程参与开发与实施的教师进行自我评价,也有来自各级主管部门、教科研部门等专业部门的引领性评价,还有来自包括学生、家长、社会各界的参与性评价,各方与学校教育紧密关联,共同构建德育校本课程的评价维度,形成课程评价综合体,实现多元性的评价价值取向。

(三)坚持以发展为导向

评价的根本目的在于促进发展。德育校本课程的评价更是如此,评价要结合学生、教师、学校和课程发展中的需要,既要有相对客观的价值判断,又要通过丰富的德育校本课程评价手段激发师生个人成长、学校课程发展的内生动力,促进其不断进步,更好地实现自身价值。德育校本课程评价作为学校课程评价的一种,要与学校课程评价方案进行结构化重组,形成主推发展的合力。

(四)坚持全过程评价

德育校本课程的评价要坚持全过程评价。全过程一是指课程开发和实施的全过程,从课程开发的前期准备、课程规划方案、课程实施过程、课程实施结果等各个方面的环节均有一套完整的评价机制和管理流程;二是在课程实施过程中的各个环节,应具有教学评一体化的设计理念,将评价融入课程活动的每一个环节中。

三、德育校本课程评价的作用

(一)鉴定作用

德育校本课程评价的基本作用是指通过评价对德育校本课程实施的效果进行效果鉴定。德育校本课程的课程的评价作为一种教育评价,本身对德育校本课程的质量就有进行甄别的作用,这是一种等级性的总结性评价,同时也是一种阶段性评价,不只是看重现在的等级情况,更是要指向未来的发展。鉴定的目的一是用以甄别学生、教师、课程是否达到预期目标,为课程的调试提供参考依据;二是从中选出优秀的课例、优秀的师生模范以及可供复制推广的经验,为课程成果的凝练做准备。

（二）改进作用

改进作用是通过评价了解德育校本课程在开发和实施中的不足,对课程进行改进和完善。改进是从多方面进行,一是从对课程本身进行改进,如完善课程目标和课程内容,使之更加符合当前阶段学生的学习能力;二是提供课程实施中的教学支架,丰富教师的教学方法,以及建设实施课程所需的特色课程资源。通过重视科学有效的评价结论,客观认识课程,认真总结经验,完善课程,使德育校本课程的评价改进作用发挥出应有效果。

（三）激励作用

德育校本课程评价在鉴定目标达成度的过程中,激励学生树立目标、激发学生学习动力和兴趣,鞭策学生更有方向性地学习;激励老师要有质量意识,本着对学生终身发展负责的态度实现育人目标;激励学校管理者,理顺学生的发展与教师专业成长良性互促,理顺教与学的关系,理顺家庭、社会教育与学校教育的联系。课程多元主体能形成斗志昂扬、有效促动,有序发展的氛围。

（四）管理作用

德育校本课程评价作为校本化的评价,灵活性和自主性相对较强,有利于学校管理创新思考,实践探索,为学校德育工作的推进和管理提供实践尝试的试验田。同时能够促进学校不断提升管理水平,对加强学校德育工作,提升课程育人水平具有积极作用。

四、德育校本课程评价的基本原则

（一）发展性原则

德育校本课程应当以基于中国学生发展的德育理论和基础教育课程改革的理念,用发展的眼光看待学生、教师、课程当前的现实表现,关注到促进每一个评价对象发展的有利因素,在课程中不断补充完善这些因素,以正面激励性评价为主,激发评价对象的主观能动性。

(二)多元化原则

德育校本课程评价多元化的原则,一是要体现评价主体的多元,教师、学生、家长、社区代表、课程合作方、课程专家等都可纳入评价主体,以保证评价角度的多元。二是要体现评价内容的丰富性和全面性,评价内容要涉及课程的结构层级维度,也要涉及课程的过程维度,即课程设计开发、过程实施、结果评价。三是运用多样化的评价方法,根据评价的需要,选择合适的方法进行科学评价。

(三)科学公平原则

德育校本课程的评价要遵循实事求是的态度,全面真实地反映德育校本课程实施过程和结果。评价指标的制定要符合学校的实际、课程特色、教师水平和学生特点等因素,能够涵盖课程涉及的主要方面和关键点,对指标的描述要清晰,避免歧义或与其他指标交叉,还要具有操作性,能够通过合适渠道批量获取。

(四)稳定性与动态性原则

德育校本课程评价指标既要在一定时期内保持相对稳定,以保证能够在这个阶段以统一标准对师生施加影响。但随着时代和课程的发展,学情也在不断变化,课程评价也应该有一个调试的动态过程,不断变化和完善。

(五)定量与定性评价相结合原则

德育校本课程评价因其课程特性,可以以定性评价为主,重视通过对课程的实施中和实施后学生课程体验和行为表现的价值判断,同时也需要结合量化评价通过搜集能获取和解释的客观数据进行量化评价,实现定性和定量评价的互补。

(六)可行性原则

可行性原则是将理想化的评价与客观现实进行调试,既要保证评价的科学性,又要考虑在实施评价中的投入与产出效益。对于学校而言,德育校本课程的评价不用过于复杂,要坚持实事求是的态度,对评价点进行合理设置,使评价体现清晰的等级差异。

五、德育校本课程评价体系构建

基于多元化的评价原则,德育校本课程评价可以从主体、方式、内容三个维度进行综合构建。

（一）评价主体多元化

正如前文多元化原则所提到的,要体现评价主体的多元,教师、学生、家长、社区代表、课程合作方、课程专家等都可纳入评价主体,以保证评价角度的多元。根据评价需要尽可能将评价主体安排在评价的各个合适的环节中,以发挥不同主体的评价作用。教师是课程的直接实施者,教师参与课程评价,更能增加教师对课程的理解,增强教师对课程的融入感,从而更加主动地发挥课程的育人作用。学生参与到评价中,可以实施协商式评价,合理协商自身认可的评价标准,使得评价的个性化更加突出,更适合推动学生的个人发展;同时,学生参与评价,也是一种课程活动,增加学生的评价体验,使其更能理解课程意义,增强学生对于课程的内心认可度。学校参与课程评价,是从课程管理者的角度,对课程进行有序的管理和指导,提升课程实施的有效性。家长参与到评价中,是家校协同的一种有效途径,让家长了解课程、理解课程、认同课程,在评价中对学校的课程文化也是一种直接感受,也能提升家校共育的实效。社区代表学校所处社会环境,社区代表参与评价既能丰富评价视角,也是学校文化与地域文化的一种主动融合,更是一种学校文化的传递信号,对于提升学校德育品牌,提升学校声誉具有重要作用。课程专家代表理论和专业的课程支撑,可以为学校提供理论层面的指引和更高展位的发展引领。如开州区汉丰五小"行天下"德育校本课程构建了"五维一体"评价方式。以学生为评价主体,对研学课程实施效果进行过程性、发展性评价。一是学生自评。学生对自己活动前、活动中、活动后的表现进行评价。二是小组互评。各小组对其他小组的活动策划、组织、实施、效果等给予评价。三是家长参评。家长对孩子参与活动的综合表现进行评价。四是社会议评。社会人士、研学旅行基地相关人员等对学生进行评述与评价。五是学校测评。学校通过课程方案、项目成果等进行测评。通过五维评价,力求评价更为多元、综合、客观,进一步促进"行天下"课程更优化。学生人手一本活动手册,该手册包括活动日志、跨学科探究记录、探究成果展示方案等内容,指导学生在自主学习、团队协作、社区服务的过程中对相关的文化主题进行深度探究。课程总结阶段,学校组织大型的成果汇报活动,并邀请家长、社会各界知名人士向学生颁发"毅行证书"。

（二）评价方式多元化

评价的目的不是为了给评价对象贴上一个标签,而是通过评价对于课程实施的过程数据进行客观分析、归类,对未来的发展提出针对性建议。借鉴学生综合素质评价的一些常用方法,实现评价方式的多元化,一是可以实现评价方法多样化,观察、谈话、档案袋、量表、成果展现等形式掌握学生的学习动态,关注学生的成长曲线,提出综合全面的改进建议;二是充分利用信息技术,对德育校本课程的实施和评价进行大胆运用的尝试,建立智慧评价系统,通过大数据的收集和分析生成可视化的评价数据,实现评价数据的智能化处理,营造泛在化的课程实施和评价氛围。

(三)评价内容多元化

建立多元化的德育校本课程评价内容可以更加全面、详实地反映学生在课程实施过程中地行为表现、态度情感,作为评价参考的重要依据。德育校本课程的评价指标体系(评价内容)主要包括四个方面:课程规划、德育校本课程管理、德育校本课程实施及德育校本课程效果,同时以这四方面为一级指标构建二、三级指标。[6]

1.课程规划

课程规划是对于课程基于学校整体发展框架下的课程谋划。一个好的德育校本课程需要在各方的配合下进行课程规划,德育校本课程规划可以包含课程设置及课程方案两个二级指标。

(1) 课程设置。课程设置具有清晰的课程结构和完整的教学计划。①评价要素。学校课程实施方案中有结构化的德育校本课程的设置。教学计划的评价要素是指制定学校德育校本课程教学计划,在学校总课表中有专门的德育校本课程课时体现。②计分方法。以年级为单位,每学期至少开设一门德育校本课程,有定期开课的记录,保证每学期有一定数量的德育校本课程课时。

(2)课程方案。课程方案包括课程目标及课程内容两个三级指标。①评价要素。课程目标的评价要素是指课程目标明确、科学、合理,能体现"立德树人"的育人目标和学校育人特色;与党和国家的教育方针一致,符合新课程的发展理念。课程内容的评价要素是指课程结构合理,内容丰富,能体现学校特色和地域特点,具有科学性、时代性和创新性,有利于落实核心素养。②计分方法。学生年度综合素质评价为优秀、良好、合格以上的比例;德育校本课程编排科学、合理,符合学生心理发展水平,内容特色较为明显。

2.德育校本课程管理

德育校本课程管理主要包含组织领导及政策保障两个二级指标。

(1)组织领导。组织领导包括领导重视和团队建设两个三级指标。①评价要素。组织领导的评价要素是指学校应成立校本课程开发与实施的专门领导与组织机构。团队建设的评价要素是指建立校本课程开发与实施的专业团队。②计分方法。组织机构成员齐全,校长能定期参加校本课程专题会议;团队由课程、教学、教研、当地知名人士组成。

(2)政策保障。政策保障包括管理制度、教师队伍、经费保障三个三级指标。①评价要素。管理制度的评价要素是指建立德育校本课程开发、教学研究、考核、激励等相关制度。教师队伍的评价要素是指有实施校本课程教学的教师,并有定期的教师培训提升计划。经费保障的评价要素是指有专项经费支持,能多渠道筹措资金。②计分方法。校本课程开发与实施等管理制度齐全、具体、可操作;教师所承担的教学工作量能纳入学校整体课程教学计划;经费投入纳入学校规划。

3.德育校本课程实施

德育校本课程实施主要包含教学过程及课程资源两个二级指标。

(1)教学过程。教学过程包括课堂教学和课外活动两个三级指标。①评价要素。课堂教学的评价要素是指教学重点突出,教学效果较好,有良好的教学氛围,教学方法灵活多样。课外活动的评价要素是指活动内容丰富、有效。②计分方法。教学氛围较好,学生学习积极性较高,师生互动较好,主题教育突出,教学方式方法多样;课外活动有计划、有考核,方式多样,学生主动参与。

(2)课程资源。课程资源包括教学资源和条件技术两个三级指标。①评价要素。教学资源的评价要素是指德育校本课程配套的教学计划、校本教材及教学参考资料。条件技术的评价要素是指有相应德育校本课程所需的设施、设备和场地,信息技术能有效使用。②计分方法。有已开发的校本教材、教学参考资料、学生学习活动手册等;教学工具、学习工具多样化,配有课外教学场地等。

4.德育校本课程效果

德育校本课程效果主要包含课程评价及监测评价两个二级指标。

(1)课程评价。课程评价包括开设质量和课程特色两个三级指标。①评价要素。开设质量的评价要素是指课程有利于学生全面、个性、可持续发展,有助于教师专业成长。课程特色的评价要素是指能体现地域特色和学校办学特色。②计分方法。学生发展有成长记录,教师专业发展着重课程开发能力、研究能力、课程组织管理能力的提升;地域特色明显,注重当地优秀传统文化与课程方式的融合;与学校办学目标一致。

(2)监测评价。监测评价包括课程监测和课程满意度两个三级指标。①评价要素。课程监测的评价要素是指定期开展课程教学监测,校本课程出版获奖情况。课程满意度的评价要素是指学生、家长、教师、社会对课程开设的满意程度。②计分方法。课程监测各项数据达到良好;课程出版获奖项目得到认可;各项调查的满意度达到80%以上。德育校本课程的评价是以专家组通过查阅学校的相关资料、问卷、访谈、听课、学业水平监测等方式进行评估。德育校本课程评价是校本课程建设中一个重要的组成部分,德育校本课程的评价是动态的、连续的、不断发展的过程,指标体系构建也是一个不断发展和完善的过程。因此,需要广泛吸取学校间、各地区乃至国际经验,通过不断地修订来充实和完善校本课程评价指标,以期为德育校本课程的建设提供科学依据。

第三节　新时代背景下
德育校本课程评价展望

在新时代背景下，德育校本课程评价随着时代的发展和德育课程实施的逐步深入，不断融合创新，评价的效能和品质愈加彰显。德育校本课程评价的方法因各校校情不一，是无法照搬复制的，但上述章节所论述的一些基本理论和方法，虽不尽完善，但至少从某一方面为德育校本课程的评价提供了新思路、新视野，值得各级学校和教师借鉴学习。

一、信息技术与德育校本课程评价深度融合

教育部《教育信息化 2.0 行动计划》指出：教育信息化具有突破时空限制、呈现手段丰富的独特优势，必将成为促进教育公平、提高教育质量的有效手段，必将成为构建泛在学习环境的有力支撑，要将教育信息化作为教育系统性变革的内生变量，支撑引领教育现代化发展。全国中小学教师信息技术应用能力提升工程 2.0 提出了"三提升一全面"的总体发展目标：校长信息化领导力、教师信息化教学能力、培训团队信息化指导能力显著提升，全面促进信息技术与教育教学融合创新发展。

信息技术与德育校本课程评价的深度融合可以充分发挥信息技术赋能教育评价的优势，解决德育评价的科学性、准确性、客观性不够的问题，如：评价指标主观性过强、评价方式片面、评价数据不易收集、评价数据难以综合处理等。一是将评价贯穿于所有德育校本课程从设计到实施的全过程，实现对课程效果的整体评价；二是构建服务学生全面发展的评价系统。通过联合开发、购买服务、自建等方式，开发和应用基于大数据的现代技术评价工具，对德育校本课程数据进行持续性收集，并由后台按照评价维度对数据进行分类分析、处理，形成定性和定量的动态评价过

程,为学生的发展画像,实现学校校本德育课程实施与德育素养评价的智能化,为学校全面育人、全面评价人提供依据。

二、运用适当方法搜集分析德育校本课程评价信息

(一)按搜集方式分类

搜集德育校本课程信息可采用以下三种方法:一是问卷调查法。首先通过建立评价指标体系,建立调查维度,根据不同的搜集主体特点,围绕维度设计问题;然后经过局部试测对问卷的信度和效度进行检验;最后根据评价的需要选择评价主体进行全面或抽样的调查。调查中需要考虑调查对象的特点,合理选用纸质问卷、电子问卷等形式,有利于数据真实性的考量。二是对课程实施过程中的文本进行分析。这些文本包含课程规划、课程方案、管理机制、课程实施文件、课程实施资料、成果资料等。对文本资料进行专业性分析,判断课程价值和质量。三是课堂观察法。对学生的课堂、课程实践活动等进行观察记录,了解师生课程教与学的真实状况,与文本分析进行比照,判断课程实施与文本内容的一致性。

(二)按评价的表达方式分类

可以分为定性评价和定量评价。定性评价主要通过对师生等评价主体进行在德育课程中的表现材料(视频、图片、文字等)进行价值判断,形成文字评价。定量评价是运用教育测量与统计的方法,对评价对象的特征进行数值性的描述,如对问卷数据、观察数据、后台数据等进行定量分析。定性和定量评价要进行合理运用,才能实现使评价更加合理和准确。

(三)按课程实施阶段分类

在课程实施的不同阶段进行评价,可以及时掌握和反馈课程的实施状况,以便于调整和完善课程的实施。在课程实施前,可以对师生、家长进行学情调查和前测评价,了解课程实施的基础,掌握原始数据,并听取多方对课程的建议。在课程实施过程中,了解师生的课程现状和真实感受,并对课程以文本、视频、照片等方式进行记录,进行及时的过程性评价和反馈。课程实施后,对课程进行总结性评价,一方面考查学生收获了怎样的成长,检验学生的课程学习成效,另一方面听取各方的评价反馈,从对课程的综合满意度和美誉度来评价。

三、制定完善的德育校本课程评价反馈体系

德育校本课程,相对于国家课程,没有相对统一的评价标准和成熟的评价机制,在开发与实施环境,就更需要完善的课程评价反馈体系。学校要综合考虑学校课程体系及评价反馈的做法,一是德育校本课程评价反馈体系要与学校整体评价体系保持方向一致,与其他课程的评价互为补充,鼓励创新,丰富学校育人评价体系;二是要坚持课程评价的常态化,避免将评价流于形式;三是要淡化分数评价,重视综合素养的评价,对学生进行增值性评价;四是要建立相应的激励机制,促进学生和老师积极参与到课程的实施和反馈中;五是要不断与国家课程、地方课程的评价进行整合,将多元评价进行汇总后形成固定模式进行呈现,让所有人能够了解评价。

四、德育主体多维度课程目标达成

德育校本课程不是为了德育而德育,而是作为学校学科德育课程、班团队德育活动等的重要补充。德育校本课程必然不只承载着德育任务,德育校本课程的育德往往是和其他育人活动紧密结合在一起的。因此德育校本课程的目标既要从学生思想观念、核心价值观、道德品行、法制意识等方面制定,更要从学生综合素养方面进行多维度的设计和渗透, 德育校本课程的评价才能对多维度的课程目标达成情况进行评定。德育校本课程要关注学生的全面发展,评价要落实落细,如学生的校内外基本行为习惯、阅读思考习惯、动手习惯、特长发展等,以评价带动学生的成长发展。对于教师的评价目标,坚持注重以提升教师课程开发和实施能力为导向,全面提高教师课程思政的能力,实现促进教师成长的维度目标达成。

五、评价贴近生活,推行正面激励

课程实施后的成果展示是德育校本课程的重要宣传和提升德育影响的阶段。通过规划学生德行评价,全方位宣传道德榜样,进一步推动学生品格培育。一是在以班级为单位,结合学校德育活动对品德突出的学生进行展示、表扬;二是学校层面结合班级评分和学生操行表现,评选优秀少先队员,同时可结合学校课程文化特色,评选星级称号的代表,如文明星级、礼仪星级等;三是要积极联合社区和校外社

会实践基地做好学生的实践评价,充分发挥少先队员的先锋作用,推行正面激励教育,以榜样示范引领,引导学生树立正确的世界观、人生观、价值观。

六、基于复杂性科学的评价维度整合

从20世纪80年代复杂性科学兴起开始,复杂性科学的理论和方法为人类的发展提供一种新思路、新方法和新途径。复杂性科学是指以复杂性系统为研究对象,以超越还原论为方法论特征,以揭示和解释复杂系统运行规律为主要任务,以提高人们认识世界、探究世界和改造世界的能力为主要目的的一种新兴科学研究形态。将复杂性科学的思维方法引入德育校本课程评价的思考中,德育校本课程评价可对德育校本课程的每一项德育内容(或德育途径)进行专门的评价,重点考查具体某项德育内容或德育途径的实施情况,形成单项评价。同时,课程育人、文化育人、活动育人、实践育人、管理育人、协同育人作为德育校本课程实施途径,几者之间相辅相成、互相带动。德育校本课程评价既要重点评价德育校本课程途径中的主要途径,以推动校本德育课程的全面实施,又要对实施途径的各方面进行关联评价,确定德育校本课程实施的整体性。

☆案例一　重庆市巴蜀小学

确立课程评价体系

《"家国天下,青年担当"成长营》课程的评价,注重以下几个方面:

1.评价目的

评价的主要目的是全面了解学生学习过程和结果,激励学生主动探究,促进学生的个性成长和全面发展,以及改善教师的教学和提高教学质量。

2.评价方式

不同的评价任务需要选择不同的评价方式。根据评价功能的不同,评价任务包括诊断性评价、形成性评价和终结性评价三种类型。

评价方式的选择应注重目标、教学和评价的一致性,运用科学、可行和多样的评价方式,对学生探究巴渝文化的过程和效果进行价值判断。

评价不仅要关注学生的学习结果,更要关注学生在学习过程中的发展和变化。

3.评价原则

本课程的评价要坚持诊断性评价、形成性评价与终结性评价相结合,教师评价与学生自我评价、同伴评价相结合,量化评价与质性评价相结合的原则。

《"家国天下,青年担当"成长营》课程要注重评价学生的实践性成就,如校史知识、探究学校和家乡文化的能力、探究身边传统文化的思维方法与品质等。同时,还要考虑到学习的其他变化,如对所学内容的情感倾向、对学习方式的效果领悟,以及与相关学科的迁移情况,特别是学生对学校发展认识上的变化。

4.评价方法

评价的基本方法主要包括:社会实践考察报告、演讲稿、比赛获奖情况、教师观察、学生的自评与互评等。评价结果应及时反馈给学生,以便学生及时改进,促进学生的学习。

5.评价标准

评价标准一般包括评价维度、表现水平的规定,以及不同表现水平的实际样例。

《"家国天下,青年担当"成长营》课程评价标准制定的程序包括:根据教学目标和内容以及学生水平确定评价目标和内容;选择校史的重要内容作为评价的维度;为每一个维度划分水平;确定每个评价维度各水平的评价标准,并用清晰、简要的语言进行描述。

☆案例二　重庆市城口县示范幼儿园

有效课程评价

1.注重过程性评价。对劳动课程的评价,我们坚持形成性评价与终结性评价相结合,反思性评价与鼓励性评价相结合,相对评价与个体差异评价相结合,尤其注重对幼儿学习过程的评价。坚持过程性、多次性、随机性的评价,关注幼儿的学习动机、行为习惯、意志品质,倡导对不同的幼儿采用不同的评价标准和方法,以促进其在学习上获得充分的发展。

2.注重对幼儿解决问题能力的评价。对劳动课程的评价要体现在幼儿的实践能力上。我们重点评价课程对幼儿发现问题、提出问题、分析问题、解决问题能力以及人际交往团队合作能力等。

3.注重对学习激励的评价。对劳动课程的评价要体现课程评价的激励功能,既鼓励每位发展步调不一致的幼儿,更要注重保护他们的自尊心和自信心,让劳动学习充满热情,让每个幼儿都能够体会劳动的成功和劳动的乐趣。

4.注重对课程组织实施的评价。教学内容上,我们注重传统与现代、基础与先进等内容的穿插,动手与动脑、教学与实践的结合。教学方法上,我们关注教师是否能充分调动幼儿学习的积极性和参与性,促进幼儿积极思考,激发幼儿探索发现,同时能否灵活使用多种教学方法,综合运用传统教学手段和现代教育技术,呈现较高的教学效果等。

☆案例三 重庆市高新区树人思贤小学

小学生活入学评价课程(开学第四周)

新生入学第四周,是我校的一年级新生课程的评价阶段,在两周的常规训练之后,这一阶段会对前期的教育成果进行检验,在这一周里,一年级新生会将自己本月所学,通过比赛的方式,展示给老师、同学、家长看,引导他们发现自己的进步,激发他们的成就感。同时,也能进一步巩固新生入学教育的训练成果,查漏补缺,以在后续教育中继续加强薄弱环节的训练。

反馈阶段

1.整体评价

为落实我校"见贤思齐,精心树人"的办学理念和"勤思善学,贤能慧达"的培养目标,充分发挥评价的激励、教育、反馈、导向功能,通过评价帮助一年级新生认识自我、建立自信,激励和发展他们的潜能,促进全面持续和谐发展,在"新生入学课程"全程使用学校的特色评价体系——"思贤币"评价体系,对小贤童进行奖励和鼓励。

2.个性评价

为了让贤童们能加快适应学校生活、尽快融入班级,各班可以结合学校的评价体系,创建属于自己班级的"家校融合评价手册",进一步增强班级的凝聚力。手册可以包括班级文化、老师寄语、家长寄语、在校和在家的评价细则,配套使用印章、"班级之星"评价海报、"班级之星"的贴纸和带有他们名字的定制勋章。小贤童随身携带评价手册,家长能看到孩子的在校表现,老师也能看到学生的在家表现,家校就可以根据孩子的表现情况进行有针对性的沟通。

3.量表评价

根据入学课程内容制作四个评价量表,贤童们根据自己的习得程度自评 1~3 颗星,并在量表中体现,每班教师根据自己班级的评价情况设置奖项。

4.活动展评

开展六项展评活动:我会规范穿戴校服、我会系鞋带、我们班级有特色、我们班级爱干净、坐姿站姿展示、眼保健操展示。每项活动均以班级为单位设置奖项。

☆案例四　重庆市南川区水江镇宁江小学校

评价"度"量贯穿始终

通过探索,我校初步从以下几个方面开展贯穿于课程内容、课程实施、学生学习全程评价活动:

1.对课程设置评价:结合学生学习效果,通过召开教师座谈会、学生调查问卷、家校联系等方式,收集教师、学生、家长对课程实施的意见建议,对课程内容设置进行评价。

2.课程实施评价:一是通过巡课、听课、查阅课程实施过程性资料等方式,对教师课程实施进行评价;二是通过学生调查问卷、家校开放日活动等方式,收集学生与家长对教师实施课程的意见和建议,对课程实施进行评价。

3.对学生学习评价:结合各级质量抽测、学生综合素质评价等活动,从意志品质、学习、生活、劳动等方面,对学生学习过程、学习结果进行综合评价。根据平时表现、课程学习效果、主题活动展示,结合每期末学生行为习惯综合评价活动,开展教师评价、学生互评,同时综合家长反馈意见,开展好学校艺术节、科技节、体育节、文艺会演、班级主题队会、奋斗少年(班级)评比活动,适时给予表彰。

如:我校张江同学曾是家里的"小皇帝",在学校"三线精神"学习教育中,深受老三线人艰苦奋斗精神感染,积极改正缺点,立志成为国家栋梁,在校期间多次被评为"奋斗少年",通过努力成为中国某陆航旅飞行员,捍卫祖国领空。

☆案例五　重庆市南开中学

课程的评价

1.评价方式

采用等级评分的方式,评价的内容包括学生的出勤情况、课堂参与度和作业完成情况。最后综合各方面评价结果给每个学生最后总得分评定为 A、B、C 三个等级,A 为优秀,B 为合格,C 为不合格。

2.评分细则

(1)出勤情况(10%):按照出勤次数评定,全部出勤评定为 10 分,缺勤三次或三次以下并提前请假评 7~9 分,超过三次评定为 0 分;

(2)作业(20%):由老师根据作业或研究报告质量按十分制评定相应的分数;

(3)课堂参与情况(70%):综合自我评分、小组评分及教师评分的结果,得出总评分。

课程建设保障

1.组织保障:学生处具体负责学校选修课程的开发、开设和实施过程的全面指导、协调、管理,包括选修课程开发工作、学生选课指导工作、选修课程学分认定及相关学籍管理工作、学生参加选修课程学习常规管理工作、选修课程教师教学管理工作、选修课程建设后勤保障工作等相关管理制度的制定和检查落实。每学期开学初由学校学生处统筹安排学生统一按规定选课，主讲教师于每周四下午第一节和第二节进行授课。

2.制度保障:由主讲教师负责严格考勤,并以学分的方式计入学生档案。

3.人力保障:现有主研人员三名,组成教研组定期研讨课程的开设与实施情况。在固定主研人员的基础上,吸纳其他教师加入团队。

4.场地保障:学校配备了专用教室和专用教育设备,以保证有足够的空间和装备满足选修课程实施的需要。

☆案例六　重庆市人和街小学

评价总结

1.导行册评价:坚持每学月在"我是明责小主人"导行册上进行评价,请见证人为自己达到的挑战内容签字,对达成情况进行自评、他评和互评,促进责任目标达成。

2.小程序评价:借助"劳动创造美"微信小程序,教师、家长、学生互动点评,提升履责能力。

3.计划书评价:通过中队主题队会,依据目标计划书,总结自己的达成情况,自我评价。

4.表彰激励:

(1)班级表彰:创设"班级责任之星展示窗",分享学生践行责任典型故事和图片,每月达成目标的学生,在展示窗集中展示表彰。

(2)学校表彰:一学期结束时,汇总四个月的责任挑战及表现情况,导行册目标挑战成功,学校授予"责任之星"称号,并颁发证书。

☆案例七　重庆市万盛职教中学

"RGB(红色人生、绿色发展、蓝色工匠)"课程评价方案

本课程总成绩由两部分成绩构成:课堂出勤率占30%,课堂表现占10%,课后作业完成情况占30%,学年末考核占30%。

1.出勤考核(30%):根据学生的出勤率评分,请假需出示班主任签字的假条。

2.作业考核(30%):学生要求完成课程内容相关的作业,教师根据作业的数量与质量按比例评分。

3.课堂表现(10%):学生上课的纪律和表现。

4.学年末考核(30%):学生作业。

表 5-1　万盛职教中心"RGB(红色人生、绿色发展、蓝色工匠)"

序号	姓名	出勤考核 30%		课堂表现 (10%)	作业考核 30%	年末考核 30%	总成绩
		出勤次数	合计分值				

备注:缺勤一次扣 10 分,累计缺勤超过 3 次,取消学习资格。

☆案例八　中等职业学校

中等职业学校学生综合能力"零起点积分制"评价指体系

中等职业学校学生综合能力

"零起点积分制"评价
指标体系

重庆教育管理学校

根据中共中央国务院《深化新时代教育评价改革总体方案》、教育部《中学生日常行为规范》和《中等职业学校德育大纲》的要求,为了提高中职学生的思想品德修养,规范日常行为,依据中职教育特点和中职学生人才成长规律,帮助中职学生树立正确的理想信念,养成良好行为习惯,促进身心健康,促进学生职业生涯可持续发展,结合学校《人才培养方案》,制订本评价指标体系。

表 5-2

一级 指标	二级 指标	三级 指标	四级 指标	观测点量化分值
社会 能力	基本生 存能力	公民 素养	爱党 爱国	1.认真参加升旗仪式加 1 分/次 2.改唱或不会唱国歌扣 2 分/次 3.不爱护国旗扣 2 分/次 4.不爱护国徽扣 2 分/次 5.发表违背"四个意识""四个自信""两个维护"的言论扣 5 分/次 6.发表违背"社会主义核心价值观"的言论扣 5 分/次 7.积极参加爱国主义教育活动,表现良好加 1 分/次
			行为 习惯	1.说脏话扣 1 分/次 2.带餐进入教学区域扣 1 分/次 3.男女生交往行为不文明扣 2 分/次 4.乱写乱画扣 1 分/次 5.乱吐口痰扣 1 分/次 6.乱扔垃圾扣 1 分/次 7.说谎话扣 1 分/次 8.恶意欺骗他人扣 3 分/次 9.破坏公物扣 2 分/次 10.强行索要他人财物扣 2 分 11.不诚信考试扣 10 分/次
			安全 素养	1.私制下塘下河洗澡扣 5 分/次 2.私藏管制刀具等违禁物品扣 5 分/次 3.偷盗他人物品 5 分/次 4.私拉乱接电线扣 5 分/次 5.使用大功率电器扣 2 分/次 6.违反交通规则扣 1 分/次 7.乘坐不安全的车辆扣 2 分 8.购买或食用不安全食品扣 1 分/次 9.会见网友扣 5 分/次 10.进入营业性网吧、卡厅等娱乐场所扣 5 分/次 11.赌博扣 5 分/次 12.翻围墙扣 3 分/次

（续表）

一级指标	二级指标	三级指标	四级指标	观测点量化分值
社会能力	基本生存能力	公民素养	安全素养	13.本人参加或煽动他人参加网贷等具有欺骗性质组织扣5分/次 14.不遵守职场安全规定1分/次 15.举报他人的违纪行为加3分/次
			集体意识	1.集体活动迟到扣1分/次 2.集体活动早退扣2分/次 3.集体活动无故缺席扣4分/次 4.集体活动不按规定着装扣1分/次
			仪容仪表	1.戴耳环或耳针扣1分/次 2.发型不符合学校规定扣2分/次 3.纹身扣2分/次 4.着装不符合学校规定扣1分
		团结协作	友善待人	1.顶撞或辱骂老师扣5分/次 2.辱骂同学扣2分/次 3.参与打架扣5分/次 4.邀约他人打架扣10分/次 5.好人好事加2分/次，特别突出的加3分/次
			组织管理能力	1.担任教学部团员干部，期末考评本期工作合格者加10分/期 2.担任班上的班团干部(含小组长、科代表、寝室室长等)，期末考评合本期工作合格者加8分/期 3.参与学校其他管理岗位，考评合格者加4分/期
		身心健康	身体健康	1.积极参加体育活动,经班主任考评合格者加5分/每期 2.参加运动会加2分/每项目 3.参加运动会获校级三等奖另加2分/每项目 4.参加运动会获校级二等奖另加4分/每项目 5.参加运动会获校级一等奖另加8分/每项目 6.参加运动会获市级三等奖另加4分/每项目 7.参加运动会获市级二等奖另加8分/每项目 8.参加运动会获市级一等奖另加16分/每项目 9.不讲究个人卫生扣1分/次 10.抽烟扣1分/次 11.卖烟扣5分/次 12.饮酒扣5分/次
			心理健康	1.背后说他人坏话或挑拨离间扣2分/次 2.拉帮结派扣2分/次 3.不良情绪宣泄给他人扣1分/次 4.心态阳光，经班主任考核合格者加3分/期

（续表）

一级指标	二级指标	三级指标	四级指标	观测点量化分值
社会能力	提高品位能力	审美情趣	寝室内务	1.值日生不做内务扣2分/次 2.值日生做内务不合格扣1分/次 3.个人内务被检查出问题扣1分/项、次 4.寝室被教学部评为文明寝室该寝室成员加5分/次 5.寝室被学校评为文明寝室该寝室成员加10分/次
			教室文化	1.值日生不做卫生扣2分/次 2.值日生做内务不合格扣1分/次 3.值日生没保持好教室卫生扣1分/次 4.教室无人,没关水、电、门窗或电风扇扣1分/人 5.桌椅摆放规范(被检查人员表扬)班级成员加1分/人、次 6.黑板报合格,班级成员加1分/人、次 7.励志标语健全,班级成员加1分/人、次 8.卫生角标志明显,班级成员加1分/人、次 9.宣传栏标志明显,班级成员加1分/人、次 10.表扬栏标志明显,班级成员加1分/人、次 11.学校、教学部要求的张贴物完好,班级成员加1分/人、次 12.被教学部评为文明班级该班级成员加5分/人、次 13.被学校评为文明班级该班成员加10分/人、次
		外界影响	教育教学表彰	1.教学部层面加3分/项 2.学校层面加5分/项 3.市级层面加10分/项
			社团表彰	1.教学部层面加2分/项 2.学校层面加4分/项 3.市级层面加6分/项
			社会荣誉	1.区县层面口头表扬加3分/事件 2.省、市级层面口头表扬加5分/事件 3.国家级层面口头表扬10分/事件 4.区县层面媒体正面宣传加5分/事件 5.省、市级层面媒体正面宣传加10分/事件 6.国家级层面媒体正面宣传20分/事件
学习能力	自学能力	课外学习能力	自习课表现	1.迟到扣1分/次 2.早退扣1分/次 3.旷课扣2分/次 4.上课睡觉扣1分/次 5.上课玩手机扣1分/次 6.上课讲话扣1分/次

（续表）

一级指标	二级指标	三级指标	四级指标	观测点量化分值
学习能力	自学能力	课外学习	课余时间学习	1.报名参加自考加2分/科 2.自考合格加16分/科 3.参加兴趣活动,经分管老师确认合格加3分/期
	文化素质	公共基础课	学习态度	1.迟到扣1分/次 2.早退扣1分/次 3.旷课扣2分/次 4.上课睡觉扣1分/次 5.上课玩手机扣1分/次 6.上课讲话扣1分/次
			学习过程	1.没完成作业(含课堂作业)扣1分/次 2.作业被表扬加1分/次 3.上课老师要求的书、本、笔及其他教学资料不全扣1分/次
			学习效果	1.各种考试名次在班级前20%加16×A分/科、次 2.各种考试名次在班级前20%~60%加10×A分/科、次 3.各种考试名次在班级前60%~95%加6×A分/科、次 4.成绩排名在班级后5%但及格者扣3×A分/科、次 5.成绩排名在班级后5%且不及格者扣3×A分/科、次 6.补考及格者加2×A分/科、次 "A"为人才培养方案课程之学分
		其他(含入学教育与军训、毕业与就业教育)	军训及入学教育	1.迟到扣1分/次 2.早退扣1分/次 3.旷课扣2分/次 4.未穿军训服装扣1分/次 5.内务不合格扣1分/次 6.参加军训汇操表演加5分 7.被评为优秀学员加10分
			就业指导与毕业教育	1.迟到扣1分/次 2.早退扣1分/次 3.旷课扣2分/次 4.上课睡觉扣1分/次 5.上课玩手机扣1分/次 6.上课讲话扣1分/次 7.各种考试名次在班级前20%加16×A分/科、次

（续表）

一级指标	二级指标	三级指标	四级指标	观测点量化分值
学习能力	文化素质	其他（含入学教育与军训、毕业与就业教育）	就业指导与毕业教育	8.各种考试名次在班级前 20%～60%加 10×A 分/科、次 9.各种考试名次在班级前 60%～95%加 6×A 分/科、次 10.成绩排名在班级后 5%但及格者扣 3×A 分/科、次 11.成绩排名在班级后 5%且不及格者扣 3×A 分/科、次 12.补考及格者加 2×A 分/科、次 "A"为人才培养方案课程之学分
	专业素质	专业基础课	学习态度	1.迟到扣 1 分/次 2.早退扣 1 分/次 3.旷课扣 2 分/次 4.上课睡觉扣 1 分/次 5.上课玩手机扣 1 分/次 6.上课讲话扣 1 分/次
			学习过程	1.没完成作业(含课堂作业)扣 1 分/次 2.作业被表扬加 1 分/次 3.上课老师要求的书、本、笔及其他教学资料不全扣 1 分/次 4.上课老师要求的书、本、笔及其他教学资料不全扣 3 分/次
			学习效果	1.各种考试名次在班级前 20%加 16×A 分/科、次 2.各种考试名次在班级前 20%～60%加 10×A 分/科、次 3.各种考试名次在班级前 60%～95%加 6×A 分/科、次 4.成绩排名在班级后 5%但及格者扣 3×A 分/科、次 5.成绩排名在班级后 5%且不及格者扣 3×A 分/科、次 6.补考及格者加 2×A 分/科、次 "A"为人才培养方案课程之学分
		专业核心课	学习态度	1.迟到扣 1 分/次 2.早退扣 1 分/次 3.旷课扣 2 分/次 4.上课睡觉扣 1 分/次 5.上课玩手机扣 1 分/次 6.上课讲话扣 1 分/次
			学习过程	1.没完成作业(含课堂作业)扣 1 分/次 2.作业被表扬加 1 分/次 3.上课老师要求的书、本、笔及其他教学资料不全扣 1 分/次
			学习效果	1.各种考试名次在班级前 20%加 16×A 分/科、次 2.各种考试名次在班级前 20%～60%加 10×A 分/科、次 3.各种考试名次在班级前 60%～95%加 6×A 分/科、次

（续表）

一级指标	二级指标	三级指标	四级指标	观测点量化分值
学习能力	专业素质	专业拓展课	学习效果	4.成绩排名在班级后5%但及格者扣3×A分/科、次 5.成绩排名在班级后5%且不及格者扣3×A分/科、次 6.补考及格者加2×A分/科、次 "A"为人才培养方案课程之学分
			学习态度	1.迟到扣1分/次 2.早退扣1分/次 3.旷课扣2分/次 4.上课睡觉扣1分/次 5.上课玩手机扣1分/次 6.上课讲话扣1分/次
			学习过程	1.没完成作业(含课堂作业)扣1分/次 2.作业被表扬加1分/次 3.上课老师要求的书、本、笔及其他教学资料不全扣1分/次
			学习效果	1.各种考试名次在班级前20%加16×A分/科、次 2.各种考试名次在班级前20%~60%加10×A分/科、次 3.各种考试名次在班级前60%~95%加6×A分/科、次 4.成绩排名在班级后5%但及格者扣3×A分/科、次 5.成绩排名在班级后5%且不及格者扣3×A分/科、次 6.补考及格者加2×A分/科、次 "A"为人才培养方案课程之学分
		职业技能	参与情况	1.参加学校技能展示的同学一次加1分 2.参加市级技能大赛训练至比赛报名加5分/次 3.参加市级技能大赛训练中途被淘汰掉加1分 4.报名参加市级技能大赛训练但中途未经老师同意本人无故自动放弃扣5分。 5.参加国家级技能大赛训练至比赛报名加10分/次 6.参加国家级技能大赛训练中途被淘汰掉加5分 7.参加国家级技能大赛训练但中途未经老师同意本人无故自动放弃扣20分。 8.报名参加职业技能鉴定加3分/次、工种
			参与效果	1.学校技能展示获三等奖的同学加4分/项 2.学校技能展示获二等奖的同学加6分/项 3.学校技能展示获一等奖的同学加10分/项 4.区级技能大赛获三等奖加15分/项 5.区级技能大赛获二等奖加20分/项 6.区级技能大赛获一等奖加25分/项

（续表）

一级指标	二级指标	三级指标	四级指标	观测点量化分值
学习能力	专业素质	职业技能	参与效果	7.市级技能大赛获三等奖加 30 分/项 8.市级技能大赛获二等奖加 40 分/项 9.市级技能大赛获一等奖加 50 分/项 10.国家级技能大赛获三等奖加 60 分/项 11.国家级技能大赛获二等奖加 80 分/项 12.国家级技能大赛获一等奖加 100 分/项 13.取得初级工技能等级证加 15 分/工种,中级工技能等级证加 20 分/工种,取得高级工技能等级证加 25 分/工种(其他证书参照执行)
实践能力	社会实践	社区活动(含民间活动、社团组织活动或相关部门组织的活动)	参与情况	1.报名参加社区活动违反规定者扣 1 分/次 2.报名参加社区活动但无故缺席者扣 3 分/次 3.参加社区活动经带队老师考核合格者加 2 分/次
			活动效果	1.考核不合格者扣 2 分 2.考核合格者加 5 分 3.考核良好者加 7 分 4.考核优秀者加 10 分
		文明风采大赛	参与情况	1.参赛作品被学校选中加 2 分 2.负责参赛作品的收集和整理,表现突出者(由教学部认定)加 2 分
			活动效果	1.市级三等奖加 5 分/项 2.市级二等奖加 8 分/项 3.市级一等奖加 15 分/项 4.国家级三等奖加 10 分/项 5.国家级二等奖加 15 分/项 6.国家级一等奖加 30 分/项
		义务劳动	参与情况	自愿参加者加 2 分/次
			劳动过程	1.迟到扣 1 分/次 2.早退扣 1 分/次 3.旷课扣 2 分/次 4.全勤者加 10 分/周
			劳动效果	1.考核不合格者扣 2 分 2.考核合格者加 5 分 3.考核良好者加 7 分 4.考核优秀者加 10 分

(续表)

一级指标	二级指标	三级指标	四级指标	观测点量化分值
实践能力	社会实践	家务劳动	由家长视具体情况确认	家长书面或短信告知班主任老师在家能完成家务劳动者加5分/期
	企业实践	教学见习	见习态度	无故不参加者扣5分
			见习过程	1.不服从合理的工作安排扣2分/次 2.不遵守企业纪律扣1分/次
			见习效果	1.考核不合格者扣2分 2.考核合格者加5分 3.考核良好者加7分 4.考核优秀者加10分
		顶岗实习	实习态度	无故不参加者扣5分
			实习过程	1.不服从合理的工作安排扣2分/次 2.不遵守企业纪律扣1分/次
			实习效果	1.考核不合格者扣2分 2.考核合格者加5分 3.考核良好者加7分 4.考核优秀者加10分

参考文献

[1]张华.课程与教学论[M].上海:上海教育出版社,2000:381.

[2]吴孟琪.中小学德育校本课程开发存在的问题与应对策略[J].当代教育评论(第5辑),2017.

[3]顾明远.教育大辞典[M].上海:上海教育出版社,1990.263.

[4]佘双好.现代德育课程论[M].北京:中国社会科学出版社,2003:256.

[5]何孔潮,陈忠勇,林瑞华.论课堂教学评价变革的瓶颈与突破[J].基础教育,2008.

[6]沈玉顺.现代教育评价[M].上海:华东师大出版社,2002.3.

[7]弗洛夫.哲学词典[M].广州:广东人民出版社,1989:104.

[8]金强生.完善课程评价体系 促进学生个性发展[J].甘肃教育,2005(7):105.

[9][10][11][12] 李君丽. 少先队活动课程评价的理论思考 [D]. 陕西师范大学,2017.

[13]宋虹摇.小学德育校本课程开发现状及问题研究——以海口市 S 小学为例[D]. 海南师范大学,2020.

[14]杨淇尧. 中等职业学校德育校本课程开发研究[D]. 四川师范大学,2020.

[15]廖纪元,王芳.研学旅行主题课程的校本化建构[J].教学与管理,2021(35):P.29-31.

[16]李云峰. 基础教育校本课程评价指标体系探讨[J]. 教育研究,2020(5-6):3-5.

[17]尹彦.复杂性科学与高校诚信教育机制的构建[J].现代教育科学,2012,(9):19-24.